CU

MINISTERIAL

ACONSEJAMIENTO
PASTORAL

CURSO DE FORMACIÓN

MINISTERIAL

ACONSEJAMIENTO PASTORAL

CONSEJERÍA

editorial clie

Bernardo Stamateas

EDITORIAL CLIE
M.C.E. Horeb, E.R. n.º 2.910 SE-A
C/ Ferrocarril, 8
08232 VILADECAVALLS (Barcelona) ESPAÑA
E-mail: libros@clie.es
Internet: http:// www.clie.es

ACONSEJAMIENTO PASTORAL

ISBN: 978-84-7645-829-7

Printed in USA

Clasifíquese:
440 PASTORAL:
Consejería
CTC:01-05-0440-12
Referencia: 223911

AGRADECIMIENTOS

La preparación del presente trabajo no hubiese sido posible sin la colaboración y el apoyo brindado por muchos «amantes de la pastoral»:

Al Lic. Hugo Santos, psicólogo, profesor de Psicología Pastoral, coordinador en A.S.I.T. (Asociación de Seminarios e Instituciones Teológicas) del grupo de Psicología Pastoral, quien revisó el contenido psicológico señalado con enorme profesionalidad aspectos valiosos para el texto.

Al Dr. Adolfo Wysengrad, psicólogo, terapeuta gestáltico, quien revisó parte del contenido psicológico y me enseñó la importancia de lo «vivencial» en la relación pastoral.

Al Lic. Alberto Guerrero, pastor y profesor de teología, quien revisó todo el contenido bíblico-pastoral.

Al Dr. Daniel Tinao, médico-psiquiatra, pastor, profesor y coordinador del área de Psicología Pastoral en el Seminario Internacional Teológico Bautista, por prologar el presente trabajo.

A Alejandra, mi esposa; gracias a su constante aliento y compañía, la cual hizo posible que dicho trabajo fuese «una aventura»

A todos aquellos que me permitieron ver el resultado terapéutico de una pastoral Cristocéntrica a través del aconsejamiento pastoral.

A todos, mi más sincero agradecimiento.

DEDICATORIA

Al pastor Daniel Bravo con quien comparto las alegrías y las luchas, las dudas y convicciones, los sueños y las realidades, del ministerio pastoral

Índice

Prefacio

uchas almas dolientes no vuelven a consultar con el pastor o consejero, porque desde el primer contacto se han dado cuenta de que éste no es capaz de comprender su problemática, fantasías y dolencias.

Las causas para esta afirmación son múltiples, por un lado la ausencia de un material con orientación pastoral sobre «Las estructuras de personalidad», por el otro, la ausencia de una preparación sistemática en el campo de la psicología pastoral.

Estos motivos nos impulsaron a desarrollar el presente trabajo, y poder brindar así, no un «manual de diagnóstico» (ya que esto compete a otros profesionales de la salud humana), sino una introducción a la psicopatología que permitiese a los consejeros poder conocer algunas de las patologías más frecuentes y su correspondiente abordaje desde la pastoral.

Introducción o apuntes, que sólo pretenden poner al alcance, las primeras herramientas sobre dicho tema y motivar la posterior preparación personal que tal tarea requiere.

Desgraciadamente no hemos encontrado mucho material cristiano referido al tema, de ahí que al final del libro ofrecemos una bibliografía recomendada, parte de la cual ha sido utilizada para la preparación del material.

Apenas hemos realizado alguna nota a pie de página ya que desde un comienzo quisimos ofrecer un texto que pudiese leerse de corrido; por otro lado pretendimos también escribir lo más sencillamente posible, sin perder por ello la complejidad de lo que la psicopatología implica.

Dejamos sentada en la primera parte sobre La psicología pastoral nuestra posición acerca de lo que entendemos del rol pastoral, sus requisitos y sus funciones, con una unidad de criterio clínico para así pasar luego a Las estructuras de personalidad; en cada estructura hemos analizado brevemente un ejemplo bíblico, ya que el hecho de estar familiarizados con las Escrituras, ayudaría a comprender mejor la conflictiva y la humanidad de muchos hombres de Dios.

En una tercera parte hemos agrupado Las conflictivas más frecuentes, ya que no consideramos a éstas como estructuras de personalidad, pero sí vemos la urgencia de analizarlas debido a la frecuencia con las que aparecen en nuestras iglesias.

Aportamos también pautas claras y concretas para el abordaje pastoral y el uso de la Biblia en la misma.

Seguramente han quedado muchas cosas sin decir y sin analizar en el presente trabajo, motivo para que cada consejero continúe esta tarea aquí comenzada.

Hoy más que nunca, para quienes realizamos la tarea pastoral dentro de la iglesia, nos urge conocer y distinguir la psicosis, la neurosis, la depresión, etc., y poder brindar una pastoral terapéutica que ofrezca en última instancia un beneficio a la iglesia en la cual ministramos.

No deseo terminar este prefacio sin remarcar que el presente trabajo ha sido escrito y pensado especialmente para pastores, líderes y siervos que tienen un claro llamamiento y vocación para la tarea pastoral, tarea que hoy más que nunca necesitamos ofrecer a nuestros « hermanos del sufrimiento».

Pastor Lic. BERNARDO STAMATEAS
Dirección Postal: E. Garzón 3614 (1407) Cap. Fed.
Buenos Aires-República Argentina
Tel. 4612-5455 Fax. 4924-1690

Prólogo

 esulta sumamente grato presentar al mercado de habla castellana un libro de psicología pastoral, más todavía cuando su autor es un exalumno que ha descollado en ambos campos, el de la psicología y el de la pastoral.

A pesar de su juventud, Bernardo Stamateas ha realizado un trabajo serio y profundo que muestra su sólida preparación en ambos campos; pero quizás lo más importante y hasta raro, aun en la bibliografía estadounidense, es la forma como él a encontrado el balance entre la psicología, la psicopatología y la pastoral.

Sus estudios han sido en el campo de la teología, obteniendo una licenciatura en el Seminario Internacional Teológico de Buenos Aires, en el cual actualmente es profesor, y también una licenciatura en psicología en la Universidad J. F. Kennedy, más un posgrado de Sexología Clínica.

Tenemos algunos buenos libros de consejería «espiritual» o «cristiana», que dicen algo más o menos así: olvídese de las interpretaciones y las técnicas psicológicas, y lleve a cualquiera que tiene problemas a los pies de Cristo. Aquí realmente no hay diferencia entre aconsejar y predicar.

Por otro lado hay pastoralistas y psicólogos cristianos, que todavía no han aprendido qué es lo distintivo de la fe y cómo operar sus recursos, por lo tanto no marcan ninguna diferencia en su práctica profesional. En la década de los 70 llamábamos a los capellanes en los EE.UU. «los de la Biblia negra» y «los del guardapolvo blanco».

Felizmente esa polarización se va resolviendo y obras como la que hoy presentamos tiene el mérito de ofrecer la síntesis adecuada, que nos permiten aprovechar la riqueza de ambos campos. Además afirman lo que siempre hemos sostenido, que así como hay espacio claro para el médico o el psicólogo, lo hay también para el pastor o el consejero cristiano, sin necesidad de renunciar a, ni ocultar su identidad.

Qué bueno es poder reconocer que todo conocimiento psicológico es instrumental, pero constituye un bagaje inapreciable en la formación del pastor; y qué bueno es poder encontrar el balance adecuado con el conocimiento bíblico, la propia experiencia de fe y de crecimiento espiritual. El consejero que Dios usa tiene equilibrio, sabe escuchar, no se apresura, conoce a Cristo y ama mucho a las personas.

Quisiera finalmente destacar que el foco del autor sobre la personalidad y sus estructuras, como así también la selección que él nos entrega de las conflictivas más frecuentes en la praxis pastoral, hacen justicia a su propósito de poner marco referencial a la comprensión de otros temas que no están específicamente tratados.

Sería imposible presentar todos los problemas que debe enfrentar un pastor hoy, como así también todas las dimensiones que abarca su ministerio, pero es enriquecedor y da seguridad contar con la erudición y el equilibrio de una obra como la que presentamos. Realmente hoy estamos enriqueciendo la pastoral hispanoamericana, y poniendo un nuevo hito en el diálogo interdisciplinario.

¡Que Dios sea glorificado y que esta obra bendiga el trabajo pastoral que realizamos en Su Nombre!

DR. DANIEL TINAO

PARTE

ntes de analizar las estructuras de personalidad, veremos algunos aspectos básicos de la psicología pastoral. Es de vital importancia conocer las aptitudes personales, las funciones básicas del consejero pastoral y los aspectos técnicos que intervienen en el encuadre pastoral.

También haremos un recorrido por las diferentes teorías de la personalidad, así como del discutido tema salud enfermedad y su estrecha relación con la fe cristiana.

Capítulo 1

LA PSICOLOGÍA PASTORAL

1. DEFINICIÓN DE PASTORAL

La teología pastoral es la encargada de estudiar e investigar los fenómenos teológicos que tienen que ver con el trabajo pastoral. La psicología pastoral es una de aquellas áreas que comprenden la teología pastoral.

Desde la época de la Reforma la palabra «pastoral» quedó fijada a la tarea que solamente el pastor realizaba, considerando todas sus acciones como «pastorales».

Sabemos que esta palabra viene del griego *poimen*, que significa pastor, y el verbo «pastorear» se refiere a la acción de atender al rebaño. Con el correr del tiempo esta tarea hecha exclusivamente por una persona (el pastor) se transformó en una de las tareas del ministerio cristiano que todo creyente debía realizar.

Por otro lado otra de las variaciones que tuvo esta palabra es su ampliación en cuanto a las tareas que ésta comprendía; así con el correr del tiempo *todos* los creyentes eran responsables de hacer una tarea pastoral. «Pastoral» significa mucho más que «visitar», «aconsejar», etc. Pastoral ya no tenía que ver solamente con el cuidado del rebaño, sino con la tarea que involucraba el abordaje de todas las necesidades del hombre.

Cuando estamos hablando de la Psicología Pastoral, estamos, pues, refiriéndonos a un área aún más específica, en la cual sólo intervienen *aquellos que poseen un claro llamado a realizar esta tarea.*

La Psicología Pastoral no es sólo psicología o sociología, sino que nace de la reflexión teológica, de los principios bíblicos, tomando de la psicología aquellos elementos que le sirven para esta tarea. Por eso es absurdo hablar, como muchas veces hemos escuchado de «psicología cristiana» ya que la psicología como las demás ramas del saber y del conocimiento no son ni «cristianas» ni «no cristianas». Es verdad que cada rama del saber está inserta en una antropología, cosmología, etc., pero esto no es fundamento para afirmar que existe una «medicina cristiana», o una «sociología cristiana»; tal vez sí podríamos hablar de una «ética médica cristiana», o de una «psicología pastoral» lo cual es muy diferente.

En cuanto a la instrumentación que la pastoral utiliza, tenemos la palabra (lo verbal y lo no verbal), la propia personalidad (salud mental-espiritual), las Escrituras y la guía del Espíritu Santo. El marco de la pastoral son las relaciones interpersonales entre consejero-aconsejado, teniendo como finalidad la cura psicológica-espiritual del aconsejado.

A continuación ofrecemos nuestra propia definición de lo que entendemos por «aconsejamiento pastoral»:

Es un abordaje bíblico e inteligente, guiado por el Espíritu Santo, apuntado a los conflictos psicoespirituales del ser humano con la finalidad de cambiar toda estructura y rasgo enfermo de conducta.

Analicemos más de cerca esta definición y observemos distintos abordajes:

A. Abordaje Bíblico

Creemos que es un abordaje porque implica un acercamiento, una toma de contacto con otro ser humano a lo largo de un tiempo dado. Es el tiempo, un hecho fundamental en la relación pastoral, tiempo que conlleva la idea de madurez. Hemos sido testigos de muchas pastorales realizadas en una sola entrevista y en las cuales se esperaban buenos resultados.

No cabe duda que quienes realizan esto han perdido, no solamente el encuadre pastoral, sino la idea de tiempo, sin el cual dicha pastoral no pasa de una «simple charla».

Dice el libro de Hebreos 5:12:

«Porque debiendo ser ya maestros, después de tanto tiempo, tenéis necesidad de que se os vuelva a enseñar...»

El texto nos da la idea de que con el tiempo se supone que tendríamos que ir adquiriendo la madurez y la perfección (1 Ti. 3:6). Así como Moisés necesitó cuarenta años para prepararse en la escuela de Dios, o como el apóstol Pablo que necesitó no menos de cuatro años de crecimiento para realizar su primer viaje misionero, años utilizados para poner algunas ideas en claro. Estos y otros tantos ejemplos bíblicos nos señalan que la madurez se va adquiriendo en forma lenta y progresivamente. Lo mágico y lo espontáneo no existe en la relación pastoral.

Muchas veces hemos escuchado decir: «Dios me ha sanado, ya no bebo más», creyendo que ya está todo listo, que toda su vida ha cambiado tan solo porque ha desaparecido un síntoma, el más evidente; el beber. Pero, ¿qué pasa cuando el sujeto sigue manifestando su misma personalidad inmadura y adictiva? ¿Qué pasa con toda su inmadurez emocional? Creemos obviamente que Dios puede realizar cualquier tipo de milagro cuando quiere, como quiere y con quien quiere; pero la experiencia también nos enseña, y los textos arriba mencionados, que Dios utiliza la idea de tiempo y esfuerzo para ir modelándonos como un vaso de barro en sus manos. Dios está interesado no sólo en el síntoma, *sino en toda la estructura de nuestra personalidad.*

La salvación la recibimos en el preciso momento en que creemos en Cristo como nuestro salvador, pero la madurez, santidad y salud, es un proceso que involucra toda nuestra existencia en esta tierra (2 Co. 2:17; 1 Co. 15:58).

En este proceso de crecimiento, Dios trabaja activamente y el hombre *también,* de la misma manera como lo hicieron Dios y Moisés, quienes sacaron al pueblo de Israel de Egipto y también como Dios y David, quienes derribaron al gigante.

En la praxis pastoral trabajamos junto con Dios y con el aconsejado.

Decimos también que es un abordaje bíblico ya que las Escrituras ocupan el lugar principal y otorgan los principios sanos y espirituales. Ninguna psicología, filosofía ni técnica humana podrán suplantarla. Es verdad que tomamos de la psicología técnicas, hipótesis, descripciones, etc., como herramientas auxiliares para nuestro abordaje pues ambas ciencias (la teológica y las otras) no se oponen, sino se complementan. Pero son las Escrituras la fuente de referencia en donde podemos encontrar cómo quiere Dios que el hombre viva.

Son múltiples las imágenes que encontramos en la Biblia referidas a sí misma;

–Semilla, Lc. 8:11
–Espada, Ef. 6:17; He. 4:12
–Martillo, Jer. 23:29
–Fuego, Jer. 23:29; Lc. 24:32
–Lámpara. Sal. 119:105, 130
–Espejo, Stg. 1:22, 25
–Leche, 1 Co. 3:2; 1 P. 2:2
–Carne, 1 Co. 3:2; He. 5:12, 13
–Pan, Is. 55:1, 2
–Miel, Sal. 119:103; 19:10

Por otro lado en el Salmo 119 le son dados a las Escrituras siete atributos;

–Fiel (v. 86)
–Amplia (v. 96)
–Recta (v. 128)
–Maravillosa (v. 129)
–Pura (v. 140)
–Eterna (v. 160)
–Justa (v. 170)

El Nuevo Testamento añade cuatro más a éstas mencionadas:

–Verdad, Jn. 17:17
–Útil, 2 Ti. 3:16

–Viva, He. 4:12
–Eficaz, He. 4:12

Cada una de estas imágenes y atributos tienen una riqueza muy especial. El lector puede profundizar éstas por su cuenta. Lo cierto es que las Escrituras son vida y verdad porque dan cuenta de nuestro Señor Jesús; Él es el centro de la misma y allí están escritas sus palabras y deseos para el hombre de hoy. De allí que cuando la pastoral se fundamenta en las Escrituras se cumplen las siguientes promesas:

–Enseñanza, Dt. 17:19; 2 Ts. 3:16, 17
–Bienaventuranza, Lc. 11:28
–Conocimiento, Sal. 19:8
–Gozo, Sal. 19:8; 1 Co. 2:3
–Luz, Sal. 19:8
–Prosperidad, Sal. 1:2, 3
–Consuelo, Sal. 119:50, 93
–Vida, Sal. 119:144
–Solución, Jer. 5:39; Hch. 10:43
–Esperanza, Sal. 119:49, 81
–Edificación, Hch. 20:32

Estudiar y meditar cada pasaje expuesto es realmente descubrir lo maravilloso de nuestro Dios. Debemos orar haciendo nuestras las palabras del salmista:

«... ordena mis pasos con tu palabra».
(Sal. 119:133)

B. Abordaje Inteligente

Con esto nos referimos a la necesidad de utilizar nuestra capacidad mental en lo que se refiere a la transmisión de la Palabra y uso de técnicas. No todas las personas aprenden y elaboran sus conflictos de la misma manera. De ahí que hablar de «los 5 pasos del aconsejamiento eficaz», es quitarle a la pastoral su dinámica constante y la búsqueda por parte del consejero de nuevas formas de ayuda y abordaje.

Cuando miramos a Jesús o al apóstol Pablo, entre los tantos que podríamos citar, vemos que ellos no usaban las Escrituras «al voleo», sino en el momento oportuno y con el texto apropiado. Al analizar por ejemplo el libro de Hechos en los capítulos 2, 4, 7, 8, etc., vemos utilizar las Escrituras realmente como una espada que se sabe manejar muy bien. De la misma manera como un martillo sirve para clavar un clavo o para lastimar (o lastimarnos).

Muchos se asustan al escuchar la palabra «inteligente» y piensan que el uso de la misma es limitar la función del Espíritu Santo, en vez de pensar que ésta la fortalece.

Un abordaje inteligente es saber qué texto, cuándo citarlo y cómo trasmitirlo (Col. 1:9; Ef. 6:19, 20). La pastoral demanda el uso inteligente de las Escrituras y esto implica tiempo y esfuerzo ya que la misma nos ha sido dada para estudiarla y vivirla.

Un texto significativo como el de Santiago 1:22-25 dice:

«Pero sed hacedores de la palabra y no tan solamente oidores, engañándoos a vosotros mismos. Porque si alguno es oidor de la palabra pero no hacedor de ella, éste es semejante al hombre que considera en un espejo su rostro natural. Porque él se considera a sí mismo, y se va, y luego olvida cómo era. Mas el que mira atentamente en la perfecta ley, la de la libertad, y persevera en ella, no siendo oidor olvidadizo, sino hacedor de la obra, éste será bienaventurado en lo que hace.»

Queremos enfatizar el lugar que la Palabra debe ocupar en la vida del creyente. El hacedor de la misma evidenciará una madurez espiritual conjuntamente con una promesa de felicidad.

El verbo «sed» del v. 22 es un presente imperativo en la voz media, lo cual implica la idea de acción continua en la que el sujeto participa de la acción. Si la palabra es únicamente oída y no interiorizada al punto de pasar a formar parte de nuestra conducta, se produce el autoengaño. Esta palabra «engañándoos» del v. 22 significa literalmente «engañar mediante falso razonamiento», es decir que la persona bajo una serie de racionalizaciones cree que la escritura forma parte de su misma estructura de personalidad y estilo de vida.

El v. 25 nos dice otra idea importante donde el autor señala al que «mira atentamente». Este verbo significa «agacharse para mirar con atención y perseverar», es decir habla de alguien que pasa tiempo y dedica esfuerzo en meditar en las Escrituras para incorporarlas como un nuevo estilo de vida y de conducta.

Es esta palabra la que se presenta como un espejo que no refleja el exterior, sino el mismo interior, el que nadie puede reflejar como las Escrituras. Esta es la palabra que nos dice cómo somos, nuestros errores y aciertos, y lo que Dios desea para nosotros.

Otros pasajes interesantes como 1 Pedro 3:4-11; 1 Corintios 9:27; 2 Corintios 10:4-5 serían de riqueza poder analizarlos, pero dejamos al lector tal tarea.

Miremos un sencillo ejemplo, respecto de utilizar las Escrituras inteligentemente:

Un joven de unos 19 años, creyente desde hace dos años, ha caído desde los 16 años en una práctica masturbatoria compulsiva, llegando aun a masturbarse tres veces en los días «difíciles».

Su vida de servicio y de comunión con el Señor es buena, pero siente una intensa angustia y depresión que le llevan a llorar la mayor parte del día. Ha orado intensamente con el fin de que el Señor le perdone y le libere de esta práctica que le atormenta y a la vez desea. Ha intentado casi todo, pero el hábito sigue allí. Esto le fue llevando a un intenso sentimiento de culpa el cual le hace confesar siempre que pueda su pecado una y otra vez, pero se encuentra en un círculo vicioso. Piensa: «Si me he arrepentido, he confesado mi pecado, dedico mi vida a su servicio ¿por qué sigo cayendo?» Lentamente ha dejado las tareas regulares de la iglesia por el sentimiento de culpabilidad. La tarea del consejero en estos casos, no es la de aconsejarle simplemente que renuncie al pecado y tenga mayor consagración ya que el joven sincero, ha intentado esto sin resultados. La pastoral no debe apuntar a los síntomas (la masturbación, la depresión, la culpa) y decirle que la masturbación es mala o es pecado, o que debe abandonarla. Esto no sirve.

Usar aquí inteligentemente las Escrituras llevaría primero a realizar las entrevistas diagnósticas (lo veremos en profundidad en el punto 5) y descubrir qué es lo que está detrás de la compulsión generando este síntoma. Puede ser un fuerte apego a la madre, timidez excesiva o introversión, dificultades con las relaciones interpersonales, etc. Por otro lado sabemos que se inicia en el nacimiento de una mala adolescencia, etc.

Entonces una vez descubierto esto, las Escrituras nos ayudarán para desenredar el meollo del problema y no el síntoma. Supongamos que el joven citado, expresa su hostilidad hacia su madre (reprimida) a través de la descarga compulsiva masturbatoria. Allí entonces las Escrituras ayudarían para que una vez mostrado el origen de la misma, le señalásemos cómo expresar la hostilidad de otra manera, mostrarle cómo muchas veces la sobreprotección materna, la dependencia infantil llevan a generar un monto de agresividad que se descarga de muchas maneras como por ejemplo, la masturbación (estoy enunciando sólo un posible origen, son muchos los factores que pueden llevar a la masturbación compulsiva). Hemos visto casos como el citado anteriormente con cambios maravillosos por parte de consejeros que han utilizado las Escrituras en forma inteligente.

C. Guiados por el Espíritu Santo
¡Qué importante es el rol del Espíritu Santo en la función pastoral! Él hace lo que nosotros no podemos hacer; Él lleva la Escritura al mismo corazón de los hombres que se lo permiten, es quien la enseña y quien modifica los pensamientos; es quien presenta a nuestro glorioso Señor.

La diferencia más importante que existe entre la orientación pastoral y la asistencia profesional es que en la primera se trabaja de a tres; nosotros, el aconsejado y el Espíritu Santo de Dios.

La función del Espíritu Santo es variada y no es éste el lugar de analizarla, pero creemos necesario remarcar ciertos aspectos importantes a tener en cuenta que nos lo señala 1 Corintios 2:10-16:

1. Escudriña todo (v. 10)
2. Sabe todas las cosas (v. 11)
3. Enseña (v. 13)
4. Nos hace entender (v. 16)

Nadie debe suplantar la función del Espíritu Santo, y éste es uno de los peligros que todo consejero debe evitar: «no usurpar la función y actividad del Espíritu de Dios».

D. Apuntando a los conflictos psicoespirituales

La pastoral apunta a aquellos seres humanos dolientes psicológica y espiritualmente, sean conscientes o no de esto De ahí que lo realmente importante es tomar las herramientas de las ciencias para poder comprender mejor las diferentes estructuras, etiologías, sintomatologías, etc., que hacen a la problemática del ser humano. Apuntamos a estos conflictos ya que son los que detienen a todo ser humano su marcha hacia la perfección (2 Ti. 3:10; 1 Co. 4:20; Fil. 1:6; 1 P. 5:10; Fil. 3:12; Col. 4:12).

Destacamos lo que señala el texto de Juan 17:17:

«Santifícalos en tu verdad; tu Palabra es verdad.»

La palabra verdad aparece en el Nuevo Testamento unas 140 veces, indicando lo genuino, lo real. Cuando nos encontramos con las conflictivas emocionales de muchos seres humanos, vemos detrás falsos conceptos y pensamientos que fueron generando falsas y enfermas conductas.

El texto nos dice desde dónde debe partir el consejero; desde la verdad. Lo primero que se le enseña a un estudiante de psicología es a no emitir juicio sobre la enfermedad de su paciente. Si, por ejemplo, es homosexual, durante el tratamiento lo continuará siéndolo. Aunque el mismo profesional no comparta esos valores, no puede transmitir sus valores a los de su paciente, ya que cada persona elige cómo ser. Sin embargo en la pastoral no sucede esto ya que tenemos de dónde partir, tenemos una verdad que es el principio que debe regir nuestras vidas: las Escrituras.

Tiempo atrás en ámbitos científicos, la homosexualidad era considerada una perversión, hoy en los mismos ámbitos es considerada «un estilo de vida». ¿Dónde está pues la verdad?; en las Escrituras. Allí está la misma verdad de Dios, el más perfecto modelo de cómo debe vivir un hombre, de cómo debe pensar, de cómo debe actuar. Ese modelo es nuestro Señor Jesús. De esta manera el consejero pastoral no asume un rol pasivo frente a las conductas pecaminosas del aconsejado. Le señala la misma verdad de Dios en cuanto a su conducta, verdad que le hará libre.

E. El fin es cambiar toda estructura y rasgo enfermo de conducta

El objetivo pastoral se pude resumir en una sola palabra: cambio. Las Escrituras hablan de esto al referirse constantemente a que el creyente debe madurar, completarse, crecer en su vida tanto emocional como espiritual. 2 Timoteo 3:16, 17 dice:

«Toda la Escritura es inspirada por Dios, y útil para enseñar, para redargüir, para corregir, para instruir en justicia, a fin de que el hombre de Dios sea perfecto, enteramente preparado para toda buena obra.»

El texto se refiere a la función de las Escrituras, pero puede también aplicarse perfectamente a que como consejeros debemos llegar a nuestro aconsejado y sus conflictos. El texto nos señala cuatro maneras.

La palabra «útil» en el griego nos da la idea de algo que es efectivo, que sirve para las necesidades y para toda la vida humana. Esta utilidad se extiende para (1) *enseñar* la verdad, para (2) *redargüir* o detectar y convencer de todo pensamiento y conducta enferma, para (3) *corregir* o mostrar cómo salir de este error y para (4) *instruir* luego en los valores de Dios.

El consejero no está encargado de formar a su aconsejado a su «imagen y semejanza», sino a que éste tome conciencia de sus contradicciones, conductas patológicas, vínculos enfermos y esté dispuesto a cambiarlos.

También el consejero sabe reconocer sus limitaciones pues no actúa como psicólogo, sino como consejero pastoral encargado de ayudar al sujeto en su crecimiento.

2. APTITUDES PERSONALES DEL CONSEJERO PASTORAL

Queremos enfatizar que no todo el mundo puede ser consejero. Para serlo hacen falta varias aptitudes muy especiales; entre las más importantes encontramos:

a. Un llamado de Dios
b. Capacitación para la tarea
c. Salud mental

Ambos factores se relacionan y complementan, llegando a ser insepa-rables para el éxito pastoral. Uno puede poseer todo el conocimiento necesario para el aconsejamiento pastoral, pero si no existe una vida que se fundamente en un llamado por Dios y un descanso en el Espíritu Santo, la tarea será netamente humana. Por otro lado, si sólo el consejero está impulsado por un claro llamado por Dios, pero no existe la preparación necesaria para este ministerio, la tarea resultará insuficiente o los resultados serán desastrosos.

Analicemos estos aspectos personales más detenidamente:

a. Ser llamado por Dios

Todo ministerio espiritual comienza con un llamamiento de Dios hacia la tarea que Él quiere que realicemos como consejeros.

Desgraciadamente muchos involucrados en esta tarea lo hacen para «tantear si les gusta»; otros para «ver si es su don», perdiendo de vista que son vidas humanas las que están en juego cuando estamos trabajando en la pastoral.

Dios llama a hombres y mujeres a ocupar diferentes ministerios con la finalidad de ser de bendición a quienes sirven y ministran y a la extensión de su Reino, de ahí que el consejero debe tener la profunda convicción de que ha sido llamado por Dios a ocupar este lugar.

Entendemos que este llamado se confirma en un triple aspecto. Primero cuando asumimos que existe en nosotros una *facultad* para realizar la tarea, sentimos que existe en nuestro interior una cierta vocación para la tarea del aconsejamiento pastoral. A la vez sentimos también que nos falta recorrer mucho camino para el aprendizaje de la misma. Esta facultad despierta en nosotros un deseo de trabajo y a la vez una necesidad de aprender más la misma. Segundo, a medida que sentimos esta vocación asistencial, nuestro fervor va creciendo en gran medida. Nuestro entusiasmo, interés y deseo aumentan llevándonos a comprometernos cada vez más con la tarea pastoral. Sentimos alegría y gozo al realizar la tarea. Por último, esta facultad y fervor por la tarea pastoral trae como resultado *fruto*. Aconsejados son sanados, hermanos son bendecidos por nuestra orientación, los cuales nos alientan a seguir adelante. Uno puede sentir que está capacitado, facultado, también sentir fervor, pero si no existe este tercer elemento algo está fallando, algo no está funcionando bien.

b. Capacitación para la tarea

La idoneidad para la tarea pastoral se adquiere mediante una muy seria y profesional preparación. La preparación para la tarea se da en un doble aspecto; por un lado todo lo que implica la psicología del ser humano, por el otro todo lo que implica la teología. Las múltiples posturas entre psicología y teología en relación a la pastoral las podríamos resumir de la siguiente manera:

1) «Sola Scriptura»

Esta dicotomía parte de la premisa de que psicología y teología se oponen entre sí, siendo incompatibles la colaboración entre ambas. Durante muchos años, se vio a la psicología como la ciencia «demoníaca» que estaba en contradicción con los mandamientos de Dios. Muchos enseñaban «la pura Escritura» viendo como herejes a quienes realizaban algún curso de psicología, o incluso prohibiendo a sus hermanos el estudiar tal carrera.

Esta postura de corte fundamentalista y conservadora negó todo aquello que pudiese ser ciencia, invalidando todos los descubrimientos que grandes investigadores iban realizando.

Por otro lado tal postura llevó y lleva (ya que desgraciadamente aún existe en algunos círculos cristianos) a desentendidos entre ambas disciplinas, conflictos estériles y reduccionismos «bíblicos» sobre la psique y la problemática del hombre. Esto trajo como resultado el descrédito de la teología como fuente de salud mental, y además un concepto erróneo acerca de lo que significa la pastoral.

Desde el punto de vista teológico, muchos teólogos aparecieron reafirmando la «sola scriptura» como regla de fe y conducta, reduciendo lo psíquico a lo «espiritual», la enfermedad mental al pecado, la terapia a la consagración a Dios, la depresión a la oración, la madurez mental al arrepentimiento. Representantes de esta postura son autores como Charles Solomon, Jay Adams, etc.

Muchos creyentes hablan de la psicología como algo que deben «creer o no creer», perdiendo de vista que involucran así a la ciencia en un aspecto de fe, cuando este es un problema epistemológico, es decir, de «saber o no saber».

2) «Sola psicología»

En esta postura se toma el camino opuesto al anterior. Tiene dos variantes, por un lado los psicólogos que desecharon lo teológico considerándolo como un factor, no de curación, sino todo lo contrario, de enfermedad mental. Quienes están en esta postura defienden el empirismo y el racionalismo «a sol y a sombra» como únicos métodos válidos para llegar a la verdad. Así opinan investigadores no creyentes como Albert Ellis, Ralph Greenson, Eli Chensen, y otros. En la otra variante de esta postura están los creyentes que creen que lo espiritual no tiene mucho que ver en la problemática y salud del ser humano. Se conducen netamente por lo que la psicología enseña, dejando de lado lo teológico, ya que esto sería para «los domingos». Bien dijo el conocido H. Mowrer:

«La iglesia ha cambiado su primogenitura espiritual por un plato de lentejas psicológicas».

3) «Psicología + teología»
Dentro de esta perspectiva se encuentran aquellos que desean realizar una síntesis y unión entre ambas disciplinas.

Existen muchas variantes bajo esta clasificación: por un lado están quienes utilizan la psicología con algunos versículos bíblicos. Éstos agregan algunos textos, o sugieren alguna lectura de algún pasaje, pero predomina en la pastoral todo un encuadre psicológico; en esta postura encontramos a la gran mayoría de los psicólogos creyentes.

Otra variante es justamente la contraria, teología con algunos consejitos psicológicos, predominan las Escrituras en la pastoral junto con alguna interpretación o señalamiento psicológico. En esta postura encontramos a la gran mayoría de los pastores.

La tercera variante sería la de aquellos que tratan de integrar ambas disciplinas en forma coherente, viendo que ambas disciplinas tienen algo que aportar al ser humano. Otra característica de esta tercera postura es que las Escrituras pasan a ser la norma y el «control de calidad» para las nuevas teorías y descubrimientos psicológicos. Obviamente existen interpretaciones psicológicas que están en abierto conflicto con lo escritural, basados en «consejos» que se oponen a las Escrituras (p. ej. la homosexualidad como un estilo de vida, relaciones prematrimoniales o extramatrimoniales, etc.). Debemos admitir que a medida que estudiamos las teorías psicológicas y las Escrituras vemos que ambas pueden trabajar correctamente si existe la preparación necesaria. Justamente nos adherimos a esta tercera variante y creemos que la pastoral se diferencia de cualquier tratamiento terapéutico en el que el abordaje al ser humano es dado desde múltiples áreas del conocimiento en general. Pero entendemos que no existe pastoral si no existe en ésta la mutua colaboración entre ambas ciencias.

En esta postura tenemos a investigadores como Seward Hiltner, A. Boisen, W. Oates, P. Tournier, L. Crabb, Daniel Tinao, Jorge Maldonado, etc. Aclaradas las múltiples posturas hacia la pastoral, ahora sí podemos entonces remarcar la importancia de que el consejero esté preparado en todo lo que hace a la comprensión de la problemática mental del ser humano. Los conocimientos de las teorías de la psique, de lo psicopatológico, de lo emocional, se transforman en conocimientos necesarios para el éxito pastoral. Por supuesto también evitará cometer errores de reduccionismo de lo patológico.

El otro aspecto que queda claro entonces es que no puede haber pastoral si las Escrituras no ocupan el centro del estudio de la vida del consejero. Nadie puede dar lo que no tiene, ni nadie puede vivir lo que no sabe. Más adelante volveremos sobre la función de las Escrituras en la pastoral.

c. Salud mental

Este aspecto involucra a su vez múltiples facetas que nos gustaría remarcar, ya que es muy difícil conocer a alguien y ayudarle, si uno no conoce sus propios procesos interpersonales y no posee una salud mental equilibrada. Esto involucra el conocerse en profundidad, y para ello qué mejor que pasar uno mismo a través de todo aquello que permita conocernos más. Esto hace que el consejero al haber tenido su propia experiencia «no toque de oído».

Otro aspecto muy importante, en cuanto a la salud mental, es el referido a la autoestima, ya que si su autoconcepto no es saludable, la pastoral se puede prestar para que el consejero demuestre al aconsejado «sus grandes conocimientos bíblicos», pasando entonces la entrevista a trasformarse en una satisfacción narcisista para el consejero.

Otro de los peligros del consejero que no posee una correcta autoapreciación de sí mismo, es tratar de generar consciente o inconscientemente la dependencia de su aconsejado dando consejos que lo comprometen, como los consejos personales, autorreferencias, los consejos directivos («usted tiene que hacer esto o aquello»), etc.; llevando al sujeto a una posición infantil de dependencia.

La autoestima correcta evita al consejero cometer errores terapéuticos.

En la tarea pastoral *la salud emocional del consejero es más importante que su técnica*, de la misma manera como muchas veces detrás de una buena cámara fotográfica hace falta un buen fotógrafo.

Otro de los peligros que genera la falta de una correcta autoestima es la ansiedad en la pastoral. El consejero cae presa de ansiedad frente al discurso del aconsejado, discurso que despierta la inseguridad del consejero y el miedo a cometer errores. Allí entonces la pastoral toma el camino de la ansiedad.

La salud mental del consejero se manifiesta también en la calidez, tanto de sus gestos como de su tono de voz, viendo al otro no como «un enfermo», sino como a un ser humano doliente que merece todo nuestro respeto, atención y amor. Calidez que se expresa en el momento de agresión por parte del aconsejado, y se traduce en comprensión de su problemática. El consejero expresa que es capaz de comprender la problemática del sujeto y lo que éste expresa, aun cuando esté totalmente en contra de su conducta o de su forma de pensar.

El consejero no se coloca en ningún momento en el rol de juez, de padre, de madre, sino en el de hermano en Cristo, de ahí que es importante la salud mental y espiritual del consejero.

Los propios conflictos del consejero deben ser conocidos y resueltos en la medida de lo posible ya que los mismos pueden interferir en la tarea pastoral. En el pórtico del templo de Delfos se encontraba escrita la siguiente frase: «Conócete a ti mismo», exhortación que en la actualidad aún sigue siendo valida para aquellos que desean ocupar las filas del ministerio pastoral.

En otro lugar analizaremos en profundidad lo referente a los términos salud-enfermedad.

Resumiendo, el consejero pastoral ayuda a su aconsejado a que cada vez éste sea más libre. Acompaña a su aconsejado para que desarrolle la capacidad de pensar y de actuar por sí mismo; de establecer vínculos emocionales adecuados; de amar, de trabajar y de servir a Dios.

3. Funciones del Consejero Pastoral

Son múltiples los aspectos funcionales que se ponen en juego en la tarea pastoral, siendo muchas veces desconocidos estos factores por el consejero. Estos aspectos tienen que ver con nuestras funciones básicas que todo consejero debe lograr y mantener en el trabajo pastoral. Mirémoslos brevemente.

A. Ser representantes del amor de Dios

El trabajar en la pastoral con personas en dolor, implica no sólo ayudarles a crecer, sino también a reconstruir la imagen de Dios que tienen, distorsionada por el pecado. El consejero en el momento que toma la Escritura como fuente de autoridad y como Palabra de Dios, es el representante del amor de Dios sobre la tierra.

Muchas veces al trabajar con personas que conocen las Escrituras, el consejero se verá en la necesidad de metabolizar las lecturas que el sujeto ha realizado por su cuenta, e incluso reforzarlas.

Muchas personas vienen con un concepto totalmente distorsionado del obrar y de cómo es Dios. Aceptamos que el consejero es quien ofrece una correcta imagen de cómo es Dios. Como representante de este amor del Dios vivo. Aunque esto nos asuste como consejeros por la responsabilidad que ello implica, es importante reconocer que el aconsejado reconstruirá su imagen del Dios vivo, de acuerdo a los conceptos que el consejero tiene de Dios incorporados y vividos en su vida. Que el aconsejado pueda asumir una nueva imagen de Dios, depende de cómo ésta se encarne en la vida del consejero.

B. Brindarse como modelo encarnacional

De ninguna manera estamos pensando que el sujeto debe parecerse o imitar al consejero en cuanto a su vida o a su forma de pensar; o que éste debe mostrarle al sujeto cómo resuelve sus problemas y que imite su vida espiritual.

El consejero trabajará a nivel escritural-vivencial-práctico mostrándole al aconsejado sus modos de actuar, de pensar (de él) confrontando éstos con las Escrituras buscando juntos una mejor manera de vivir.

No cabe duda de que la persona necesita ver lo que va descubriendo en la pastoral, encarnado en alguien, y la primera persona a la que estará mirando será al consejero. De ahí, que éste debe VIVIR totalmente lo que trata de transmitir, brindando entonces por identificación un modelo de vida más adaptativo.

Entonces se hace necesario que el consejero tenga gran parte de su problemática psicológica-espiritual resuelta, ya que si no esto es motivo suficiente para el fracaso en la pastoral.

No cabe duda de que nuestro aconsejado espera ver en nosotros a un ser humano que asume sus limitaciones, angustias y éxitos y no a un «ser espiritual» inalcanzable para identificarse.

C. Actuar como agente resocializador

Como veremos más adelante, muchas de estas estructuras de personalidad han llevado a personas a no tener una clara visión de su mundo externo, y a la vez a tener dificultades en sus relaciones interpersonales. Esto nos lleva a tener por función facilitar un reencuentro, en forma lenta y paulatina, con lo perdido, con la desconexión existente.

Esto tal vez implique ayudar a recuperar los correctos roles en la familia toda, a recuperar responsabilidades o a recuperar su transparencia en las relaciones interpersonales.

Así el consejero, mediante la Escritura y el habla, rompe con los modelos estereotipados que el sujeto tiene y que lo llevaron a la enfermedad, y le ayudan a asumir pautas mucho más adaptativas. El consejero será quien lo anime a integrarse a un grupo si ésta es su dificultad, analizando juntos las dificultades que vayan surgiendo sobre la marcha. El consejero será quien lo estimule a tener intimidad con quienes le discipulen o con quienes le rodeen, analizando juntos lo surgido en el camino.

D. Contener al sujeto

Esta es otra función importante en la pastoral. Las personas con crisis, son presas de angustias y ansiedades las cuales el consejero debe contener. El consejero es alguien que acompaña en momentos difíciles sirviendo de sostén frente a los miedos, angustias y desesperanzas.

A medida que transcurre la pastoral, el consejero tendrá más elementos para poder ver los tipos de vínculos que el sujeto establece con su familia, el tipo de personalidad, su vida espiritual, sus conductas llamativas, sus «fantasmas» espirituales sobre la persona de Dios, sus emociones dominantes, etc. Esto servirá para poder realizar una mayor tarea de contención y permitirá comprender a la persona en mayor profundidad, ya que parte de la tarea de contención es la del respeto y comprensión hacia la problemática del sujeto. Cuando éstos encuentran en la pastoral contención y comprensión, logran abrirse rápidamente; están dispuestos a escuchar y a revaluar sus conductas a la luz de la Palabra; de ahí, que esto nos parezca una de las funciones principales que hacen al éxito en la pastoral.

E. Reforzar y desarrollar la capacidad psicológica-espiritual del sujeto

A lo largo de la pastoral, el consejero debe alentar a la persona hacia una búsqueda de mayor profundidad y compromiso espiritual, en una búsqueda mutua de comunión con Dios. Debe ayudar a que logre clarificar sus conceptos distorsionados de Dios; del pecado, de lo malo y lo bueno, etc. El consejero no es alguien que da «una clase de Escuela Dominical», ni «un sermón terapéutico», sino alguien que *acompaña* al hermano a que éste busque por sus propios medios a Dios, de una forma sana y terapéutica.

Por otro lado podrá canalizar sus dudas e inquietudes buscando liberar su creatividad estancada por los conflictos buscando el fortalecimiento de su yo, proponiendo tareas de tipo espiritual y sociales que permitan al sujeto encontrarse con la realidad en forma sana.

Nuestro aconsejado no es un «alumno» (*a-lumens*; sin luz), sino es «un ser humano doliente» que necesita que le ayuden a liberar todas las potencialidades que posee, y a liberar su capacidad emocional y espiritual.

4. Aspectos técnicos de la Tarea Pastoral

En los libros de psicología pastoral que hemos estado estudiando, encontramos que en este apartado existen innumerables aspectos técnicos a tener en cuenta. Tantos que si los considerara todos, realmente no existirían consejeros, ya que dudamos mucho de que existiese algún creyente que reuniese tal magnitud profesional y tanta salud mental junta.

A nuestro entender deseamos puntualizar los aspectos técnicos que nosotros hemos considerado como los más importantes para el éxito en la tarea pastoral y que siempre deben estar presentes, sea quien sea a quien asesoremos.

Éstos son:

A. Capacidad de empatía y flexibilidad

La empatía es un aspecto técnico de importancia extrema. Tanto el aconsejado como el consejero deben sentirse cómodos de trabajar juntos.

El consejero debe comprenderlo, respetarlo y ganar su confianza acercándose al aconsejado sin miedos y sin prejuicios a pesar de su problemática. Empatía no significa que el consejero pierda su rol de tal, ni que la relación pastoral termine siendo «una buena charla de amigos». Además el consejero no debe identificarse con la realidad tal como la describe el aconsejado, y tampoco rechazarla violentamente como falsa. La empatía se logra en la medida que el consejero muestra prácticamente su responsabilidad en la tarea pastoral. Un cambio en los horarios o una ausencia a la cita pastoral puede ser un motivo de futuras complicaciones para la tarea. Por ejemplo, un depresivo interpretará una ausencia a la cita acordada como una señal de rechazo, un estresado la interpretará como una señal más de estrés y frustración, un paranoico como una señal de desconfianza y agresividad, un suicida tal vez como su última oportunidad perdida.

La responsabilidad está íntimamente ligada con la preparación profesional para la tarea. Cuanto más conocemos las alternativas y la praxis pastoral, son menos los errores que vamos cometiendo a lo largo de la misma. Esta formación no se obtiene leyendo libros modernos de «consejero eficaz», o cursando el curso de «consejero familiar» dado en 3 sábados.

La formación debe ser en el mejor nivel y con los mejores profesionales del tema, buscando siempre realizar la tarea de la mejor manera posible, a la altura de nuestro llamado.

La empatía entonces se logra con el amor, la comprensión, la tolerancia y la correcta formación profesional. Nos sorprende ver trabajos pastorales de «una sola entrevista» y su pronta derivación hacia el profesional.

Es evidente que los resultados no se ven ni en una ni en dos ni en tres entrevistas. Esto lleva tiempo. El encontrarnos con aspectos neuróticos, infantiles, la desconfianza paranoica, o el negativismo y silencio depresivo, confirman que la tarea pastoral a largo plazo, implica el esfuerzo y la preparación constante además de la empatía.

B. Disociación instrumental

La disociación instrumental es otro concepto muy importante para la pastoral. Significa que el consejero para tener una tarea eficaz, debe disociarse, dividirse. Es decir por un lado «meterse» en el aconsejado para poder entender por qué piensa y siente de la manera que lo hace; esto es, identificarnos con su problemática, que en el lenguaje del apóstol Pablo sería «llorar con los que lloran», «griego a los griegos y judío a los judíos». Esta identificación permitirá una comprensión mucho mayor de su problemática y nos evitará cometer errores importantes. Pero por otro lado mantener un distanciamiento crítico que le permita observar y evaluar al sujeto y su problemática.

La disociación permite que, por un lado, nos identifiquemos y, por otro, nos distanciemos. Esto se conoce como «observador participante». Si nos identificamos totalmente con el sujeto, sin mantener ningún tipo de distancia, entonces se borran en el trabajo pastoral las diferencias, y todo pasa «por una charla de amigos», o lo que es peor, podemos caer presa de su angustia y sus conflictos perdiendo entonces la objetividad, el encuadre y el vínculo terapéutico, y generando una relación ambigua que a la larga o a la corta resiente la pastoral.

Otro aspecto importante a señalar es que el consejero puede ser presa de «pactos» que el sujeto proponga al consejero, o como el de realizar tal o cual acto sin que nadie se entere. Por ejemplo, que le diga a su familia que él estará con el consejero la próxima entrevista, cuando en realidad irá a ver a su novia. Es decir que el consejero le permita a escondidas de su familia faltar a la próxima entrevista. Si nos hacemos cómplices de estas transgresiones, le generamos a nuestro aconsejado un sentimiento de desconfianza y al mismo tiempo sacrificamos el éxito de la tarea pastoral. Cuando somos cómplices de estos pactos secretos, los mismos constituyen un verdadero *actin-out* del consejero, el cual debe ser analizado en profundidad.

C. Capacidad de escuchar

Esto implica escuchar no sólo lo que se dice, sino cómo se dice y también lo que no se dice; no sólo escuchar las palabras, sino también el cuerpo, lo no verbal. Escuchar implica escuchar al sujeto con los oídos, la vista, la cabeza y el corazón.

Este es otro aspecto técnico muy importante ya que si no se escucha es imposible obtener información, y ver como ésta es presentada por el sujeto. El consejero que posea la paciencia y el interés como para escuchar al otro, tendrá muchos más elementos para poder tener una mejor praxis pastoral. Muchas veces el consejero puede sentirse tentado a interrumpir para hacer algún comentario, o para preguntar o para calmar su ansiedad. Estos factores perjudican el trabajo pastoral.

La capacidad de escucha se ve interrumpida cuando el consejero se distrae, bosteza, mira el reloj, o el mismo aconsejado pregunta algo que él mismo dijo anteriormente para ver si el consejero está escuchando o está en otro lado con su pensamiento. Todas estas situaciones deben tenerse en cuanta ya que son los errores más frecuentes. A la vez el «buen escuchar» implica una dialéctica, este es, saber realizar preguntas claras y directas en el momento oportuno.

Por otro lado, para que la pastoral tenga éxito, debe haber una colaboración real y estrecha de dos personas, es decir, no a los monólogos bilaterales como son la mayoría de las conversaciones.

D. *Transferencia y contratransferencia*

En la relación pastoral se establecen dos fenómenos fundamentales: la transferencia y la contratransferencia. La primera en el sentido más general se refiere a que el sujeto transfiere; repite sobre el consejero tempranas formas de sus relaciones interpersonales (especialmente aquellas relacionadas con sus padres). Eso significa que el fenómeno transferencial se da en toda relación humana, aunque es en la psicología que dicha función se sistematiza y se utiliza terapéuticamente. Así el sujeto transfiere a su consejero las tempranas experiencias en sus relaciones interpersonales. Estas relaciones pueden ser tenidas en cuanta por el consejero y analizadas introspectivamente. Estas fantasías, impulsos y vínculos inconscientes son proyectados sobre la figura del consejero.

Es Freud quien afirma que no es que el tratamiento crea la transferencia, sino que la descubre, ya que ésta existe dentro y fuera de la pastoral. Así el sujeto hace un enlace entre el pasado y el presente. Trae el pasado sobre el presente, y lo actualiza sobre la figura del consejero. Puede ser que la rivalidad del aconsejado, por ejemplo, sea puesta y revivida sobre la figura del consejero, sintiendo rivalidad sobre éste. Así decía el famoso psicoanalista Sandor Ferenczi, que «el cuantum de transferencia es el cuantum de neurosis».

Aunque el tema es más complejo de lo que imaginamos y además la función pastoral no es la de actuar como «psicólogo», se nos hace necesario remarcar algunos de los elementos que pueden ser utilizados por el consejero.

Ahora, sí podemos profundizar un poco más esto de la transferencia. Podemos definir a ésta como la actualización de sentimientos, actitudes y conductas inconscientes sobre la figura del consejero. Esta transferencia puede ser positiva o negativa según cuáles sean los sentimientos puestos en juego. En la transferencia la persona asigna roles al consejero y traslada diversas situaciones de su pasado a un presente.

En la relación pastoral se produce un campo de afectos y vivencias. Lo que el aconsejado siente hacia su consejero se denomina transferencia, y a las vivencias que despierta el aconsejado al consejero se denomina contratransferencia.

Por ejemplo, el temprano apego hacia sus padres puede «revivirse» por parte del aconsejado hacia su consejero, o verlo como «un padre protector», o «un padre tirano», o un «enamoramiento hacia su consejero», etc. El consejero puede responder a esto con una interpretación como por ejemplo «usted reacciona como si yo fuera su...» o «usted reacciona así porque ve en mí la figura de su madre» (y justamente uno de los permanentes peligros en la tarea pastoral es la tentación de que el consejero asuma el rol de madre).

Podemos hablar incluso de una neurosis de transferencia cuando existe en el aconsejado una pérdida de sentido de realidad, proyectando permanentemente sus vínculos parentales. El aconsejado puede expresar un permanente odio hacia su consejero o un permanente amor; nuestra función es entonces *analizar dicho fenómeno*. Ver al consejero como realmente es, ayuda al aconsejado a corregir sus distorsiones transferenciales, corregir las fantasías y distorsiones del mismo.

En cuanto a los sentimientos contratransferenciales más frecuentes en los consejeros que podríamos nombrar serían:

1. El sentimiento de actuación o *acting out* por parte del consejero se debe a un estado negativo que el sujeto transfiere a su aconsejado, impulsándolo inconscientemente a actuar.

2. El sentimiento de extrañeza se da especialmente en las psicosis, que desconciertan la labor pastoral.

3. La desesperanza se produce cuando el consejero se siente invadido por la angustia y el desamparo del paciente, identificándose con los aspectos melancólicos de éste.

4. La omnipotencia se expresa con comportamientos maníacos, aceleraciones, del consejero, etc.

5. La rabia implica una pérdida de la distancia con el aconsejado que fuerza al consejero a entrar en discusiones pastorales estériles.

5. ASPECTOS TÉCNICOS DE LA ENTREVISTA PASTORAL

La entrevista pastoral es el medio que el consejero utiliza a fin de obtener un diagnóstico y una investigación de lo que sucede al aconsejado. Sin la entrevista no hay encuadre pastoral.

La entrevista no es exclusiva del campo psicológico, ya que como técnica de investigación ha sido muy difundida, siendo utilizada por otras disciplinas y personas como el periodista, el maestro, el juez, el abogado, etc. Cada uno utilizándola según sus propios fines y objetivos.

A lo largo de la clínica pastoral se ha ido desarrollando un propio estilo en lo que hace a la modalidad del vínculo pastoral, consejero-aconsejado, y también en cuanto a la entrevista pastoral.

La entrevista puede ser:

1. Abierta. 2. Semiabierta. 3. Cerrada.

1. *Entrevista Abierta:* Como su nombre indica, se pone el énfasis en que el sujeto posee la libertad de decir todo lo que desee y todo lo que surja en su mente.

2. *Entrevista Cerrada:* Es todo lo contrario a la primera. Es el consejero quien toma la dirección de la entrevista y pregunta todos aquellos aspectos que desea conocer del sujeto. Las preguntas ya están previstas y también el orden y la forma de plantearlas, es la típica énfasis y su utilidad radica en que permite una comparación sistemática de datos.

3. *Entrevista Semiabierta:* (o semipautada) es la combinación de ambas, el sujeto dice lo que desea, y el consejero tiene la libertad de preguntar lo que desea si le parece oportuno. Creemos que este tipo de entrevistas es la más útil para la praxis pastoral.

De esta manera, la pastoral comienza en el momento en que ambos acuerdan su primera entrevista.

El consejero tiene todo el derecho de no asesorar a quien sienta que le desagrada como persona. La pastoral no presupone decir sí a todos aquellos que se nos acercan en busca de un asesoramiento pastoral. La decisión a tomar debe ser por cuenta de cada consejero. Muchos se sienten invadidos prontamente por la ansiedad del depresivo, otros por la angustia del suicida, impidiéndoles trabajar con este tipo de conflictos. Por lo tanto, que el consejero decida es válido.

Decir siempre que sí a todo el mundo, o atender a diez o doce personas por día como hemos escuchado muchas veces confesar con orgullo a algunos consejeros, no es más que un enmascaramiento de un oculto sentimiento de omnipotencia.

Los momentos de toda la tarea pastoral los podríamos clasificar en estos tres:

Entrevistas diagnósticas	Pastoral propiamente dicha	Finalización

A. Las entrevistas diagnósticas

Es conveniente que el consejero sea quien abra la puerta de entrada a su oficina recibiendo a su aconsejado. Una vez en su interior, se presenta con su nombre, invitando al sujeto a que se siente en el lugar preestablecido, siendo preferible que sea cerca de su propio sillón.

Es importante ver con quién viene el aconsejado. Generalmente los sujetos psicóticos al no tener conciencia de enfermedad son llevados por algún familiar a la consulta. Al preguntarle el porqué están aquí, responden con un signo de duda ya que no encuentran nada «pero que su familiar... le dijo que debía venir».

La personalidad fóbica o tímida vendrá acompañada por alguien esperando a que el aconsejado termine la entrevista para irse nuevamente juntos. Puede llegar tarde, y si esto se repite con frecuencia puede indicar un signo de resistencia a la tarea pastoral, o faltar, lo cual nos habla que sus resistencias son aún mayores.

Como vemos el horario también es un factor importante a tener en cuenta; las personalidades ansiosas llegan a la entrevista mucho tiempo antes del horario señalado, y las personalidades de tipo obsesivo llegan *siempre* puntualmente a las citas en el horario justo, y cuando faltan les invaden un gran sentimiento de culpa pidiendo una y otra vez perdón al consejero «por el descuido».

Obviamente todos estos factores deben ser tenidos en cuenta por el consejero, sin señalárselos, sino que le serán de utilidad diagnóstica si los mismos se repiten a lo largo de la pastoral.

En cuanto a la oficina, tendrá una iluminación clara con buena ventilación, asegurándose la total privacidad, evitando las interrupciones, especialmente ocasionadas por el teléfono u otras visitas. Es necesario que no existan sobre el escritorio ni en toda la oficina nada que pueda llegar a distraer al sujeto, siendo un lugar cálido, agradable y sencillo.

Se le permitirá fumar si el sujeto así lo desea, pues esto logra un buen *rapport* y permite al sujeto la descarga de ansiedad. No debemos perder de vista que ya de por sí una entrevista genera cierto montante de ansiedad tanto en el aconsejado como en el consejero.

La finalidad de las primeras 2 o 3 entrevistas son la recopilación de material y conocer todos los aspectos de su vida que puedan ayudarnos a comprender lo que le pasa. Una vez hechos los saludos correspondientes, el consejero se ofrece como alguien dispuesto a ayudar, que es una persona capaz de ayudar, y esto se verifica a medida que la pastoral progresa. Sorprende ver cómo los aconsejados perciben rápidamente si el consejero posee una actitud de comprensión y de ayuda.

Esto se logra con una relación cálida y con un buen saludo. Debemos tener muy presente que inconscientemente toda persona que busca la ayuda pastoral alberga esperanzas mágicas y «milagrosas» y considera el hecho de haber ido allí como una cura. De ahí que el consejero le pide que cuente qué es lo que le trae. La consigna dada al aconsejado no debe ser «en qué puedo ayudarlo» ya que esto hace que toda la responsabilidad de trabajo caiga sobre el consejero. Esto aumenta las fantasías de curación, llevando al aconsejado a actuar frente a la pastoral en forma pasiva. Él –piensa– sólo debe traer su cuerpo y escuchar, lo demás es responsabilidad del consejero. No cabe duda, esto es de por sí un gran peligro.

La consigna debe ser entonces el dejar claro que el consejero cumple su rol y que el aconsejado debe también cumplir el suyo. Se podría decir algo así como «trataré de ayudarlo, a que usted aprenda a ayudarse».

Debemos mirar, observar y vivenciar todo lo que sucede al hermano, no dejando que sea éste quien dirija la entrevista, sino nosotros. De ahí que debe haber cierta organización en las preguntas a realizar, controlando nosotros la situación, pero a la vez permitiendo que el aconsejado manifieste su dolor y contradicciones trayendo los temas que él desee.

El aconsejado se sentirá más seguro y cómodo si percibe que nosotros controlamos la situación en forma cálida y con tacto.

Por lo dicho anteriormente la función básica de estas entrevistas es la búsqueda de información, pero no debe buscarse tipo «cuestionario policial», ni mucho menos bombardearlo con preguntas en una primera entrevista. El sujeto viene a nosotros con su problemática, su dolor, buscando ayuda y respuestas. La función del consejero es controlar su ansiedad y saber escuchar, preguntando todo respecto de su dolor o molestia. El aconsejado sabrá si puede confiar sus problemas; si podemos manejarlos de una manera empática y amistosa, entonces se abrirá a contarnos tremendas confidencias.

Muchas personas, presas de la ansiedad, comienzan a comentar infinidad de cosas, para luego llegar al verdadero problema que les aqueja. De ahí que la actitud del consejero sea el escuchar y la construcción de lo que al sujeto le sucede, ya que sacar conclusiones apresuradas puede ser funesto.

Bien dice Bleger que cada ser humano tiene organizada *una* historia de vida y un esquema de su presente, de los cuales tenemos que deducir lo que no sabe.

Entrevista Diagnóstica

Momento de presentación	Motivo de consulta	Historia personal

Al final de las entrevistas diagnósticas, el consejero debe poder conocer básicamente los siguientes aspectos;

–¿Qué es lo que le sucede o cuál es el problema específicamente?
–¿Desde cuándo?
–¿Cuáles son sus sentimientos respecto a lo que le sucede?
–¿Por qué cree que le sucede lo que le sucede?
–¿Qué ha hecho para tratar de superarlo?
–¿Por qué desea superar lo que le sucede?
–¿Qué sería lo primero que haría luego de desaparecer el problema?
–¿Qué conciencia de enfermedad tiene el aconsejado? (o si ha venido «porque lo mandaron»)

–¿Qué tipo de ayuda ha buscado?

La entrevista es para reafirmar, no debe ser nunca un interrogatorio; así que si algunos de estos datos quedan sin conocimiento, el consejero debe esperar a la próxima entrevista para ir completándolos. El consejero debe escuchar cómo el sujeto va a ir presentando su problemática, buscando reunir los datos mencionados anteriormente. De ahí que no se debe hacer ningún señalamiento, ninguna interpretación ni dar su evaluación del caso, ya que todo esto sería apresurado.

Luego de evaluar los datos que el aconsejado ha dado verbalmente, se evalúa la información no verbal que el sujeto ha dado, por ejemplo:

–Lo exterior:
- –ropa
- –zapatos
- –aseo
- –peinado
- –adornos
- –distintivos varios
- –etc.

–La comunicación no verbal:
- –gestos
- –actitudes
- –tono afectivo de la voz
- –ritmo de su comunicación
- –porte
- –movimientos del cuerpo
- –modales
- –cómo da la mano
- –qué mira,
- –dónde se sienta
- –cómo lo hace
- –etc.

–Los silencios:
- –por haberse agotado un tema

–agresivo y desafiante
–competitivo (quién aguanta más en silencio)
–por algo doloroso de contar
–por cansancio (luego de un discurso largo)
–reflexivo

–Reacciones emocionales con el consejero:
    –colaboración
    –oposición
    –agresividad
    –indiferencia
    –etc.

–Quiénes le acompañan:
    –viene solo
    –lo envían
    –lo acompañan (quién en ese caso)
    –etc.

Después de estas entrevistas diagnósticas, evaluamos en forma personal y tomamos nota de todos los datos que se nos han entregado y para observar:

–Si necesitamos derivar a un profesional por ser un caso de urgencia, o derivarlo sin realizar la pastoral.
–Si decidimos comenzar a asesorar pastoralmente al aconsejado, junto con un apoyo terapéutico.
–Si decidimos comenzar la pastoral.

De ser esto último finalizamos la entrevista diciéndole nuestro deseo de seguir conociéndole para tratar de orientarle al respecto. Allí entonces fijamos las pautas de contrato. Esto implicaría:

–Días de la entrevista a convenir
–La hora de comienzo y finalización
–La función del aconsejado de colaborar con la mayor transparencia y sinceridad

-Esclarecer la función del consejero en cuanto a la búsqueda de información y la metodología a seguir
-Teléfonos para comunicarse
-La total reserva hecha por parte de los dos.

Terminamos la entrevista con la lectura de texto bíblico que asegura la compañía de nuestro Señor frente a nuestros problemas, y la necesidad de abrir nuestro corazón estando dispuestos a cambiar lo que Dios nos marque. Terminamos luego con una oración.

B. La pastoral propiamente dicha

Luego de las «entrevistas diagnósticas» tenemos entonces dos aspectos:

1. La identificación del problema que le aqueja
2. La reconstrucción de su historia.

En la pastoral propiamente dicha, procedemos a la exploración de la conflictiva en cuestión y la elaboración de la misma. Algunos temas importantes que podríamos señalar son los siguientes:

1. La historia familiar: constitución, vínculos, educación, etc.
2. La historia de sus relaciones objetables: relaciones afectivas intensas que vivió en su historia, personas emocionalmente significativas para el aconsejado, personas con las cuales se identificó, admiró. Cuántas relaciones objetables tuvo a lo largo de su vida; si fueron pocas y pobres, muchas y enriquecedoras, etc. (esto es un factor de mucha importancia ya que si, por ejemplo, el aconsejado tuvo una relación afectiva con una sola persona, ese prototipo lo repetirá transferencialmente con su consejero, y es muy probable que con otras personas también).
3. Sexualidad: masturbación, educación, fantasías, represiones, etc. Aquí creemos que es importante tener en cuenta que cuando el consejero siente vergüenza de preguntar algo, también tendrá vergüenza de decirlo.

Luego podemos seguir con los temas que el aconsejado desea que revisen a la luz de la Biblia, poniendo en foco una zona de concentración de exploración que ponga en claro su conducta enferma.

Ahora sí miremos los recursos que el consejero dispone a lo largo de la pastoral para utilizar;

1) *Propuesta de acuerdo*

Es establecer una propuesta o convenio. Cuando los desórdenes son mayores y las conductas del sujeto muy confusas, el consejero puede tomar algún principio bíblico como patrón para conducirse, esto con acuerdo del aconsejado.

Este es un recurso conductista que en muchas oportunidades es útil ya que ayuda al sujeto a saber conducirse mientras analizan la problemática.

2) *Apoyo*

Esta técnica se aplica cuando existen situaciones de duelo o pérdidas en las que el sujeto necesita sentir que está acompañado. Es oportuna cuando hay que tomar decisiones, especialmente en la adolescencia. Éstos sienten que pueden confiar en alguien que ayuda a esclarecer lo que les sucede. También para personas con una autoestima baja, timidez, depresión y aquellos que tengan temores de enfrentar ciertas situaciones.

El apoyo pastoral implica acompañar al sujeto a realizar algunas de las actividades que le cuesta, con el fin de demostrarle que se pueden realizar. El ver a los hombres de Dios cómo enfrentan diversas situaciones son un ejemplo de apoyo pastoral. La finalidad podría resumirse en «ayudarlo a hacerlo solo».

3) *Catarsis*

Éste es el proceso por el cual el aconsejado descarga todas sus emociones, sentimientos, ideas en su totalidad. Aunque en alguna medida toda pastoral presupone algún tipo de catarsis, esta técnica se diferencia en que busca que el aconsejado «saque» todo lo que existe en su corazón, motivado por pasajes que le ayuden a ver la necesidad de expresarse. Sirve especialmente en personas con profundos resentimientos, odios, o personas con características masoquistas. La catarsis no debe ser total, ya que esto no es terapéutico, debe ser gradual y guiada por el consejero. La catarsis sirve para ayudar al aconsejado a asumir aquellos aspectos de su personalidad que no reconoce como tales y a tomar contactos con *todos sus* sentimientos.

4) *Confrontación*

Ésta es una de las técnicas usadas por Jesús, y que están tan claramente señaladas en los evangelios (aunque debemos señalar que Jesús usó muchas técnicas especiales para cada situación). Aquí se confronta al sujeto, se le muestra su conducta y lo que Dios está esperando. Esta técnica sirve especialmente para que los que no toman conciencia de sus errores, o de lo enfermo de su conducta, como por ejemplo sucede en los neuróticos y en los psicópatas.

Por otro lado, confrontar a quien sabe de su conducta enferma y lo pecaminosa, y siente angustia por esto y sabe que está mal, pero no sabe cómo salir. Entonces la confrontación es nula, ya que pasa a ser una técnica mal usada. La Escritura aparece como un espejo que muestra al aconsejado su conducta, le ayuda a asumirla y le muestra lo que debe cambiar. La confrontación debe ser realizada con mucho cuidado, para que el sujeto perciba que es Dios quien confronta y no nosotros que lo estamos juzgando.

5) *Control de los síntomas por confrontación*

En esta técnica, el consejero separa los problemas y los enumera uno por uno junto con el aconsejado. Esta técnica sirve aquí cuando los problemas del aconsejado son confusos y muchos. Algunos sujetos comienzan a contar cientos de sus problemas sin encontrar soluciones, aquí esta técnica sirve para realizar un orden de prioridades de su conflictiva: tenerlos visualizados, aislados e identificados. Es fundamental en casos de suicidio y estructuras paranoicas. También ha sido llamada «técnica focal».

6) *Paternidad psicoespiritual*

Esta técnica la denominamos de esta forma pues aquí el consejero asume un rol paternal (sustituto del progenitor del aconsejado) en el cual el sujeto lo adopta como tal conscientemente. El aconsejado charla, pregunta, y juntos hacen cosas. Esta técnica *sólo* debe ser utilizada en muy contados casos, especialmente cuando el aconsejado ha sido profundamente rechazado, odiado y abandonado. Entonces el aconsejado expresa su necesidad de sentir que es amado, su necesidad de saber qué es un padre. El consejero asume ese rol *temporalmente*. En muchas de nuestras iglesias se llamó a esa función «el hermano mayor». La técnica se puede usar entonces en muy contados casos y ser supervisados por otro consejero cuando ésta se realice. Con el tiempo se debe pasar de la paternidad espiritual a la técnica de apoyo.

7) *Técnica educativa*
De alguna manera esta técnica siempre está presente en toda pastoral. Pero la esencia de esta técnica es que se caracteriza por enseñar a la luz de la Biblia algún tema especial o algún punto oscuro de su problemática. Sabemos que muchos sujetos poseen conductas enfermas por tener concepto enfermos que las generan. Por ejemplo esto lo vemos claramente en las personalidades con características masoquistas, las cuales basándose en algunos pasajes mal interpretados (y en muchas experiencias infantiles) creen que buscando el sufrimiento, o soportándolo pasivamente, sirven a Dios. O el caso de muchos esposos con características autoritarias ya que entiende que es «cabeza del hogar»; y así podríamos seguir interminablemente. Creemos que esta es la técnica por excelencia del consejero que casi siempre debe estar presente: clarificar, analizar los textos bíblicos y especialmente el disipar fantasías y pensamientos erróneos. Podríamos denominarla también técnica de esclarecimiento, lo cual implicaría ir un paso más; la pastoral no es solamente una técnica educativa *per se,* sino también de esclarecimiento de los orígenes de las conductas enfermas.

8) *Estructuración psicoespiritual*
Nos referimos ahora cuando el consejero organiza, estructura una serie de ejercicios para su aconsejado, para permitirle que éstos le ayuden a mantenerlo ocupado, alimentar su autoestima y a la descarga de agresión. Esta técnica es especial para depresivos, personas dependientes, fóbicos, psicópatas y pasivos. Las tareas pueden ser desde una simple visita a alguien hasta ejercicios espirituales graduales y variados que el consejero va elaborando de acuerdo a la situación.

9) *Interpretación*
Ésta es la técnica por excelencia de la psicoterapia (especialmente del psicoanálisis). El objetivo de esta técnica es producir en el aconsejado el *insight* acerca de qué es lo que le sucede. El consejero da una interpretación breve de por qué le sucede lo que le sucede, y el aconsejado siente

el impacto de dicha afirmación de la que hasta ese momento era totalmente inconsciente. Éstas deben ser breves y sencillas realizadas en el preciso momento en que casi el aconsejado podría descubrirla por sí mismo. Esta técnica debe ser realizada por consejeros con formación psicológica ya que una mala interpretación entorpece la tarea pastoral y la salud mental del sujeto.

10) *Predicción*
Esta técnica se utiliza para mostrarle al aconsejado qué es lo que le sucederá si persiste con su conducta. Qué es lo que le deparará el futuro si continúa en esa actitud. Esta técnica es para aconsejados en los cuales sea urgente hacer tomar contacto de su conducta autodestructiva y enferma o parejas violentas. En muchos sujetos inconversos que persisten en una actitud de pecado consciente esta técnica es eficaz. Se le induce luego a encontrar otras alternativas de conducta a la luz de las Escrituras. Sirve especialmente para psicópatas, neuróticos, suicidio y sujetos en pecado.

11) *Relajación*
Esta técnica es de corte físico-emocional. Se realizan ejercicios de descanso y relajación antes y después de leer ciertos textos que fundamenten el descanso. Es importante para sujetos con estrés, sujetos hipocondríacos y ansiosos.

12) *Imaginación*
Con esta técnica se induce al sujeto a que realice un «juego imaginativo» con la finalidad de observar su reacción. Podemos sugerir al sujeto que imagine tener tal edad y describir qué es lo que sucede con él mismo, o que en la silla de su derecha imagine que se encuentra su padre a quien odia, y exprese lo que siente. Así los ejercicios imaginativos pueden ser variados de acuerdo a la problemática del aconsejado. Es el consejero que de acuerdo a la situación va elaborando diferentes ejercicios. Es útil para las personas obsesivas quienes tienen todo racionalizado y para las personalidades fóbicas.
Éstas son algunas de las tantas técnicas que existen, y que nos parecen significativas para la tarea pastoral. Pueden ser utilizadas de acuerdo al motivo de consulta, pudiendo intercalar en la entrevista una o varias técnicas a la vez según lo creamos conveniente.

Vamos también evaluando cómo se presenta el vínculo consejero-aconsejado, para ir analizándolo conjuntamente.

Este se puede presentar como un vínculo:

1. Simbiótico: de total dependencia
2. Parasitosis: espera pasivamente que le resuelvan sus problemas.
3. Complot: inconscientemente trata de destruir la labor pastoral.
4. Competencia: compite con su consejero, descalifica sus sugerencias y trata de «enseñarle».
5. Negación: niega todo lo que se le dice.
6. Mutua colaboración: acepta y discute todo con una actitud franca y abierta

C. Finalización

1. El uso de las Escrituras en la tarea pastoral

Cada técnica mencionada tiene sus ventajas y sus riesgos; ninguna es propiedad de la pastoral. El consejero debe sentirse en libertad para utilizar una o más cuando así lo crea oportuno.

Las Escrituras deben ser leídas y analizadas en el momento oportuno. Entre los múltiples errores que podemos cometer en el uso de las Escrituras podríamos nombrar:

–Cuando cada dos palabras que expresa nuestro aconsejado «desenfundamos» al mejor «estilo tejano» las Escrituras «disparando» sus pasajes.

–Leer un pasaje por leer. Algunos creen que si no se lee un pasaje se comete un gran pecado.

–Sermonear y caer en largas exégesis bíblicas.

–Leer textos para explicar con ellos *absolutamente todo lo que le pasa al aconsejado*

–Sugerirle que ore y lea las Escrituras sin dar ninguna orientación (así hemos visto a depresivos leer con agrado el libro de Lamentaciones, o a sujetos con una profunda timidez el libro de Levítico, etc.). En una oportunidad hace varios años, se nos presentó un drogodependiente en la oficina pastoral pidiendo ayuda. Luego de conversar un tiempo, le regalamos una Biblia y le dijimos que la leyera (sin especificarle nada) que cambiaría su vida; lo importante era leerla. Jamás olvidaremos cuando a la semana siguiente vino con toda la Biblia subrayada y leída diciéndonos, sin apenas tomar asiento: «Ya la leí toda, ¿con qué sigo?»

–Dar textos tipo «receta».

–Forzar al que no cree, que acepte las Escrituras.

–Etcétera.

Las Escrituras son altamente terapéuticas cuando son utilizadas en el momento oportuno, bajo la guía del Espíritu Santo, y cuando ayudan a clarificar las conductas enfermas y a madurar al sujeto (ver el punto A de este capítulo).

2. Finalización de la pastoral

Llegamos así al final de la pastoral. Pueden haber transcurrido algunas semanas, meses o tal vez años. Por mutuo acuerdo se pone fin a la relación. Se debe dejar bien claro que el aconsejado puede regresar a conversar cualquier tema cuando así lo disponga y que si no se presenta esto, el poder tener «una llamada de teléfono» para no perder el contacto. Es importante que el aconsejado pueda terminar la pastoral teniendo una imagen no idealizada de su consejero y mucho menos resentimiento, odio u otro sentimiento negativo. Si bien el aconsejado ha comprendido y esclarecido gran parte de su problemática, esto no implica obviamente que no tenga dificultades, sino que ha de enfrentarlas bajo otra perspectiva: la de Dios y la de su Palabra.

El fin no se produce cuando algunos síntomas han desaparecido, sino cuando la misma estructura de su personalidad ha cambiado; han disminuido sus síntomas, su ansiedad y su inhibición; en otras palabras, su vida ha cambiado, posee la libertad para crecer, madurar y servir. Cuando el sujeto se encuentre mucho más cerca de Dios, le ama más y le sirve más. Exista menos angustia y culpa, mejora sus relaciones familiares, mejora de su vida sexual (en el próximo capítulo analizaremos más de cerca esto de la salud, madurez).

La despedida debe ser planificada y gradual, ya que esto implica un duelo por la pérdida de la relación y una despedida (por lo menos del encuadre y relación pastoral aunque no de la persona).

Capítulo 2

LA PERSONALIDAD

1. Teorías de la Personalidad

Se hace imperativo desde el comienzo poder analizar algunas teorías clásicas sobre la personalidad, esto será piedra basal para poder entender cómo nace el concepto de estructura y lo que implica para la pastoral.

A. Definición de Personalidad

Cuando hablamos de «individuo» estamos refiriéndonos a todo el ser humano; a su totalidad orgánica, psicológica y espiritual (aunque el término más exacto sería *intrivitrio* y no individuo). El ser humano aparece en el mundo como una unidad única e indivisible que se diferencia de los demás seres humanos.

Cuando pensamos en el hombre en términos concretos de «organismo» se está pensando en el hombre como un ser viviente en sus aspectos fisiológicos y fisicoquímicos, como un conjunto de órganos.

Cuando hablamos de «persona» nos referimos a la totalidad

del ser humano en tanto persona consciente de sí misma que asume sus propios roles y status.

Ahora bien cuando hablamos o intentamos ver al ser humano en su «personalidad» también estamos refiriéndonos a la totalidad del ser humano, pero acentuando sus aspectos psicológicos y sociales estudiados a través de la conducta.

Personalidad viene de la palabra latina *persona*, que se deriva del verbo *personare* que significa «sonar a través de». También está asociado al vocablo griego *prosopon*, que significa «rostro», «figura», «máscara», asignado a la máscara que cubría al actor en el teatro en la antigüedad, esto significaba el rol que el sujeto asumía en el drama griego que ellos representaban. Este concepto de máscara se asoció con el concepto de personalidad; algunos creen que la palabra hacía referencia a un tipo de megáfono colocado en la máscara del actor.

La personalidad puede ser definida desde múltiples lugares, como desde la biología, la filosofía, la psicología, etc.

El conocido autor Gordon Allport, en su libro *Psicología de la Personalidad*, enumera hasta cincuenta definiciones sobre la personalidad y persona dadas por diferentes autores desde distintas perspectivas.

Desde todas estas disciplinas podemos enumerar tres aspectos básicos que integran el concepto general de la personalidad.

Uno es el de la «totalidad», es decir que personalidad abarca un grupo de elementos, un conglomerado de procesos.

El segundo es el de la «individualidad», es decir que cada personalidad posee una originalidad que le es propia a pesar de sus similitudes con otros tipos de personalidades.

El tercer concepto es el de la «continuidad», que implica que el tipo de estructura tiene una cierta permanencia a lo largo de las situaciones vitales y a lo largo de la vida.

Bien dice Lagache que cuando hablamos de personalidad no estamos tratando con elementos aislados, ni con sumas de elementos, sino con conjuntos cuya partes son a su vez estructuradas.

B. Sus Principios

Existen ciertos principios que rigen toda personalidad de un individuo que deseamos remarcar antes de analizar las estructuras de personalidad patológicas.

1) *Principio de integración*
La estructura no es la suma de sus partes, sino una totalidad estructurada, siendo un hecho biológico, psicológico, social y espiritual, siendo estos aspectos de una misma realidad.

2) *Principio de individualidad*
Cada personalidad es singular, propia de cada individuo permitiéndole diferenciarse de todos los demás individuos.

3) *Principio gnoseológico*
La personalidad constituye una abstracción teórica con la finalidad de comprender al ser humano cognoscitivamente.

4) *Principio de historicidad*
La personalidad, a pesar de ser propia y dinámica a cada individuo, es una estructura fija y estática

5) *Principio de interacción dialéctica hombre-mundo*
Existe una relación dinámica que enriquece a la personalidad y que está en estrecha relación con el mundo.

Creemos que los principios que hemos analizado son fundamentales para una mejor comprensión de lo que involucra la personalidad. Antes de analizar, pues, lo psicopatológico como estructura, se nos hace necesario aclarar los términos siguientes:

1) *Constitución*
Es el modelo teórico que expresa la dimensión biológica del ser individual, caracterizado por los rasgos físicos (es netamente hereditario).

2) *Temperamento*
Este término traduce el vocablo latino *temperamentum* que significa; mezcla, constitución. Es el modelo teórico que expresa los aspectos afectivos-instintivos de la personalidad.
Gordon Allport señala las funciones como las de susceptibilidad ante los estímulos emocionales, temple de ánimo que predomina y sus fluctuaciones del campo emocional. Considera que el temperamento es de origen principalmente hereditario.

3) *Carácter*

Este término viene del griego que significa «impresión grabada o cincelada». Tiene que ver con las actitudes y modos típicos de actuar de un sujeto. Es como su nombre lo indica (carácter que significa «grabar») las experiencias que se fueron grabando a lo largo de la existencia humana. Es la forma en que el sujeto se vincula con el mundo exterior y consigo mismo sus conductas más frecuentes. Aquí intervienen todos los factores socioculturales en la formación de la personalidad, aspectos que no desarrollamos ya que pueden ser estudiados por el lector.

C. Definiciones psicológicas de Personalidad

A lo largo de la historia fueron surgiendo múltiples definiciones y clasificaciones como una tentativa de comprender mejor al ser humano; así nace en la década de los 30 lo que conocemos en psicología como «psicología de la personalidad» cuyo objetivo es descubrir en qué consiste y cómo se constituye esta singularidad propia de cada persona, esta «propia personalidad».

En un comienzo se consideraron solamente los rasgos psicológicos del individuo excluyendo los aspectos sociológicos y biológicos, para luego llegar a considerar al hombre como una unidad biopsicosocial-espiritual indivisible.

Entre los autores que intentaron definir la personalidad tenemos por ejemplo al autor alemán K. Schneider quien en su clásico libro *Las personalidades psicopáticas* la define como:

«El conjunto de sentimientos, valoraciones, tendencias y voliciones de naturaleza psíquica, excluyendo las facultades intelectuales y los sentimientos.»

Aquí vemos cómo al comienzo se excluyó de la personalidad toda dimensión biológica, cultural y social, dejando de lado los importantes aspectos intelectuales.

Por otro lado H. Ey parte de un concepto totalista y considera los aspectos biológicos, psicológicos y sociales. En su *Manual de Psiquiatría* precisa su definición diciendo que personalidad es

«El yo en tanto rector de su carácter, autor de su personaje, artesano de su mundo y sujeto de su conocimiento.»

Nos parece importante analizar esta valiosa aportación que hace H. Ey.

1) *«Rector su de propio carácter»*
Es el sujeto que forma su propia fisonomía personal, deseando, pensando, actuando como éste desea hacerlo, haciéndolo de una manera que le es propia.

2) *«Autor de su propia persona»*
El sujeto se identifica con un ideal de sí mismo, asumiendo un rol social que le marca como «alguien» diferente de los demás.

3) *«Artesano de su mundo»*
El sujeto se liga al mundo social con sus propios sentimientos, creencias e ideas que representan su forma de «ver» al mundo.

4) *«Sujeto de su propio conocimiento»*
El sujeto parece como un ser racional, para conocer y juzgar la realidad.
Así vemos en la personalidad de cada ser humano, semejanzas y diferencias con otras personalidades, es decir, podríamos enumerar dichas similitudes y diferencias y establecer una clasificación de «tipos».

D. Clasificaciones psicológicas de la personalidad

Entendemos por «tipo» o «estructura» de personalidad a una categoría teórica constituida por una combinación de rasgos o características comunes compartidas por un cierto número de personas. Estos rasgos son de carácter persistentes y constantes en el ser humano, como por ejemplo podrían ser la honestidad, el pesimismo, la dependencia, etc. Así podemos tener una estructura de personalidad con rasgos positivos y sanos o por lo contrario una estructura de personalidad plagada de rasgos y características enfermas. Estas estructuras de personalidad son las que deseamos estudiar en el presente escrito.

Toda construcción teórica tiene sus ventajas pero también sus peligros, y uno de los peligros es el de *encasillar* a todas las personas bajo un rótulo que lo marque y lo petrifique para toda la vida, perdiendo de vista además que la estructura puede ser modificable y que sus rasgos tienen variaciones continuas y que a veces los límites son difíciles de marcar.

Establecidos estos peligros (más algunos otros que existen), creemos que no invalidan la clasificación tipológica de las estructuras de personalidad (especialmente de las patológicas, reconocidas y aceptadas por la Organización Mundial de la Salud).

Como dijimos, ya desde la antigüedad, las clasificaciones científicas comienzan a aparecer; tanto antropólogos, filósofos, psicólogos y psiquiatras fueron quienes se interesaron al respecto.

Por ejemplo, una de la tipología más conocida es la de:

Hipócrates (V a.C.)

Con su clásica teoría de «los humores». Éste diferenciaba cuatro temperamentos, determinados por la preponderancia respectiva de uno u otro; éstos son:

(1) El temperamento *sanguíneo* (predomina la sangre); éstos son vivaces y entusiastas.

(2) El *colérico* (predomina la bilis); éste es irascible y explosivo.

(3) El *melancólico* (la bilis negra); éste es tranquilo y tiende a la depresión.

(4) El *flemático* (la linfa); éste tiende a la apatía.

A su vez, éstos pueden ser combinados como:

H. J. Eysenck

Quien tomando esta teoría de Hipócrates-Galeno distingue:
—El extrovertido inestable: colérico
—El extrovertido estable: sanguíneo
—El introvertido inestable: melancólico
—El introvertido estable: flemático.

Otro autor que sentó las bases para las estructuras de la personalidad es:

Ernest Kretschmer

Éste realizó la tipología morfopsicológica más completa que tenemos hasta el día de hoy. En su libro *Estructura corporal y carácter*, escrito en 1925, distingue cuatro tipos corporales principales:

(1) *El tipo pícnico:* en que predominan las medidas circulares (gordura), rostro ancho, extremidades cortas, piel lisa.

Temperamentalmente estas personas son alegres y bonachonas, predominando por su constitución pícnica, el temperamento ciclotímico. Sus sentimientos son cálidos pero su humor es variable. Su humor oscila entre alegría-tristeza.

(2) *El tipo asténico:* o el «delgado», presentan escaso espesor en todo su cuerpo, hombros estrechos, tórax largo y miembros delgados con poco desarrollo de sus músculos. Su temperamento predominante es la esquizotimia, es decir poco sociables, se muestran fríos y distantes de todo lo que sucede, siendo también hipersensibles. Su humor oscila entre frialdad-ternura.

(3) *El atlético:* muestra un gran desarrollo óseo y muscular, cabeza alargada, espalda ancha. Su temperamento oscila entre la explosividad y la irritabilidad. Aida Kogan señala correctamente que estos sujetos poseen «pegajosidad tranquila con cierta explosividad». Su humor oscila entre explosividad-viscosidad.

(4) *El displástico:* son atípicos, constituyendo variantes de los tres tipos anteriores.

Así estos autores encuentran una estrecha relación entre «cuerpo» y «personalidad». Las tendencias hacia la psicopatología en dichas personas serían:

Tipo Corporal	*Personalidad*
Pícnico (gordura)	tendente hacia lo ciclotímico
Asténico (delgadez)	tendente hacia lo esquizoide
Atlético (musculatura)	tendente hacia lo epiléptico
Displásico (variante de las 3)	tendente hacia lo epiléptico

Éstas comprenderían las tipologías morfopsicológicas.
Una de las teorías más difundidas dentro del lenguaje común es la teoría expuesta por

C. Jung

En 1923 en su libro *Tipos psicológicos* explicó y analizó la orientación de la libido (energía psíquica) y descubrió que los individuos se clasifican en extrovertidos e introvertidos. En los primeros la libido es volcada al mundo exterior y en los segundos la libido es volcada hacia el propio yo. Estos tipos se clasifican en ocho subtipos según la conducta que prevalezca:

–Reflexivos-extrovertidos: predomina el pensamiento de índole inductiva.
–Reflexivos-introvertidos: predomina el razonamiento deductivo.
–Sentimentales-extrovertidos: sus sentimiento se ajustan a las convenciones vigentes.
–Sentimentales-introvertidos: manifiestan escasamente sus sentimientos.
–Perceptivos-extrovertidos: predominan las características objetivas en relación con el mundo.
–Perceptivos-introvertidos: predominan la imaginación en su relación con el mundo.
–Intuitivos-extrovertidos: poseen «olfato en sus relaciones interpersonales.
–Intuitivos-introvertidos: predomina en su interior sus «captaciones».

Otra de las teorías de la personalidad que nos gustaría señalar es la de

Erich Fromm

En su libro *Ética y Psicoanálisis* define a la personalidad de la siguiente manera:

«Es la totalidad de las cualidades psíquicas heredadas y adquiridas que son características de un individuo.»

Y encuentra cinco tipos según su modo de relacionarse con los otros:

–La orientación explotadora: Sacan ventaja de los demás a través de la astucia.
–La orientación acumuladora: predomina la conservación y la retención de sus pertenencias.
–La orientación comercial: predomina el sentido comercial en sus relaciones interpersonales.

–La orientación productiva: desarrolla sus potenciales plenamente en un amplio respeto hacia el otro.

Otra clasificación interesante es la desarrollada por el conocido

E. Berne

Éste estableció una serie de posiciones que se dan entre el sujeto y el otro.

1ª Posición   **yo**   **tú**
           ±OK   **±OK** «Te acepto y te quiero como eres».

Ésta sería la posición del sujeto normal. La persona normal se siente bien y ve al otro como alguien que también se siente bien, admitiendo la posibilidad de que en ambos aparezca la sensación de sentirse mal por alguna circunstancia. Acepta al otro como es.

2ª Posición   **yo**   **tú**
           OK   **NO OK** «No se puede confiar en nadie».

Ésta sería la forma de vincularse del paranoico, el se siente bien, no posee ningún conflicto, es el otro el que está mal y necesita «terapia». Es el otro el que tiene dificultades. Si se siente mal es porque el otro lo ha «contagiado», de ahí su desconfianza.

3ª Posición   **yo**   **tú**
           NO OK   **OK**   «Nada me sale bien».

Ésta es la posición del depresivo. Él siempre está mal y todas las desgracias le suceden a él, mientras que los demás son bendecidos con innumerables premios y beneficios.

4ª Posición   **yo**   **tú**
           NO OK   **NO OK** «Todos nacimos para sufrir».

Ésta es la posición del depresivo psicótico, o de la persona nihilista. Ve que todos y todo esta mal y va de mal en peor.

5ª Posición   **yo   tú**
                 OK   Ok «Todo está perfecto».

Ésta es la posición maníaca que niega y se escapa a todo lo negativo, todo es alegría y felicidad siempre.

Así podríamos seguir exponiendo las múltiples teorías tipológicas sobre el ser humano. Todas nos parecen útiles para la mejor comprensión del ser humano, pero entendemos que adolecen de poco desarrollo para el uso de la psicopatología.

De ahí que consideramos y nos adherimos en este trabajo a la magnífica clasificación psicopatológica de

Jurgen Ruesch

Quien partiendo de la enfermedad mental y la teoría de la comunicación elabora sus investigaciones, las cuales vierte en su libro *Comunicación terapéutica*. Él entiende que lo que percibimos como psicopatológico es en realidad una perturbación de la conducta comunicativa. Estas medidas de comunicación se establecen en el sujeto en el núcleo familiar durante la infancia. Ruesch las clasifica de la siguiente manera:

1) *Personalidad infantil*

Son frecuentes las perturbaciones psicosomáticas. Sus características son la emotividad, predominando explosividad furiosa, conductas infantiles, pensamiento mágico, sentimiento de inferioridad y su dependencia en todo lo que realiza. Constantemente está pidiendo que le «ayuden a saber qué es lo mejor».

Según el autor en este tipo de personalidad, los padres han descuidado lo relativo a la comunicación familiar. En lugar de diálogo, existieron reacciones corporales, de «hacer algo», de «actuar», con pocas comunicaciones verbales. Así el infante interiorizaría este modelo de comportamiento somatizando, con conductas infantiles, con dificultades en la comunicación, etc. Clínicamente se conoce a esta personalidad como «pasivo-infantil» o «pasivo-dependiente» (no hemos analizado esta estructura en nuestro trabajo).

2) *Personas retraídas*

Su actitud predominante es la distancia y dificultad para expresar los estados anímicos. Son personas calladas e introvertidas en gran manera, poco sociables, silenciosos, reservados. Su postura es la de «observador y no participante» según lo llama David Liberman. Clínicamente se conoce a esta personalidad como «esquizoide» (no hemos analizado esta estructura en nuestro trabajo).

3) *Personas demostrativas*
Se expresan a través de manifestaciones cargadas de afecto, buscan llamar la atención y son superficiales en sus relaciones interpersonales. Clínicamente se conoce esta estructura como «histeria».

4) *Personas de acción*
Son egocéntricos, sin manifestaciones de culpa o sentimientos de angustia. Dan rienda suelta a todos sus deseos sin importarles nada. Clínicamente se conoce esta estructura como «psicopatía» (ver cap. 4).

5) *Personas temerosas y angustiadas*
Predominan los miedos y la angustia constante por alguna catástrofe «que puede suceder». Sus sentimientos y pensamientos son contradictorios y buscan personas que alivien sus temores infundados. Clínicamente se conoce esta estructura como neurosis fóbica (ver cap. 6).

6) *Personas deprimidas*
Descuidan el presente para vivir en el futuro o angustiarse por el pasado, no se dan mérito por sus logros y su autoestima es siempre baja. Este cuadro se conoce como «depresión». No se considera clínicamente a la depresión como una estructura de personalidad, sino como un síndrome, una conflictiva que obedece a múltiples razones. De ahí que nosotros, en el presente trabajo, la hemos colocado bajo la tercera parte (ver cap. 10).

7) *Personas lógicas*
Predomina la racionalización en todos sus actos, la limpieza y el orden. No pueden expresar sus sentimientos y si lo hacen es bajo la intelectualidad. Clínicamente se conoce esta estructura como «neurosis obsesiva» (ver cap. 8).

Debemos volver a remarcar que esta clasificación es psicopatológica y que de ninguna manera el hecho de que predomine esta característica en un sujeto le convierte en una estructura enferma. Lo que el autor remarca es el predominio de tal actitud en la estructura ya enferma. Podemos completar el cuadro con los magníficos aportes de:

J. Bleger

En su libro *Psicología de la conducta*, encuentra y pone el acento en el tipo de vínculo que cada estructura enferma establece:

Paranoide	desconfianza y reivindicación
Esquizoide	distancia y aislamiento
Histérica	representación, seducción
Obsesiva	rituales y ceremonias
Fóbica	miedos y evitación
Depresiva	culpa y expiación
Ciclotímica	ritmo rápido y alternante
Hipocondría	relación con los órganos corporales y la queja

2. SALUD-ENFERMEDAD

A. Algunas definiciones

La pastoral surgió como una necesidad de ayudar al ser humano en sus aspectos espirituales y emocionales en conflicto.

La salud y la enfermedad son planteadas en nuestra sociedad como antinómicas y excluyentes. La pastoral apunta a la salud tanto emocional como espiritual, es decir, a una salud integral. Dios quiere que vivamos en salud, en madurez y en santidad. Quien pretenda que la pastoral resuelva toda conflictividad humana, no entiende nada de pastoral. La definición clásica que da la O.M.S. (Organización Mundial de la Salud) de la salud es:

El estado de completo bienestar físico, mental y social, y no solamente a la ausencia de malestar o enfermedad.

Entendemos que esta definición adolece de algunas debilidades. Debemos rescatar como útil que salud no es sólo «ausencia de malestar o enfermedad». Sabemos por el psicoanálisis que la ausencia de síntomas puede ser sencillamente que una persona niegue su enfermedad, la oculte o aun no se manifieste.

Por otro lado encontramos a esta definición un poco «idealista» ya que entonces poseer este equilibrio y bienestar de salud estaría restringida a ningún ser humano.

Otro de los aspectos a señalar es que omite el concepto de lo espiritual y por lo tanto de la problemática «hamartogénica» que todo ser humano posee.

Es interesante poder comparar las diferentes clasificaciones que distintos autores fueron dando a lo largo de su desarrollo profesional. Por ejemplo la de

P. Sivadon

En su libro *Tratado de psicología médica* dice que la salud mental es un equilibrio dinámico de la personalidad, equilibrio que busca crecer y reproducirse. Esto implicaría entonces que una persona esté adaptada al medio social, aceptación de su propia sexualidad, y capacidad para la felicidad o el goce.

M. Knobel

En su libro *Psicoterapia breve* sostiene que la salud es el resultado dinámico y estructural del aparato psíquico funcionando adecuadamente.

G. H. Preston

En su libro *Su niño y su salud mental* sostiene que cuando se intenta definir a la salud mental es necesario tener en cuenta que el ser humano sea capaz de vivir

1. Dentro de los límites impuestos por su físico
2. Con otros seres humanos
3. Sintiéndose feliz
4. Productivamente
5. Sin ser un estorbo

Vemos que cada autor pone un énfasis característico en su definición, elemento válido pero siempre parcial ya que *definir* la salud señalando ciertos elementos hace que siempre exista la posibilidad de perder de vista otros elementos.

Lo valioso de cada autor que vamos presentando es el de poder ir elaborando nuestra propia concepción y a su vez nuestro propio énfasis.

Duchene

Citado por Knobel, dice que la salud debe ser considerada en cada momento de la vida de un ser humano, la salud se encuentra en total relación con el momento evolutivo que el sujeto atraviesa, su medio y su historia.

Otro autor destacado, incluso autor de varios escritos sobre personalidad y religión es

G. Allport

Éste destaca como criterio de la salud mental 4 puntos:

1. Objetividad
2. Capacidad de separación
3. Confianza en sí mismo
4. El humor

Como consejeros pastorales debemos tener en claro esto de la salud-enfermedad y revisar nuestros propios criterios diagnósticos de lo que consideramos «normal».

J. Bleger

Sostiene en su libro *Simbiosis y ambigüedad* que todos tenemos algo de «anormal» en nosotros; es lo que él llama el «substrato psicótico» de nuestra personalidad normal, es decir aspectos mágicos, animistas e infantiles coexistiendo en nuestra personalidad.

B. Criterios de Normalidad

Al intentar definir la salud muchos autores plantean que esta debe ser entendida desde diferentes ángulos como por ejemplo:

1) *Normalidad estadística*

Es la normalidad de las tablas, los cuadros y los porcentajes. Es la frecuencia lo que determina la normalidad-anormalidad. Son normales los comportamientos que se producen con mayor frecuencia en la mayor parte de las personas. El problema reside en que el concepto de salud-enfermedad cambia de acuerdo con el número de personas que experimentan ese problema.

Así el crimen, la violencia, la sexualidad perversa, pueden convertirse en hechos «normales» si los «tanto por ciento» crecen. Fue el año 1974 que la Asociación Americana de Psiquiatría desechó a la homosexualidad como trastorno de personalidad; uno de los motivos fue la gran cantidad de homosexuales que aparecieron en los EE.UU. De la misma manera que las «caries» dentales son normales, lo que no significa que sea sano. La magia y el curanderismo, predominan en ciertos sectores de nuestros país y aparecen como normales, pero esto no implica que no sean perjudiciales para la salud humana.

Así decimos que tal o cual sujeto es «normal» ya que se encuentra adaptado. La pregunta que nos surge es ¿a qué está adaptado?

2) *La normalidad normativa*

Es la que requiere el cumplimiento de ciertos valores, normas tanto personales, culturales y religiosos en las que existe una sana búsqueda de valores y metas por los cuales vivir.

3) *La normalidad desde el punto de vista educativo*

Este criterio se ajusta a aquellas personas que viven de acuerdo a las normas aceptadas convencionalmente por la sociedad en la cual viven, respetando las leyes, creencias, religión, costumbres, etc. Por ejemplo, en la época de los estoicos uno de los valores más importantes era la conformidad racional con el orden de la naturaleza, para los helénicos la libertad y la serenidad eran los bienes más estimables que una persona podía poseer.

4) *Desde el punto de vista teológico*

La raíz latina del termino «maduro» es una palabra que significa «totalmente crecido» y aquí las Escrituras tienen mucho que decir.

La Biblia nos presenta al hombre como un ser incluso, el cual necesita madurar a lo largo de toda su vida.

Es Jesús quien nos plantea que el hombre debe tratar de ser perfecto como Dios (Mt. 5:48). El apóstol Pablo, en la misma línea de pensamiento, manifiesta su deseo de proseguir a este blanco de madurez (Fil. 4:12). Las palabras «perfecto», «completo», «cabal» son sinónimos que apuntan y significan «madurez», «sanos».

La Biblia nos plantea que la salud comienza cuando Jesucristo es salvador de la vida, extendiéndose hacia la muerte como un proceso de santidad y maduración.

Creemos que todas estas definiciones y puntos de vista sobre la salud-enfermedad son útiles para la tarea pastoral.

C. Más definiciones de salud

Bleger sostiene en su artículo *Psicología y niveles de integración* algo que pastoralmente es de suma utilidad. Él habla de los niveles de integración que el ser humano debe alcanzar y que son los siguientes:

1. El fisicoquímico
2. El biológico
3. El social
4. El psicológico
5. El axiológico

El nivel fisicoquímico es el fundamento del nivel biológico. Éste posee fenómenos peculiares y leyes que le son propias distintas a las del nivel fisicoquímico; entre ambos existe una integración, que necesitamos estudiar para luego unir y sintetizar.

Lo social, lo psicológico y lo axiológico tienen entre sí una correspondencia; se presentan al mismo tiempo y como coexistentes; son distintos segmentos de una única realidad.

Sostiene que lo más elevado es nuestro sistema de valores y lo más elemental es ese equilibrio fisicoquímico, aspecto que también compartimos con los animales.

Otra definición importante que creemos que nos arroja más elementos es la dada por

Aía Aisenson Kogan

En su magnífico libro *Introducción a la psicología* define a la salud como que la «madurez implica una visión realista de los hechos, situaciones, capacidad de amar, capacidad de producir, capacidad de autoconocimientos, capacidad de aceptar lo inevitable, capacidad para planear para el futuro, capacidad de dar satisfacción a las propias necesidades, capacidad de sentirse libre de sentimientos de culpa o de temores injustificados, capacidad de vivir armoniosamente con los demás, capacidad de conocer y enfrentarse con situaciones conflictivas en lugar de evadirse de ellas, sea de hecho o a través de una constante represión, capacidad de adecuación sexual, capacidad de gozar de la vida, capacidad de mantener la propia personalidad; pero además adecuándose con cierta flexibilidad a las situaciones en lugar de adoptar actitudes estereotipadas, realización de las propias posibilidades».

Tal vez sea ésta una de las mejores y más completa definición sobre la salud mental. Igualmente otros autores enfatizan otros elementos que son útiles para la pastoral, así por ejemplo la de

Rodolfo Bohoslavsky

Quien en su artículo *Reflexiones en torno al concepto de salud y enfermedad* la define como

«equilibrio interno, coherencia; capacidad de ponerse en el lugar del otro; aceptación del rol; tomar al otro como un objeto total; dar y recibir afectos; tener confianza en sí mismo y seguridad y confianza en el otro; interdependencia; en suma, el trabajo y el amor, de los que ya habló Freud».

Melanie Klein

La famosa psicoanalista inglesa define la salud viendo que

«la base de la salud mental es una personalidad bien integrada».

Entre los elementos que señala son: la madurez emocional, fuerza de carácter, capacidad de manejar conflictos emocionales, equilibrio entre la vida interior y la adaptación a la realidad, y una fusión exitosa entre las distintas partes de la personalidad.

Los elementos que nos arroja Klein son dignos de ser considerados por separado:

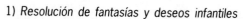

1) *Resolución de fantasías y deseos infantiles*
Sabemos que las fantasías y los deseos infantiles persisten en cierto grado incluso en una persona madura y crecida. Si estas fantasías han sido elaboradas exitosamente y experimentadas libremente en los juegos infantiles, éstos se transforman en fuente de intereses y actividades que enriquecen la personalidad.

Si estas fantasías permanecen insatisfechas y su elaboración no se ha realizado a cabo, esto alterará las relaciones intra e interpersonales.

2) *Madurez emocional*
Estos sentimientos de pérdida (especialmente los que tenemos en nuestra infancia, pero también los que vamos experimentando a lo largo de nuestra vida) son contrarrestados por la capacidad de aceptar sustitutos.

3) *Disfrute del placer*
Esto implica que el sujeto posea una libertad de resquemores y envidias, sin culpas ni temores falsos.

4) *Fuerza de carácter*
Sabemos que la relación entre madre e hijo es la primera y la fundamental en cuanto a la salud mental. El niño incorpora los aspectos de su personalidad, si estos elementos son experiencias buenas por sobre las frustrantes, deviene entonces la fortaleza de carácter. Si introyecta una madre que protege y guía (sin dominar ni sobreproteger) la identificación con ella hace posible la paz interior y una correcta imagen femenina. Lo mismo sucede con el padre; esto provoca seguridad, comprensión, simpatía y tolerancia hacia nosotros mismos y hacia los demás. Nos hace sentir seguros y menos solos.

5) *Equilibrio entre la vida interior y la adaptación a la realidad*
El equilibrio es algo que depende de nuestra comprensión y capacidad para poder resolver nuestros propios conflictos internos, contradicciones y manejo de nuestros impulsos más primitivos, el poder tolerar emociones dolorosas y manejarlas.

Equilibrio implica también una correcta adaptación al mundo con sus valores y costumbres (adaptación siempre y cuando no estén en contradicción con nuestras creencias, valores, emociones y libertad).

Los psiquiatras cristianos Mark Cosgrove y James Mallory en su libro *Salud mental: un enfoque cristiano* reúnen las siguientes características de salud mental:

1. El hombre ha empezado la integración de su ser físico y mental con su potencial espiritual al entrar en una relación personal con Dios a través de su Hijo Jesucristo.
2. Tiene propósito en su vida, incluyendo metas inmediatas y a largo plazo.
3. Tiene sentido de autoestima, cimentado en algunos factores permanentes.
4. Tiene la capacidad de amar sacrificadamente con la empatía y la sensibilidad social que esto implica.
5. Tiene una visión precisa de la realidad que no se modifica ni por sus propias necesidades ni por presiones del medio ambiente.
6. Tiene fuertes normas internas, de modo que puede resistir las presiones sociales y ambientales indeseables.
7. Puede responder adecuadamente y con fuerza y valentía ante la tensión y el sufrimiento real o potencial. Acepta lo inmutable.
8. Se siente libre para disfrutar de la vida, en la cual sabe encontrar gozo y descanso.
9. Tiene libertad de ser creativo y un contribuyente positivo en su trabajo y en sus relaciones personales.
10. Sus necesidades físicas, emocionales y razones están en equilibrio.

Luego de todas estas definiciones valiosas ya que cada una arroja un nuevo elemento que debe ser considerado, llegamos a la conclusión de que tanto la enfermedad, como la salud coexisten en todo ser humano. La satisfacción narcisista de decir que existe alguien 100 % sano no existe.

Por otro lado la enfermedad puede emerger de algunos de estos contextos: social, familiar, espiritual, psicológico, biológico. Lo dicho por Bleger sobre los niveles de integración arroja mucha luz al respecto.

Además hemos de tener clara la diferencia entre «sentirse» sano, «parecer» sano, y «ser» sano.

No podemos dar una definición de salud-enfermedad, sino desde un contexto cultural-evolutivo-histórico-ideológico. Así no podemos definir en términos absolutos lo que la salud-enfermedad significa pero sí podemos dar algunos elementos que nos ayuden a entenderla.

3. RELIGIÓN Y SALUD MENTAL

Religión y salud mental estuvieron en algún momento en íntima relación. Fue la religión quien al comienzo combatió a la enfermedad mental, aunque también fue la que cometió los más severos errores de interpretación frente a la enfermedad. Dicho conflicto en el que hoy se encuentra especialmente en nuestro país, todavía no se ha resuelto. Existen aún elementos religiosos que tienden a enfermar al ser humano, congregaciones enfermas con vínculos neuróticos, y cultos delirantes. Por otro lado la omnipotencia psiquiatrica-psicológica de muchos llevó a desechar *todo* lo religioso como patológico.

Este mutuo recelo ha llevado a religiosos y psiquiatras a perder la capacidad de escucha mutua, colaboración e interdependencia. Sin embargo esta disidencia no es motivo válido para afirmar que toda religión es una neurosis y que todo hombre de fe un «débil de carácter». Tampoco podemos admitir que la psicología es «del diablo» y que la psiquiatría es una falsa ciencia que sale perdiendo frente a la religión en su poder terapéutico. En última instancia Dios es el creador de ambas disciplinas y ciencias.

En nuestro país han estudiado el tema de la iglesia como comunidad terapéutica y sanadora el Dr. Alberto Gandini, como por ejemplo en su libro *La iglesia como comunidad sanadora*, y el Dr. Jorge León, en su libro *Psicología pastoral de la iglesia*.

Uno de los trabajos extranjeros más importantes sobre el tema es el de Howard J. Clinebell. En su libro *Mental Health throught Christian Community* (Salud mental a través de la comunidad cristiana) afirma que la religión puede ser creativa, constructiva para la salud mental del hombre, o una fuerza oscura y represiva que daña la vida. Él ofrece una lista de criterios que ha compuesto a través de su experiencia pastoral y su reflexión teológica. Esta lista ayuda a distinguir entre la religión sana de la enferma.

Una forma particular de pensamiento y práctica religiosa:

1) *¿Levanta puentes o barreras entre la gente?*

En cuanto a las relaciones interpersonales ¿aísla a un grupo de otro, o los atrae hacia un cálido sentimiento de compañerismo beneficioso? ¿Expresa en acción la universalidad de Dios quien ha «hecho de uno todas las naciones» (Hch. 17:26)? ¿Es inclusiva o exclusiva en su concepción de la salvación?

2) *¿Fortalece o debilita el sentimiento básico de relación y confianza con el universo?*
Como observó Erik Erikson, una contribución que la religión positiva hace a la salud mental es la de dar a las personas una periódica experiencia renovadora de su confianza. El saber que la vida es segura produce una fortaleza y un saludable efecto en la personalidad.

3) *¿Estimula o impide el desarrollo de la propia libertad y responsabilidad personal?*
Es decir ¿anima el desarrollo de conciencias maduras o inmaduras?

4) *¿Provee métodos eficaces o no para ayudar a la persona para pasar del sentimiento de culpabilidad al perdón?*
¿Provee principios guiadores éticos bien definidos y significantes o subraya lo trivial? El problema de los sentimientos de culpabilidad sin resolver neuróticos y normales son persistentes en muchas enfermedades mentales. Para comprender esto la distinción entre *moralismo* y *moralidad* es muy útil. El *moralismo* contribuye a la enfermedad mental, se interesa en controlar las actitudes superficiales, crea sentimientos neuróticos hacia el sexo, la ira y las trivialidades éticas, y es producto de una mentalidad autoritaria. La *moralidad* se preocupa de la salud, se preocupa de la persona que está alienada de Dios y de otras personas, brinda guías de crecimiento a los individuos y desarrolla sus propios sistemas de valores.

5) *¿Se presta para aumentar o disminuir la alegría de la vida?*
¿Estimula a la persona a apreciar o a despreciar la dimensión de las emociones de su vida? La religión comete un error cuando se convierte primeramente en una fuente de controles, reglas, deberes y pierde la habilidad de levantar, inspirar y dar energía a la totalidad de la propia vida.

6) *¿Encauza las energías vitales del sexo y la agresividad en una forma constructiva o destructiva?*
No hay prueba más reveladora del impacto que causa en la salud mental una tendencia religiosa, que el manejo que ésta tiene con el sexo y con

la agresividad. Una represión destructora de la creatividad puede darse frecuentemente dentro de estas dos áreas.

7) *¿Pone énfasis sobre la aceptación o la negación de la realidad?* ¿Engendra creencias maduras o inmaduras (mágicas)? ¿Alienta la honestidad intelectual con respecto a las dudas?

8) *¿Enfatiza el amor (y el crecimiento personal) o el temor?* El clima del grupo religioso que ayuda al capullo de la personalidad como una flor en un día primaveral tiene un énfasis centralizado en el crecimiento, amor y gracia.

9) *¿Da a sus adherentes un «marco de orientación» y un «objeto de devoción» que son adecuados para manejar la ansiedad existencial en una forma constructiva?* El marco de orientación es la filosofía de vida, esto incluye el sistema de valores y actitudes fundamentales hacia el universo. El objeto de devoción es alguien a quien dar su lealtad y entrega personal.

10) *¿Provee a la persona la oportunidad de relacionarse con sus procesos inconscientes mediante símbolos religiosos vivientes?* El lenguaje de lo inconsciente es el lenguaje de los símbolos.

11) *¿Se acomoda a las tendencias neuróticas de la sociedad o hace esfuerzos para cambiarlas?* La religión sana es la que está interesada tanto por la redención de la sociedad como por el individuo.

12) *¿Aumenta o debilita la autoestima?* Sin un sólido sentido de valor personal, el individuo está limitado en su habilidad de vivir plenamente, para relacionarse en un mutuo camino de realización. La religión que daña disminuye la persona y su autoestima.

Estos elementos señalados por Howard Clinebell nos parecen excelentes a tener en cuenta para una mejor praxis pastoral, como para una mejor comprensión de lo que la religión puede hacer en la vida de una persona.

En nuestra experiencia, luego de haber asistido a innumerables creyentes, encontramos en los mismos algunos de estos tres aspectos patológicos:

1. La fe como *satisfacción narcisista* (la religión otorgaba fama, poder satisfacer sus deseos frustrados en la sociedad, búsqueda de poder, etc.).

2. *La represión* (de lo sexual, lo placentero, lo divertido, etc., que está muy relacionado con la culpa).

3. *Lo mágico* (desde una concepción de Dios cruel, sádico hasta los «amuletos bíblicos», oraciones mágicas, etc.).

Walter Houston Clark, en su libro *Psychology of religion*, ofrece diez pautas o preguntas para determinar si una religión puede ser sana:

1. *¿Es primordial?*
¿Se deriva la religión de un sentido de necesidad obligatoria del individuo o es una imitación piadosa dramatizada?

2. *¿Es lozana?*
¿Tiene un sentido de curiosidad y asombro cósmico?

3. *¿Es crítica de sí misma?*
Puede el sujeto ver las debilidades de su posición religiosa y al mismo tiempo permanecer en ella?

4. *¿Está libre de magia?*
¿Es una religión genuina o es un sustituto mágico concebido por el individuo como un medio de asegurarse los favores «divinos»?

5. *¿Es significativamente dinámica?*
¿Da significado a la vida de manera que motive para llegar a ser una satisfacción por sí misma?

6. *¿Es integradora?*
¿Tiene relación con toda la experiencia del creyente, integrando su vida y demostrando resultados morales consistentes con sus propios propósitos?

7. *¿Es socialmente afectiva?*
¿Fortalece al individuo su sentido de comunidad con otros seres humanos?

8. *¿Demuestra humildad?*
¿Tiende a crear en el sujeto el sentido de la solidaridad y la generosidad?

9. *¿Está creciendo?*
¿Es una fe que se extiende a la búsqueda de verdades más profundas?

10. *¿Es creativa?*
¿Contiene elementos y características propias o es una repetición de la religión de otros?

No podemos analizar aquí las críticas que realizan los psicólogos a lo largo de la historia tales como W. James, S. Freud, E. Fromm, C. Jung, etc., que haremos en un próximo trabajo. Lo que sí deseamos afirmar es que grandes pensadores cristianos así como no cristianos han realizado fuertes críticas a la religión como fuente de neurosis para el hombre; a su vez creemos que la mayor parte de las mismas son válidas en muchas de sus hipótesis y de gran valor para nosotros quienes creemos y luchamos por una religión que puede sanar al ser humano, en una religión que está basada sobre el Señor de toda salud, el arquetipo y modelo para todo hombre: Jesucristo.

4. LOS MECANISMOS DE DEFENSA

Cuando hablamos del término «defensa», nos estamos refiriendo a aquellos mecanismos o conductas que el yo utiliza para mantener un equilibrio de la personalidad.

Todos los mecanismos que analizaremos aquí son utilizados por todos nosotros en diferentes etapas de nuestra vida. Éstos se transforman en patológicos cuando se presentan de forma rígida, estereotipada y cuando su intensidad no atenta en su relación con el mundo y con el mismo.

En el sujeto el yo utiliza inconscientemente estos mecanismos para escapar de la enfermedad. Cuando hablamos de mecanismos de defensa estamos dentro del campo de la psicopatología. El uso constante de tales mecanismos van produciendo un lento empobrecimiento de la vida emocional y espiritual del sujeto. Dichas defensas es muy difícil que aparezcan en «estado puro» ya que suelen aflorar acompañadas de otras conductas defensivas. Enumeramos aquí las principales.

A. La represión

Esta defensa ocupa en la obra freudiana uno de los lugares privilegiados. Según Freud la esencia de este mecanismo consiste en mantener alejados de lo consciente a determinados elementos, que la conciencia trata de mantener alejados, aquellos que producen angustia. La represión opera haciendo que un recuerdo, una imagen una idea que resulta amenazante para el yo, no ingrese a la conciencia. En algunos casos esta represión actúa en determinadas áreas del cuerpo produciendo por ejemplo parálisis histérica, ceguera psíquica, etc. El resultado visible de la represión es el olvido; ante el peligro de recordar y producirse la angustia, el yo prefiere olvidar.

Es el mecanismo por excelencia de la neurosis, especialmente de la histeria.

B. El desplazamiento

Lo reprimido puede expresarse a través de un desplazamiento, de tal modo que otro objeto diferente actúa como sustituto menos angustiante que el primero. Este mecanismo es por excelencia el de las fobias. El temor inconsciente hacia la figura del padre, por ejemplo, puede ser desplazada hacia el temor fóbico a algún animal.

C. La regresión

Éste es el proceso inconsciente por el cual el yo reactiva y actualiza conductas que tienen que ver con actitudes infantiles. Muchas veces el hecho de no poder manejar ciertas situaciones, el yo se encarga de «regresar» a primitivas conductas. La magnitud e intensidad de la regresión hacen a su patología o normalidad.

D. Formación reactiva

Éste es un mecanismo defensivo por el cual el yo utiliza conductas exageradas y rígidas contrarias a lo reprimido por el sujeto. Éste es el mecanismo por excelencia de la neurosis obsesiva. El exagerado interés por la limpieza y pulcritud encubren tendencias reprimidas totalmente contrarias, es decir referentes a la suciedad y al desorden. El sujeto evita así el encontrarse con sus verdaderos sentimientos. Es el mecanismo típico de la neurosis obsesiva.

E. Aislamiento
Aquí se separan los afectos ligados a los impulsos sexuales o agresivos. Así el sujeto puede comentar cierto episodio que le sucedió, relatando de tal modo, sin el contenido emocional correlativo. Aquí la situación se acepta por parte del yo, pero no los sentimientos unidos a tal experiencia. Es el mecanismo de las fobias y la neurosis obsesiva.

F. Anulación
Se trata de conductas que intentan suprimir el efecto que conductas previas originaron. Es una forma de «borrar con el codo lo que se escribió con la mano». Es el mecanismo típico de la neurosis obsesiva.

G. Proyección
Este mecanismo consiste en atribuir a la realidad exterior, aquellos aspectos; cualidades que el sujeto posee pero que no admite verlas en sí mismo. Cuando una persona atribuye ciertos deseos sexuales que le pertenecen y se los atribuye a otro, logra una «calma» interna ya que asumir tales sentimientos produciría angustia al yo. Es el mecanismo de la paranoia.

H. Identificación proyectiva
El sujeto vivencia como propias las conductas y características de otro. Los rasgos de otro individuo pasan a formar parte de la personalidad del sujeto. Pueden ser conductas buenas o malas. Esta identificación puede ser parcial o total, como por ejemplo la señora que llora mirando su novela.

I. Vuelta contra sí mismo
Cuando un deseo es vivido como peligroso, se cambia el objeto al cual es dirigido, y dicho impulso se vuelve contra el yo. La agresión contra una de las figuras paternas puede ser dirigida contra sí mismo, pareciendo en el sujeto el deseo de agredirse. De esta forma la culpa sentida se atenúa ya que aparece contra uno mismo y no contra sus padres. Es el mecanismo del suicidio.

J. Negación

Es el proceso por el cual el yo niega ciertos aspectos de sí que le pertenecen.

K. Racionalización

El yo, para evitar tomar contacto con el impulso reprimido, elabora una justificación, aparentemente lógica, que le permita autoexplicarse, aprobarse determinados actos.

L. Sublimación

Este es considerado el único mecanismo de defensa exitoso. Consiste en la adaptación lógica y activa a las normas del medio ambiente. El impulso instintivo es desplazado hacia un valor social aceptado. Por ejemplo una persona con tendencias parricidas, si logra sublimar su pulsión lo vemos como un excelente trabajador, que rompe la tierra, mata insectos, etc. Esto realizado con sumo placer.

5. CUADRO DE LAS ENFERMEDADES MENTALES

La variedad de clasificaciones nosográficas permiten ver la multiplicidad existentes en material de clasificación. Nosotros exponemos las siguientes que incluyen nueve grandes sectores sobre la vida mental patológica, para así luego pasar a analizar algunas de ellas.

A. Neurosis
Neurosis de angustia
Neurosis obsesiva
Neurosis histérica
Neurosis hipocondríaca
Neurosis fóbica
Neurosis depresiva (o depresión neurótica)

B. Psicosis
Psicosis esquizofrénica
Psicosis distímica
Psicosis delirante
Psicosis confusional

C. Psicosis orgánicas
Psicosis hormonales
Psicosis alcohólicas

Psicosis tóxicas
Psicosis encefalíticas
Psicosis puerperales
Psicosis infecciosas
Psicosis tumorales
Psicosis traumáticas
Psicosis involutivas

D. Psicopatias   Psicopatías primarias
Psicopatías secundarias

E. Oligofrenias   Débil mental
Imbécil
Idiota

F. Epilepsias   Gran mal
Pequeño mal

G. Demencias   Demencias orgánicas

H. Enfermedades   Del aparato digestivo
psicosomáticas   Del aparato respiratorio
Del aparato cardiovascular
Del aparato locomotor
Del aparato cutáneo

I. Adicciones   Anorexia
Bulimia
Psicofármacos
Drogas Alcohol

J. Perversiones   Homosexualidad
Swinging
Bestialismo
Necrofilia
Prostitución
Sadismo
Pedofilia
Etc.

PARTE

l finalizar la primera parte, estamos en condiciones de poder analizar los estados patológicos mentales más frecuentes, ya convertidos en estructuras de personalidad.

Incluimos en esta segunda parte siete estructuras de personalidad, reconociendo que existen muchas más que las mencionadas aquí. Elegimos éstas debido a la ausencia de material bibliográfico cristiano dentro del campo literario de la Psicología Pastoral.

De ahí el deseo de poder sistematizar y profundizar dichas estructuras para una mejor praxis pastoral.

Capítulo 3

ESTRUCTURA DE PERSONALIDAD PARANOIDE

1. ORIGEN DEL TÉRMINO

Fue Hipócrates uno de los primeros autores en usar el término paranoia. Esta palabra viene del griego y significa: «para»; al lado de y «noia»; de nous, que significa espíritu o mente. Él la aplicaba a un tipo de pensamiento delirante, consecuencia del deterioro mental.

Algunos de lo autores que escribieron e investigaron acerca de las características de este tipo de personalidad fueron:

Esquirol (1838), que en su libro *Doctrina de las monomanías* aporta algunos conceptos básicos y fundamentales sobre esta enfermedad.

J. Falred (1878), que denomina a estos sujetos como los «perseguidores perseguidos», explicando los síntomas más importantes de la paranoia.

Otros autores siguieron investigando y ampliando las características de esta estructura de personalidad.

A finales del siglo XVIII este concepto es retomado de nuevo.

Se hicieron muchos aportes con respecto al tema por hombres de conciencia y por diferentes escuelas; pero es a causa de la religiosidad enferma de la época, el fanatismo, el deseo de poder, las ideas de grandiosidad y otras actitudes enfermas, que llevaron a los científicos a reconsiderar la paranoia relacionándola con la religiosidad enferma.

Es en el siglo xix donde se va a sistematizar y a clasificar dicha enfermedad, y en el siglo xx donde se le otorga máximo interés clasificándola dentro de las enfermedades mentales graves.

2. Características de la personalidad paranoide

Las siguientes características aparecen siempre en su totalidad en la estructura paranoide:

A. Gran montante de agresividad

Este sujeto está siempre a punto de estallar, lo cual generalmente le sucede, descargando así una «bronca» de gran intensidad; por lo tanto la familia de este sujeto suele estar desesperada por la actitud de constante hostilidad que emana de él.

Es casi seguro que durante un tiempo su familia ha hecho planes para intentar dialogar con él, pero luego del fracaso rotundo de esta técnica, posiblemente intenten evitar todo tema que pueda ocasionar discusión o discordia. Tal vez prueben a amenazarle o aislarse de él (los hijos generalmente huyen del hogar a temprana edad, para evitarlo) o de complacerlo en todo (la esposa especialmente, la cual le da todas las satisfacciones posibles). Si estos métodos no resultaron, tal vez intenten el divorcio.

Analicemos estas actitudes brevemente por separado.

El querer dialogar con el sujeto, genera un desgaste tremendo, al final sin sentido. El aislarse o evitar todo conflicto genera ira o resentimiento en quien lo hace. El complacerlo en todo y agradarle genera una dependencia enferma y una actitud masoquista. Por otro lado el divorciarse genera una actitud de fracaso y a veces de dolor.

De este modo, casi siempre la familia de este sujeto se encuentra en un callejón sin salida frente a su agresividad.

El paranoico es muy susceptible, esto quiere decir que todo lo que sucede a su alrededor lo relaciona con su persona, todo tiene que ver con él. Es excesivamente quisquilloso y provoca constantes conflictos con quienes se encuentran a su lado, y éstos le acarrean muchas veces dificultades en el medio en el cual se desenvuelve.

El paranoico constantemente está disconforme con todos y todo, esto se debe a la interpretación distorsionada que tiene de la realidad. La expresión de su agresividad puede tomar diversos cauces; desde la agresión verbal (la cual es muy común) hasta actitudes de castigo físico de gran magnitud. El control de su agresividad no funciona correctamente, encontrándose siempre al borde de un estallido; si es creyente, su agresividad puede ser expresada verbalmente en una forma muy sutil como por ejemplo descalificando a quienes le rodean.

B. Ideas de persecución y desconfianza

La desconfianza es el corazón (junto con los celos) de la estructura paranoide. Es lo que lleva al sujeto a poder acusar a quien sea, desde un individuo a una comunidad entera; y de esta desconfianza (generalmente inconsciente para el sujeto) se desprenden las ideas de persecución, es decir, de que otros (individuo o comunidad) quieren usarlo, agredirlo, serle infiel, etc. Por tanto el sujeto siempre está a la expectativa, esperando confirmar su sospecha.

Dado que su fantasía le indica que otros le quieren dañar, recurre a defenderse (del otro) atacando.

La persona paranoica siempre está acusando (proyectando) a los otros por cualquier cosa, con un razonamiento muy bien estructurado y muy intelectual.

Si el sujeto paranoico es creyente, generalmente van a estar cumpliendo funciones de liderazgo manteniendo siempre una conducta estratégica y diplomática; actuando a través de una falsa humildad, mostrando una falsa sonrisa con la cual tapan su agresividad. Si es creyente de mucho tiempo, manejará su agresividad, desconfianza y sus ideas de persecución en el terreno de lo «bíblico»; tendrá su hermenéutica propia, la cual va a predicar citando muchos pasajes y realizando sus exégesis personales tratando así de convencer sutilmente a quienes le rodean.

Aquellos que se opongan a su «doctrina» serán objeto de una discusión abierta.

El sentirse perseguido le genera desconfianza hacia los demás y esta desconfianza es utilizada como defensa y descarga frente a su constante tensión interna; tensión que niega profundamente. Siempre va a atacar primero, descalificando a quien sea; si el sujeto paranoico es creyente criticará aun a los creyentes más espirituales, poniendo en tela de juicio su vida cristiana, su posición doctrinal, etc.

Este sujeto posee muy pocos amigos y son escasos a quienes acepta en su círculo, ya que toda persona que se acerca hacia él es interpretada como una posible agresión.

Esta desconfianza nace de su fantasía de ser perseguido, de ahí que éste recuerde con nombre y fecha cada acto que se ha cometido en contra de su persona o cada trato injusto que se le ha hecho.

En resumen, el juntar todas las injusticias le lleva a desarrollar una memoria brillante, pudiendo así fijar y conservar con lujos de detalles, fechas y palabras (aunque muchas veces no las comente).

Puede ser que el sujeto manifieste sus críticas claramente, como por ejemplo: «la gente está en contra mía», o puede ser que encubra estas sospechas bajo críticas racionalizadas. Por ejemplo, discutiendo ciertos temas con doble sentido.

Su memoria es brillante, muy desarrollada al igual que su inteligencia; éstas son las armas con las cuales trata de controlar el mundo externo.

Las ideas de desconfianza, le llevan a ser un sujeto hipercrítico, extremadamente perfeccionista no sujetándose jamás a nadie.

C. Ideas de grandeza

Este sujeto tiende a creer que es el mejor en todo, tanto en lo que dice como en lo que hace, de ahí las constantes autorreferencias, que son exageradas y sutiles.

Si es creyente, considerará que los miembros de su iglesia no valoran sus capacidades. Si predica, en su mensaje predominarán sus propias experiencias entre pasaje y pasaje.

Estas ideas de grandeza que posee de sí mismo lo llevan a querer estudiar para poder manejar todos los temas de la vida diaria, es por eso que sabe de la Biblia, de política; en fin, sabe de todo. Un gran porcentaje de estos sujetos ha estudiado una carrera universitaria obteniendo altos honores y los que no han podido, lo han hecho en forma autodidacta, asombrando por su capacidad a quienes le rodean.

El paranoide quiere ser siempre el centro de atención, ya que se considera digno de ser admirado y respetado por su grandiosidad que es saboreada en su mente ya que piensa que «sólo los grandes la poseen».

Cuando otras personas son el centro de atención y no él, recurre a la descalificación ya que considera que la autosuficiencia es sólo de su propiedad. Si es creyente de tiempo, buscará los medios que sean para ser el centro de atención, y de no ser posible esto, no dirá ni hará nada, aunque por dentro estará estallando de ira y envidia mostrando entonces su sonrisa de falsa humildad, haciendo como que él «está en otra». Lo que él dice no es digno de ser dudado ni cuestionado por nadie. Su orgullo está siempre presente adoptando un aire de superioridad, «gozando» (sobrando) sutilmente a todo el mundo y dispuesto a «cantarle las cuarenta» a quien sea, como sea y donde sea.

La autovaloración que este sujeto posee, le hace pensar que su opinión es certera en todos los temas, teniendo una necesidad ininterrumpida de proclamar sus convicciones. Se considera infalible y juez severo de los demás, perdonándose todo a sí mismo, pero nada a sus semejantes.

Hay una hipertrofia de su yo; esta le lleva a sobrestimarse y a sentirse superior a los demás en todos los órdenes de la vida. Lucha defendiendo sus ideas continuamente, porque cree que son las únicas y las mejores. Siente que es capaz, indispensable e insustituible, exaltándose a sí mismo en el mismo momento en que descalifica a los demás.

Aquellas personas que descalifican, fanfarronean o que desean llamar la atención, son juzgadas severamente por el paranoico, ya que éste no tolera tales actitudes aunque él mismo las realice sin darse cuenta. Como cree saberlo todo, necesita demostrar su inteligencia, autoidolatrándose, ya que él se considera digno de ser admirado y respetado.

D. Rigidez extrema

A este sujeto le gusta lo claro y lo concreto. Todo lo que da lugar a dudas o no es trasparente, le genera sospechas y sentimiento de persecución.

El campo emocional es considerado con desconfianza, pues cree que éstas no son una guía segura. El sentir le desorganiza y desestructura.

Sus elementos de trabajo son el perfeccionismo, la dureza, la severidad y la tensión constante. Cuando se le pone algo en la cabeza es difícil de sacárselo o tratar de convencerlo de lo contrario. Ya que el sujeto es atímico (sin sentimientos) jamás va a felicitar a alguien, y si lo hace es para llenar su ego, encubriéndolo con su falsa humildad, aunque sus constantes autorreferencias delatan que detrás de la felicitación se alaba a sí mismo. Por ejemplo: «cómo aprendiste en la escuela dominical, tu crecimiento y conocimiento de las Escrituras es formidable» (cuando el paranoico fue su maestro en la clase).

Los cambios de cualquier tipo generan inseguridad, por eso los rechaza; si es líder, las reuniones tendrán siempre la misma estructura y toda innovación será analizada, pensada y muchas veces rechazada ya que el cambio despierta sentimientos de inseguridad y éstos a su vez de persecución.

La limpieza, el orden, el perfeccionismo y la inflexibilidad son su estilo de vida.

Son personas exigentes y rígidas, su obstinación les lleva muchas veces al fanatismo y al desprecio por los demás; son dominantes y batalladores.

Predomina la hiperactividad; trabajan, piensan y hacen durante todo el día. Son personas correctas, limpias, ordenadas y usan la rigidez como un medio de control, tanto para sí, como para los otros.

Los celos son uno de los síntomas por excelencia de la personalidad paranoica. Estos celos se manifiestan sobre todo con su pareja, sospechando cada actitud de ella, e interpretándola como una actitud de infidelidad constante, convenciendo a los demás de que sus sospechas celotípicas son reales, tejiendo racionalizaciones al respecto.

Mencionemos ahora las características de los padres paranoicos. Encontramos los siguientes rasgos:

Madre paranoica
–Dominante/Sobreprotectora
–Transmite ideas de desconfianza a los hijos
–Interpreta todo a su manera
–No responde a las demandas básicas de sus hijos (amor, aceptación, etc.)
–Genera tensiones en el hogar
–Ideas celotípicas

Padre paranoico
–Desacredita a la gente delante de su familia
–Desacredita a su familia delante de la gente
–Tiene altos principios morales (inalcanzables) los cuales frustran a sus hijos

–Hipervigilante de sus hijos
–Busca que en el hogar él sea la autoridad
–Culpa a su familia de su malestar
–Hace a su esposa sumisa a él
–Ideas celotípicas
–Grandes peleas con sus hijos
–Poco y nada cariñoso con sus hijos
–Realiza acusaciones infundadas y constantes

Lo dicho hasta aquí nos muestra la complejidad de este tipo de personalidad y la dificultad de convivir con tales sujetos.

Bosquejemos la estructura paranoide
Agresivo
Desconfiado
Rígido
Hipersensitivo
Hipervigilante
Peleador
Frío
Celotípico
Racionalizador
Egocentrista
Activista

3. UN EJEMPLO BÍBLICO

La Biblia nos relata un ejemplo de esta estructura, que es por demás ilustrativo.

Saúl, un líder paranoico
El líder paranoico es un excelente manipulador de la gente utilizando actitudes estratégicas de alto nivel.

Todo lo que pueda poner en peligro su *status* y «llamado al ministerio», es atacado inmediatamente mediante hábiles y duras actitudes, tales como por ejemplo el adueñarse del «púlpito» para evitar que alguien robe su gloria, asistir a todas aquellas actividades de la iglesia descalificando cuanto allí se haga, etc.

Todo lo que le quite ser el centro de atención de los demás, constituye para él una amenaza despertándole sentimientos de rivalidad y hostilidad hacia su agresor. Saúl es un claro ejemplo de lo que estamos hablando. La Biblia relata que Saúl es establecido como el primer rey de Israel por Samuel (1 S. 9:26; 10:1), siendo ungido en Mizpá (10:17-27). Durante su juventud manifiesta ser un buen rey y líder, pero el tiempo revela su verdadera personalidad, una personalidad paranoica. El tiempo siempre revela la calidad y profundidad de una persona.

En 1 Samuel 13 vemos su primer pecado. Cuenta el relato, que Saúl viendo a su ejército destrozado, ocupa el lugar de sacerdote ofreciendo un sacrificio (vv. 8-9), sin esperar la llegada de Samuel. Saúl realiza este acto ya que cree tener el derecho y capacidad de hacerlo.

En 1 Samuel 14 se relata que su hijo Jonatán, guiado por su fe en Dios (v. 6), logra una espléndida victoria sobre los filisteos; a pesar de esto Saúl resuelve irreflexivamente que su ejército no pruebe bocado hasta haberse vengado de sus enemigos los filisteos, haciendo así debilitar a todo su ejército por su capricho (vv. 24-29).

Así vemos que Saúl demanda absoluta obediencia y lealtad a sus deseos.

En 1 Samuel 15 se relata que Saúl debía pelear contra los amalecitas y destruir todo (vv. 3, 19-20), pero perdona a Agag y la mejor de las ovejas y del ganado mayor (v. 9), determinando hacer lo que quiere sin considerar lo que Dios le había ordenado (v.15). Este relato nos da algunas características de la personalidad de Saúl;

– Tiene sentimientos de inferioridad compensados con su creencia de superioridad (v. 17)
– Intenta hacer que Dios piense como él (vv. 20-21)
– Duro y frío (vv. 24-25)
– Es simulador, realiza cambios superficiales y no profundos (v. 27)

En 1 Samuel 16, David le sucede en su reinado. Es elegido por Dios y ungido privadamente como rey. Por esto, Saúl cae en un estado depresivo muy común en el sujeto paranoico cuando no puede manejar la situación. Si analizamos algunos pasajes de este capítulo, nos daremos cuenta del porqué de esta melancolía:

– ¡Sabía que venía alguien mejor que él! (15:28)

–Iba a ser descalificado y retirado de su función (13:14)
–Dios y Samuel abandonaron a Saúl (15:35)

En 1 Samuel 17 vemos cómo David vence a Goliat y en el capítulo 18 se nos muestra el máximo desarrollo de la enfermedad de Saúl.

–Persecución diaria (23:14)
–Envidia y competencia (18:7)
–Atímico, sólo expresa ira (19:1)
–Sentimientos de inferioridad (18:8b)
–Impulsividad iracunda (18:11)
–Sentimientos persecutorios (18:15; 22:8)
–Racionalizaciones (18, 19, etc.)

En 1 Samuel 19 vemos a Saúl desconfiando de su propio hogar (vv. 31-33)
En 1 Samuel 22 Saúl está frustrado, derramando la ira de su vida sobre los sacerdotes de Nob.
En 1 Samuel 28 lo encontramos haciendo su voluntad en un nuevo pecado.
En 1 Samuel 31 vemos su fin.

Creemos que todo lo analizado es suficiente para la reflexión y para poder sacar conclusiones.

4. ETIOLOGÍA

Cuando entramos en el campo de la génesis de la enfermedad, debemos reconocer en primer lugar cuán poco sabemos de la misma. Muchas son las teorías dadas al respecto y debemos tener en cuenta que algunas son contradictorias entre sí. La problemática paranoide es muy compleja como para simplificarla, pero comentaremos en forma sencilla algunas de las causas que consideramos son las principales generadoras de la estructura.

Un concepto muy importante a tener en cuenta es el siguiente: «jamás una estructura obedece a una sola causa» y con esto decimos que son múltiples los factores que entran en juego y que forjan tal enfermedad.

El paranoico, generalmente revela desde muy pequeño trastornos en su conducta, ya que la estructura va configurándose en el sujeto desde su misma infancia.

Algunos autores opinan que estos sujetos tuvieron padres que nunca dijeron las cosas claramente; el ejemplo más común es el de aquellos padres inseguros que un día le decían sí y otro día le decían no al niño frente a un mismo hecho.

Este sistema enfermo y contradictorio de comunicación comienza a sembrar la desconfianza y desconcierto en el niño, debiendo éste leer entre líneas lo que sus padres le decían.

Así, con el correr del tiempo comienza a entrenarse en este nuevo sistema de comunicación y a interpretar todo a través del mismo.

La desconfianza será la herramienta que manejará frente a todo lo que le digan, desarrollando de este modo su capacidad intelectual más que lo habitual, ya que constantemente estará analizando lo que le dicen.

Los padres dominantes y censuradores crean en el niño un montante de agresividad y rechazo que reprimirá y desplazará hacia otras personas. Esto lo vemos en su conducta constante de desconfianza y agresividad frente aquellos que ni siquiera conoce. Verá en la conducta de la gente la misma actitud que sus padres tuvieron con él. Como se ha señalado en reiteradas ocasiones, el individuo realizará como adulto lo que ha experimentado pasivamente en los años de su infancia.

Es importante saber, que el niño no puede distinguir entre fantasía y realidad, confundiendo muchas veces la una con la otra. Esto explica que es más importante *cómo* el niño percibe ciertas actitudes de sus padres; puede ser que ellos le hayan amado o no, lo que interesa es cómo el niño percibió esta actitud, cómo él la interpretó y vivenció. Una simple amenaza lanzada por los padres es tomada literalmente por el niño que no tiene la capacidad de diferenciar entre fantasía y realidad.

Por otro lado cuando el paranoico piensa «usted me odia», está expresando un mutilado ruego de amor, es una forma de decir «yo necesito que me quiera, pero usted me odia». Igual que el masoquista es incapaz de pedir directamente amor y se acerca a éste a través del sufrimiento, presto a recibir las agresiones, también el paranoico está a la búsqueda de que le amen, aunque no lo pueda expresar, o mejor dicho lo haga a través de su agresión hacia el otro.

Sabemos a través de la psicología que nuestra identidad (el ser uno mismo) se forma y se configura en base a las múltiples identificaciones que vamos obteniendo a lo largo de nuestra infancia. El crecimiento y desarrollo del niño se producirá por la incorporación dentro de sí mismo, de aquella parte constituida por sus padres, esto es identificación. El proceso de identificación es lento y permanente a lo largo de toda la vida, pero es de indispensable importancia en la niñez y la adolescencia. El ser paranoico introyectó identificaciones negativas y enfermas, junto con elementos tales como la desconfianza, inseguridad, rechazo, doble lectura en la comunicación, etc.

El sujeto, tras haber incorporado todas estas identificaciones, las reprime y pone en práctica (inconscientemente) el mecanismo por excelencia de la paranoia: la proyección. Todos los sentimientos reprimidos amenazadores y agresivos, al no ser tolerados en sí mismo, los colocará en los demás.

Los mecanismos básicos de la estructura paranoide son los siguientes:

Introyección.................. de las identificaciones negativas
Represión..................... de las mismas
Proyección.................... de sus agresiones y sentimientos
Introyección.................. de lo proyectado que lo ve como una
agresión de parte del otro

Lo que proyecta no es una esencia psicológica, sino una cierta organización de experiencias previas por las que el sujeto ya ha atravesado. Proyecta en el otro su

–Desconfianza y persecución.
–Hostilidad y sentimientos de rechazo.
–Sentimientos de inutilidad e inferioridad.
–Posibles sentimientos homosexuales.

El sujeto proyecta algunos de estos sentimientos en el otro, rechazará al otro por poseer tales sentimientos.

La proyección la medimos por la cantidad y calidad de las vivencias proyectadas; cuantas más se proyecten mayor será la enfermedad.

5. FORMAS CLÍNICAS

Después de considerar las características principales, es importante remarcar que el sujeto paranoico es un individuo al que podemos encontrar involucrado en cualquier aspecto de la vida diaria. La estructura paranoide es un síndrome; con esto queremos decir que es una constelación de síntomas que suelen presentarse juntos.

Es muy importante que distingamos entre:

A. Rasgos paranoides
B. Estructura paranoide
C. Psicosis paranoide

Analicemos cada uno de ellos por separado.

A. Rasgos paranoides

Todos los seres humanos tendemos a acusar a otras personas de lo que nos pasa, de nuestro dolor, desdichas, etc.

Esto de acusar a los demás de tal o cual cosa (cuando los otros no tienen nada que ver) es un rasgo paranoide que cada tanto usamos.

Ya en el comienzo de la historia de la humanidad, aparecen estos rasgos enfermos y nos dice la Biblia que se produce como consecuencia de la entrada del pecado al mundo.

El proyectar ciertos sentimientos propios a los demás no nos hace tener una estructura paranoica, sino solamente tener rasgos paranoicos. En Génesis 3:8-13, tenemos un relato que es por demás ilustrativo.

Y oyeron la voz de Jehová Dios que se paseaba en el huerto, al aire del día; y el hombre y su mujer se escondieron de la presencia de Jehová Dios entre los árboles del huerto.

Mas Jehová Dios llamó al hombre, y le dijo: ¿Dónde estás tú?

Y él respondió: Oí tu voz en el huerto y tuve miedo porque estaba desnudo y me escondí.

Y Dios le dijo: ¿Quién te enseñó que estabas desnudo? ¿Has comido del árbol del que yo te mandé no comieses?

Y el hombre respondió: La mujer que me diste por compañera me dio del árbol y yo comí.

Entonces Jehová Dios dijo a la mujer ¿Qué es lo que has hecho? Y dijo la mujer: La serpiente me engañó y comí.

Es interesante ver en este texto la consecuencia de la desobediencia a los principios de Dios.

Aquí tenemos la caída de nuestros primeros padres, modelo que involucra al hombre cuando peca o desobedece a Dios. Los mecanismos enfermos comienzan a aparecer en nuestra conducta, mecanismos de defensa contra la angustia que el pecado provoca.

En el texto Satanás activa en el hombre la posibilidad de poder «ser Dios» y este deseo lleva a Adán y a Eva a la posibilidad de saborear el sentimiento de grandeza, de ser más de lo que se es.

Luego de pecar, vivencian la desintegración, la desarmonía de su ser. El v. 8 nos dice que ambos se ocultaron físicamente de la presencia de Dios; este «ocultarse» representa la primera actitud de escapar de su pecado. Psicológicamente, decimos que es un mecanismo primitivo e infantil que muchas veces utilizamos frente a diversos problemas y pecados que nos resultan difícil de asumir.

Dios los busca (como sucede siempre) y los encuentra. Adán le dice de su miedo, de su vergüenza producida por la culpa de desobedecer a Dios. Aparecen en él sentimientos de desamparo y soledad, siendo éstos las primeras vivencias después de la caída. A continuación, dice el texto, que Adán racionaliza el porqué de su malestar y automáticamente *acusa a la mujer* (vemos claramente cómo el hombre es el primero en racionalizar su culpa, y a la vez sutilmente con esta acusación, remite la culpa a Dios mismo, ya que fue Él quien creó a la mujer). Dios quiere conocer la opinión de Eva, y en el v. 13 le pregunta y ella le responde *acusando a la serpiente.* En el fondo ambos acusan a Dios de sus males.

En este relato identificamos claramente los mecanismos de Proyección y Racionalización.

Ambos mecanismos son rasgos paranoides, además tengamos en cuenta que Adán y Eva *desconfiaron* de la Palabra de su Creador, y actuaron en base a ésta y a su deseo de «ser más». Buscan así la independencia hacia su Dios.

Tengamos en claro que estos rasgos paranoides, son tales (rasgos) por tener su aparición ocasional en nuestra vida.

Los rasgos citados y otros más que podríamos mencionar son habituales en el ser humano, pero no son sanos.

B. estructura paranoide

Dijimos en el punto anterior que casi todos los seres humanos tenemos rasgos paranoides; pero debemos distinguir los rasgos de la estructura paranoide, ya que ésta va más allá.

La estructura es un modo de pensar, sentir y actuar que acompaña en forma constante al individuo. Es un estilo de vida, es un sistema de pensamiento que caracteriza a una persona, es una forma de ser que da como resultado una estructura: la paranoide.

Cuanto más diaria y habitualmente se manifiesten estos rasgos, tanto más irá estructurándose la personalidad paranoide en el sujeto. De ahí la tarea preventiva que la pastoral debe realizar con aquellos que comienzan a mostrar tales rasgos en forma constante.

C. Psicosis paranoide

Aquí entramos en una de las patologías más serias que conocemos a nivel mental. Simplificando lo complejo de las psicosis, podríamos decir que en este cuadro entran todos los mecanismos citados más el *delirio* Éste puede ser básicamente de 3 temas;

1. Delirio pasional

El sujeto atribuye actos de infidelidad por parte del otro cónyuge en forma constante e irracional. Por ejemplo el hecho de que su esposa le sirva la comida fría es interpretado por él como la clara señal de que ella posee otro hombre y que le es infiel.

Este tipo de delirio puede ser a su vez celotípico o erotomaníaco.

2. Delirio persecutorio

El contenido de este delirio es la persecución. Ésta se puede manifestar de muchas formas, por ejemplo que la gente lo observa, que todos lo miran, que todos hablan de él, o que la policía lo persigue, los militares, el F.B.I., etc. El sujeto comienza a sentirse perseguido al ir por la calle interpretando que la gente lo mira en forma extraña, que lo quieren matar, etc.

3. Delirio de reivindicación

El sujeto construye un delirio con el contenido de que ha sido estafado, que ha sufrido algún daño y pide en forma insistente que se haga justicia. Busca abogados, formula denuncias y busca por todos los medios una reparación al daño que le han hecho. Este tipo de delirio puede ser querellante de invención o idealista. Estas ideas delirantes son las que le van a dar el estatuto de psicosis paranoica. Frente a este cuadro el abordaje debe ser la hospitalización y posterior atención profesional ya que puede llegar a ser un constante peligro para quienes le rodean.

Resumiendo podríamos decir:

Rasgos paranoides: predominan los rasgos ocasionales.

Estructura paranoide: forma de pensar, sentir y actuar.

Psicosis paranoide: la estructura + el delirio.

6. CONSIDERACIONES GENERALES PARA LA ENTREVISTA PASTORAL

Entre los aspectos a tener en cuenta por el consejero podríamos mencionar:

A. La Escritura es el fundamento de la pastoral

Nuestra función no es hacer psicoterapia ni psicoanálisis, ya que el encuadre de nuestra entrevista es netamente pastoral.

La Biblia entonces debe tener la preeminencia en el aconsejamiento a tales sujetos. La Biblia es nuestra herramienta de trabajo en la pastoral, amarla, estudiarla, vivirla son los pasos necesarios para poder transmitirla con efectividad.

Nuestras exposiciones de las Escrituras en determinado tema de la entrevista, deben ser firmes y claras, dejando de lado todo autoritarismo doctrinal e interpretaciones exegéticas personales. Debemos recordar que al asesorar a sujetos tan desconfiados y reservados, nuestras palabras no tendrán tanta credibilidad en comparación con la lectura directa de las Escrituras.

Tenemos el privilegio de poder comprobar lo valioso que es trabajar junto con las Escrituras, no al azar, sino en forma inteligente y correcta.

Es importante no tomar notas de ningún tipo, ni preguntar por su infancia, ni realizar ningún tipo de entrevista que viole el encuadre pastoral y que pueda entorpecer la esencia de nuestra función (aunque sí es conveniente tener un fichero personal donde después de la entrevista volquemos los datos más significativos de la entrevista).

Las preguntas con doble sentido, el lenguaje figurado, las discusiones o algún mensaje comunicado en forma indirecta pueden ser peligrosos entorpeciendo la labor pastoral. Debemos expresar lo que pensamos en forma directa y concreta ya que esto a la larga será valorado por el sujeto ya que sabrá que se está comunicando con alguien franco. Al igual las preguntas vagas o inciertas, los chistes, como algún tipo de fingimiento en nuestra actitud.

El lenguaje no verbal dijimos tiene que ver con nuestro cuerpo y este debe expresar lo mismo que el código verbal, ya que sino serán los dos mensajes enviados.

Este tiene que ver con nuestra postura y con lo que nuestros gestos expresan; la mirada desatenta, el bostezo, el mirar el reloj en plena entrevista, etc., pueden negar lo que estamos afirmando con nuestra boca. Igualmente la impuntualidad, el horario de finalización de la entrevista, etc.

B. Evitar la intimidad

Este sujeto no desea generalmente mantener intimidad con otras personas (casi nunca la han tenido con nadie), es muy frecuente que pase demasiado tiempo como para que el sujeto se abra a otro, ya que la fantasía persecutoria y la desconfianza le persiguen constantemente.

Debemos tener en cuenta esto, pues al buscar que el sujeto se abra rápidamente puede ser perjudicial para la relación, de ahí que las preguntas acerca de su vida íntima deben ser dejadas para un momento propicio. Si la persona desde el comienzo comenta cosas íntimas la relación corre peligro de quebrarse ya que es posible que más adelante fantasee sobre la posibilidad de que lo que confesó pueda ser usado en su contra.

Al pasar el tiempo la persona puede comenzar a abrir su corazón, comentando generalmente algunos de los rechazos que ha sufrido en su infancia, esto debe ser tomado por el consejero con naturalidad, mostrando interés frente a esto pero con la mayor discreción posible.

Muchas veces estos sujetos «prueban» a su consejero, para ver si pueden confiar o no en él. Prueban contando algo importante y observan todas las reacciones del consejero, o si comenta a otro lo que él ha manifestado en la entrevista; por lo tanto la reserva debe ser máxima.

Cuando el consejero inspira confianza, aceptación y amor la pastoral toma caminos provechosos frente a cualquier patología.

C. *Manejar las emociones*

El otro siempre despierta sentimientos en nosotros; algunos más intensos que otros, algunos más profundos que otros, pero siempre existe una reacción emocional. Debemos evaluar y tener presente qué sentimientos van despertándose en la persona a lo largo de la entrevista. Éstos son muy duros en sus críticas y perfeccionistas en sus observaciones. La descalificación, como ya hemos dicho, es uno de sus mecanismos defensivos más importantes.

Debemos ver qué tipo de sentimientos despierta el sujeto en nosotros, si agradables, desagradables, de ira, de dolor, miedos, etc. Estos sentimientos son muy importantes y pueden ayudarnos en la tarea pastoral. En base a esto, podemos saber cuándo derivar y cuándo no. Cuándo se ha logrado una buena empatía y cuándo no.

7. El uso de la Biblia en la Pastoral

La temática bíblica debe ser gradual, comenzando en primer lugar a analizar ciertos pasajes generales, pasando luego a los más particulares que tengan que ver con su personalidad. Los temas movilizantes que se relacionen con su problemática, como la ira, la muerte, la desconfianza, etc., deben ser dados en forma clara y directa, confrontando al sujeto con los principios bíblicos.

Los estudios exegéticos son los más apropiados, ya que los temáticos pueden ser interpretados como «algo hecho a propósito».

El sujeto necesita introyectar nuevas pautas y modelos de personalidad. Los temas de la aceptación (por ejemplo Mt. 22:39), la interpretación de la realidad desde la mente de Cristo (Fil. 1:12-25), las emociones en la vida cristiana (Ef. 4:26-32), el perfeccionismo, etc., pueden ser temas a compartir en la pastoral siguiéndolos con ejercicios prácticos donde las reacciones emocionales sean analizadas en forma preponderante.

Capítulo 4

ESTRUCTURA DE PERSONALIDAD PSICOPÁTICA

1. ORIGEN DEL TÉRMINO

«Furioso contra la mujer que lo había insultado la precipitó en un pozo de agua.» Así describe Pinel a un paciente a principios de 1800. Dice él mismo, que éste era un hombre que había recibido todo el cariño de su familia. Cuando se le cruzaba un perro en su camino lo mataba a puntapiés, cuando de un caballo tiraba las riendas, lo castigaba sin piedad, así terminó matando a una campesina por haberlo insultado.

Enfrentado Pinel a este paciente, le llamó la atención que él mismo no tuviese ninguna alteración en su capacidad de razonamiento; luego de mucho análisis, llegó a la conclusión de que padecía «manía sin delirio».

Se considera a Pinel el primero en comenzar a describir el esquema conceptual del trastorno que llamó psicopatía o psicópata.

En 1812, un psiquiatra americano, Benjamin Ruesch, sostuvo que la enfermedad de estos sujetos debía explicarse por un trastorno de la voluntad y llamó a este cuadro «idiotez moral».

En 1835, en Inglaterra, el Dr. Pritchard llamó a la enfermedad de estas personas en los cuales los principios morales están pervertidos y el poder de autodominio perdido «insania moral», concepto que ganó en su época amplia aceptación en el campo médico.

Los religiosos de la época negaron y rechazaron tales clasificaciones, viéndolo como un plan para negar el libre albedrío y que conducía al «paganismo».

En 1878, Gouster presentó el primer cuadro clínico de los tales integrado por: las mentiras, la excitación y la pasión. Llamó a los mismos como «insanos morales».

Es a fines del siglo XIX, en especial por J. Koch que esta estructura adquiere un carácter más desarrollado, creando la expresión «inferioridad psicopática», término que reemplazó al de «insania moral».

En 1923, el filósofo y psiquiatra alemán Kurt Schneider, escribió el clásico libro *Personalidades Psicopáticas;* entre los muchos aportes que realizó, uno de los más importantes fue decir que los psicópatas sufren o hacen sufrir a la sociedad.

En 1941 se escribió otro clásico por Hervey M. Cleckley. Enfatizó la carencia de culpa, superficialidad emocional, impulsividad, egocentricidad.

Luego de la primera guerra mundial el énfasis del término estaba apuntando hacia los sujetos con una fuerte tendencia criminal. Así la personalidad del psicópata empezó a ser estudiada en muchos países del mundo. Nacen las teorías sobre su etiología y las clasificaciones de tipo científico. A partir de 1930 se puede decir que adquieren un estatuto diferente.

La escuela francesa los ha llamado «degenerados superiores», «desequilibrados», «perversiones instintivas». La escuela alemana los ha llamado «inferioridades psicopáticas», «caracteres psicopáticos», «personalidades psicopáticas», siendo este último tomado por la mayoría de los autores ingleses, alemanes y americanos. Nosotros lo usaremos intercambiablemente con la palabra psicópata.

2. CARACTERÍSTICAS DE LA PERSONALIDAD PSICOPÁTICA

Las siguientes características aparecen siempre en la estructura psicopática y son las más distintivas.

A. Conducta agresiva y antisocial

Estos sujetos pueden desde insultar hasta matar (depende esto del control e integración yoica). Nada los detiene, hacen lo que desean y sienten.

Poseen un alto grado de agresividad, buscando constantemente a alguien a quien dañar, esto hace que su comportamiento se transforme en antisocial (es decir que hacen sufrir a la sociedad). La magnitud de su desadaptación al medio social y relacional depende de lo profundo de su enfermedad.

Es importante que señalemos que no se debe asociar al psicópata solamente con los reiterados modelos que las películas ofrecen, como; «el violador» o el «asesino despiadado», estos sujetos posiblemente sean psicópatas pero el término y la estructura no deben limitarse a estos casos extremos.

Generalmente estos son sujetos que viven y trabajan en nuestra sociedad sin tener alteraciones tan graves como las señaladas anteriormente.

Su agresividad es producida mediante descargas explosivas, muchas veces violentas e impulsivas. El psicópata no tendrá problemas en pisar algún gato con el coche, pelearse con alguien o romper algún vidrio; no importa lo que haga, siempre estará en juego *violar el límite impuesto*, allí está el placer que éstos encuentran.

Su personalidad se puede resumir en la palabra *actuación*. Se dice que estos sujetos piensan actuando. Frente a una necesidad, inmediatamente piensan satisfacerla actuando ya. Todos los deseos que vengan a su mente, tratarán de hacerlos realidad, por más imposibles que éstos resulten. Posponer o modificar sus deseos es algo que les resulta difícil de realizar.

La acción se transforma en un recurso esencial para la instrumentación de sus conflictos infantiles y actuales, tornándose en el medio de descarga de su tensión interna.

Es importante enfatizar que el pensamiento en una persona normal, le permite demorar la acción; piensa, decide, actúa. En el psicópata su incapacidad para reflexionar es nula tornándose su pensar en actuar. Pensamiento y acción se superponen; utilizan el pensar como un hacer, de ahí el «pensamiento de acción», al igual que sucede en la infancia más temprana.

Aquí es importante introducir un término psicológico significativo: el de *acting out;* éste es la solución de un conflicto psicológico mediante alguna acción, esta acción puede ser de cualquier tipo como por ejemplo mentir, robar, etc.

Estas personas buscarán el constante consejo de su consejero, para «justificar su actuar»; «usted me dijo que deje el trabajo» o «usted me aconsejó que me separe de mi esposa», etcétera.

La mentira es una de las características más sobresalientes de la psicopatía, esta es una forma mágica para negar la cruda realidad en la cual viven; al no poder tolerar la misma realidad y la desilusión que esto trae, recurren a su mejor *acting out;* la mentira patológica (constante). Las mentiras dicen aquello que la persona desearía que fuese cierto.

El psicópata se caracteriza también por buscar un cómplice, lo buscará especialmente en su consejero. Sus armas para esto son la seducción o despertar hostilidad por parte del consejero. A pesar de esto es importante señalar que el psicópata puede poseer una inteligencia baja, media o alta. Generalmente su predominio es alto, con características de una inteligencia viva y práctica.

Entonces su conducta la mayoría de las veces se torna en impulsiva e irreflexiva.

No se interesan por las normas de nadie, ni las penas o desgracias que puedan sufrir al haber violado el límite.

Hay un sentimiento de omnipotencia que les lleva a pensar (inconscientemente muchas veces) que no los van a descubrir. Su agresividad es tan inmensa que no tiene freno ni límite para sus impulsos, a pesar de los castigos o desastres que ocasione su conducta, igualmente la repetirá sin problema alguno.

Existe una incapacidad de controlar sus impulsos más primitivos.

Constantemente están absorbidos en sí mismos, sin considerar jamás a los demás. Su falta de control y atracción por el riesgo les llevan a buscar experiencias intrépidas, como por ejemplo manejar automóviles en forma veloz, violar las leyes, pelear, etc.

B. Ausencia de angustia y culpa

El sujeto normal al violar la ley o al pecar, siente sentimientos de culpa y angustia, el psicópata *no.* Casi no existe la culpa y angustia. Puede llegar a realizar cualquier acto digno de arrepentimiento y culpa, más no sentirá pizca de remordimiento. Puede llegar a ver un accidente o algo impresionable para el común de la gente, sin sentir absolutamente nada. Este es uno de los síntomas más importantes en la estructura psicopática.

La angustia cumple, según la psicología, una función anticipatoria y preventiva, presente desde el mismo momento del nacimiento; en el psicópata esto no existe, surge así la impulsividad, la intolerancia a la frustración y la atimia. Frente a una situación angustiante, el psicópata siente aburrimiento, tensión y hastío. En el psicópata el tedio es el equivalente de la angustia.

Si muestra algo de dolor o culpa generalmente es falso, sólo es una táctica usada para ganancia personal. Es solamente el Espíritu de Dios el que puede tocar un corazón tan duro y enfermo. Él es el único que puede cambiar al ser humano radicalmente. Cuando verdaderamente el sujeto comienza a sentir angustia, llanto o culpa, es motivo de un restablecimiento y cambio de su estructura.

La culpa es la angustia que siente el yo frente al juicio del superyo, de perder su amor. Psicológicamente hablando la conciencia moral se constituye en el transcurso de la historia vital. Los padres son los mediadores y transmisores de sus ideales, valores y normas, como también de la cultura. Un correcto desarrollo producirá la internalización de estas prohibiciones externas. La conciencia moral puede estructurarse en forma patológica tan claramente como en las que se observan en sujetos melancólicos, depresivos, etc.

En la psicopatía se dice que el superyo se ha estructurado en forma patológica. Su ética se transforma entonces en una ética muy personal y privada, despreciando el sistema de valores que la sociedad sostiene. De ahí que si miramos su pasado encontramos robos, vagancia, delincuencia, ingestión de drogas, escapes del hogar, peleas, vandalismos, discusiones con figuras de autoridad, etc.

La ausencia de culpa les lleva a dejarse guiar por sus impulsos instintivos, no aceptando ninguna forma de autoridad.

Generalmente son sujetos que no pueden expresar sus emociones; realmente viven como si no las tuvieran, de ahí que el psicópata no puede amar, solamente utiliza a los demás como objetos para su propio fin. El otro es un medio para su manipulación, para lograr sus objetivos. No hay profundidad emocional, no existe la ternura, el cariño, el romanticismo, sólo la agresividad.

Cuando encuentran a alguien que los ama, no saben cómo actuar, buscan ser amados, pero no saben amar, lo podríamos asemejar al perro que ladra y persigue con entusiasmo a un coche, pero que cuando lo alcanza no sabe qué hacer, estos sujetos reaccionan así ante alguien que los ama, no saben cómo actuar. El amar y ser amado no está incorporado en su vida y experiencia. No sabe su significado. Esto lo lleva a la soledad como estilo de vida, juntándose con individuos de su misma problemática. El encuentro de estos seres en grupos es muy común, se unen, cuentan sus agresiones con orgullo, sus «triunfos amorosos» y hablan hasta por los codos, medio por el cual intentan escapar de la depresión y el aburrimiento.

El melancólico es la pareja ideal para el psicópata, ya que está inerte frente a la inoculación de la que el psicópata le hace objeto, porque su autoestima depende de la aceptación que le demuestren los que le rodean.

Si es creyente, va a tener su grupo en la iglesia, generalmente compuesto de personas que vienen cuando quieren, y cuando lo hacen se reúnen en su pequeño círculo, no teniendo contacto con los demás miembros de la iglesia.

Su relación interpersonal es superficial; casi no existe el compromiso afectivo con nadie.

C. Comunicación enferma

Estos sujetos van a estar hablando de sí mismos constantemente, las autorreferencias son diarias y comunes acerca de sus aventuras con las mujeres, de cómo hirieron a su pastor o a alguna otra persona, de su largo «prontuario» de agresividad, de sus gustos y deseos, de los problemas que crearon en la escuela, cómo violaron los límites, etc.

Creen que sus experiencias son dignas de ser escuchadas por todo el mundo, que sus hazañas son realmente fuera de serie.

La fabulación y mitomanía es característica de esta estructura; lo que cuenta es muchas veces exagerado, no pudiendo distinguir entre la verdad y la mentira. La tendencia al embuste, engaño y su alteración de la verdad, es algo de todos los días y sumado a las fantasías cobra dimensiones exageradas y fantásticas.

Muchas veces con el deseo de seducir a quienes le rodean (es decir a quienes le interese) recurre a la mitomanía, a sus representaciones imaginarias; otras veces lo realiza con el deseo de destacarse frente a los otros como por ejemplo comentando aptitudes que él no posee («cuando testifiqué se convirtió la persona» –cuando esto ocurrió hace 20 años), o el decir que está aconsejando a una pareja espiritualmente (y él hace cinco meses que no pisa el templo). Así, hay vanidad cuando habla de sí mismo. La conducta es totalmente contradictoria entre lo que dice y hace. Puede decir; «somos pocos los espirituales y los que servimos al Señor», y ni siquiera sabe dónde ha puesto su Biblia. Los que lo rodean se dan cuenta de estas contradicciones entre su decir y su actuar, pero *él no se da cuenta de esta distancia.*

No se siente obligado a decir la verdad; si miente intencionadamente (es decir, conscientemente), es para obtener algún beneficio o satisfacción. El charlatán va a contar algo que nunca existió, no coincide lo que cuenta con la realidad, en cambio el psicópata va más allá de esto y va a tratar de representar y vivir su fábula, imagina su farsa, la prepara y cree que es realidad; su papel es una mitoplastia, no es un cuento, sino que es una comedia; él no sabe y no se da cuenta de esto.

La vanidad al hablar es uno de los rasgos que más les gusta de su personalidad; cuida su nombre al escribirlo y generalmente recurre al olvido de aquellas cosas que fueron experiencias traumatizantes.

Dentro de su temática preferida se encuentran temas referidos a la muerte, sangre, dolor, violencia, etc. Hablar sobre sus sentimientos, temores y emociones profundas va a ser algo muy raro; todo aquello que esté relacionado con la depresión, tristeza o su dolor va a ser negado tanto en su persona como en los temas de conversación. La profundidad en su comunicación no existe, todo es hueco y superficial.

Cuida a su mujer e hijos ya que son sus objetos de pertenencia, no los quiere por emotividad o afecto (esto explica por qué con tanta facilidad pueden separarse de su esposa o dejar a sus hijos sin verlos más).

Tanto su conducta como su comunicación están marcadas por el sadismo.

Algunos autores nos dicen la gran dificultad de relacionarse grupal e interpersonalmente como rasgo importante de esta conducta; el autor le suma las características ya mencionadas. Conductas históricamente reiteradas son clave en esta estructura.

Dijimos anteriormente que este tipo de personalidad busca hacer algo para provocar irritación en el consejero o algo para merecer la aprobación; estas son las dos armas masivas de su conducta: buscar el reto o la seducción. Como aquellas personas que siempre se encuentran contando chistes, lo cual es un *acting out* muy claro. La persona trata de ser seductor, de ganarse a todo el mundo y ser agradable y simpático, una forma oculta de decir «ámame, no soy peligroso, soy divertido». Es interesante notar que estas personas realizan constantes chistes a su consejero, y que cuando éste no se ríe, la persona toma contacto con aquello que trata de evitar: su depresión y angustia, toma contacto con su depresión oculta y negada. Para concluir, el verdadero psicópata carece de libertad para elegir sus propias conductas. Bosquejémoslo:

–Ausencia de: angustia culpa límites vergüenza
–Agresivo y antisocial
–Egocéntrico, cortés y seductor
–Irresponsable e inconsiderado hacia los demás
–Amoral (sin ética)
–Fabulador y mitomaníaco
–Larga historia de conflictos legales (escuela, policía, etc.)
–Incapaz de postergar sus impulsos y deseos
–Incapaz de tener *insight*
–Inteligente y capaz para los negocios
–Inconsciente de su enfermedad
–Arriesgado en todo
–Superficial en sus relaciones
–Problemas con las autoridades de la iglesia
–Vida sexual intensa y con variedad de partenaires

3. Un ejemplo bíblico

«Un análisis terminológico de 2 Timoteo 3:1-9»

Dice el texto bíblico:
«También debes saber esto: que en los postreros días vendrán tiempos peligrosos.

Porque habrá hombres amadores de sí mismos, avaros, vanagloriosos, soberbios, blasfemos, desobedientes a los padres, ingratos, impíos, sin afecto natural, implacables, calumniadores, intemperantes, crueles, aborrecedores de lo bueno, traidores, impetuosos, infatuados, amadores de los deleites más que de Dios, que tendrán apariencia de piedad, pero negarán la eficacia de ella; a éstos evita.

Porque de éstos son los que se meten en las casas y llevan cautivas a las mujercillas cargadas de pecados, arrastradas por diversas concupiscencias. Estas siempre están aprendiendo, y nunca pueden llegar al conocimiento de la verdad.

Y de la manera que Janes y Jambres resistieron a Moisés, así también éstos resisten a la verdad; hombres corruptos de entendimiento, réprobos en cuanto a la fe. Mas no irán más adelante; porque su insensatez será manifiesta a todos, como también lo fue la de aquéllos.»

Al escribir esta magnífica epístola a su amigo Timoteo, Pablo, consciente de su pronta partida, escribe una carta muy personal y cálida; su comunicación es directa y clara. Hay allí sentimientos profundos.

Pablo estaba prisionero posiblemente en Roma (1:17), encadenado (1:16), y sufriendo como un malhechor (2:9), esperando su fin (4:6-8). Al analizar el texto, encontramos ciertos datos importantes de considerar.

En el versículo 1 podemos ver a Pablo que comienza diciendo en forma imperativa: «Debes saber esto», ya que era necesario que Timoteo tuviera clara esta verdad, que conociese cómo serían las personas en los últimos tiempos.

La frase «en los postreros días», en el griego, al no haber artículo, no da la idea de un tiempo definido, medido, sino de un estado característico, un estilo de vida común, esto sería anterior al regreso de Cristo.

Continúa Pablo por revelación diciendo que serán, «peligrosos», adjetivo que significa «duro», «difícil», tiempos de estrés, es decir que será un tiempo donde la convivencia y el sistema social estarán pervertidos, porque los hombres serán así. Esta palabra se usa en una ocasión más en el Nuevo Testamento para referirse a los dos endemoniados gadarenos siendo ellos «feroces» *(chalepos)* en Mateo 8:28.

Es decir que los tiempos próximos serán peligrosos, duros y difíciles. ¿Por qué? Pablo pasa a hacer un análisis tremendo del porqué.

Dice que «habrá hombres», esta frase en el griego tiene el artículo definido «los hombres» es decir que habrá gente en general, con estas características.

La implicación es que la mayoría de la gente en ese tiempo será tal como se indica; aunque no todos estos rasgos necesariamente estarán combinados en cada individuo. Algunos rasgos estarán en algunas personas mientras que otros serán prominentes en otros.

Nos sorprendemos al ver el gran paralelismo que muchas de estas características que Pablo da coinciden perfectamente con la estructura de personalidad psicopática.

El apóstol nos da 18 características, de las cuales algunas tienen una relación muy estrecha entre sí, mientras otros rasgos no.

Relacionando varias de estas características, deseamos señalar el resultado de un verdadero cuadro de ayuda de una personalidad psicopática con una estructura sólidamente formada y en su grado de perversión moral y espiritual total.

Seguramente que habrá hombres con ciertas características individuales, pero parece que existe una relación entre casi todas; si las relacionamos encontramos una estructura de personalidad psicopática en su total desarrollo.

Para comprender mejor esto, hemos clasificado los términos del texto en relación a ciertas características;

A. En relación con su autoconcepto

1) Amadores de sí mismos
Literalmente «autoamadores», este rasgo de egocentrismo es la característica de poder vivir para sí mismos buscando la autosatisfacción y la realización de los deseos personales.

2) Amadores del dinero
Algunos lo traducen por avaros, esta palabra es la misma usada en Lucas 16:14 para describir a los fariseos arrogantes. El énfasis de esta palabra está relacionada con la primera, amar el dinero es poder tener y realizar los placeres y gustos deseados.

3) Vanagloriosos
Esta característica habla de personas que apropian para sí mismos de sentimientos de gloria y honores que no les corresponden. La palabra significa el proclamar algo que en realidad no se posee, con el deseo de destacarse, arrogancia. Todo un rasgo psicópata.

4) Soberbios
Se muestran a sí mismos por sobre los demás, colocarse como alguien digno de admiración, sin rebajarse ante nadie.

5) *Infatuados*
Esta palabra hace referencia a alguien que está cegado por su orgullo, engrandecido por lo que piensa de sí mismo.

B. En relación con su comunicación

1) *Blasfemos*
Hace referencia del sistema de comunicación enfermo; la palabra en el griego nos habla de un lenguaje despreciativo, obsceno, que hiere, que daña. Psicológicamente se encuentra relacionado con un montante de ira reprimido, y su falta de freno, lo que le lleva a expresar y a «sacar» todas sus frustraciones. Las malas palabras hablan siempre de ira y frustración.

2) *Calumniadores*
La palabra en el griego es «*diábolos*», la misma que se usa para el diablo y significa «falso acusador». El psicópata acusa según su conveniencia y ganancia personal.

3) *Ingratos*
Es decir, sin apreciación por nada.

C. En relación con la autoridad

1) *Desobedientes a los padres*
Los conflictos con las figuras de autoridad serán características en los tiempos futuros. ¡Qué mejor figura de autoridad para violar que la de los padres!

2) *Impíos*
Violar las leyes será algo cotidiano, y no sólo las sociales, sino también la autoridad máxima, es decir la de Dios mismo. Tendrán desconocimiento de su obligación para con Dios.

D. En relación con su impulsividad

1) *Intemperantes*
La palabra en el griego significa ser esclavo de algo, la falta de control es exactamente ser esclavo de sus impulsos y deseos. El psicópata desea hacer sus impulsos y deseos, acción, cuando él así lo desee.

2) *Crueles*
Literalmente «no domado», «no civilizado», o sea, un salvajismo sin ninguna sensibilidad, como si no existiese ninguna emoción tierna. La acción sin piedad. Sabemos que el psicópata no siente angustia ni culpa, lo que le lleva a poder realizar cualquier acto de crudeza sin sentir ningún remordimiento. Es la total crueldad.

3) *Impetuosos*
Da la idea de alguien que se abalanza en sus hechos sin pensar, «precipitado», es decir, llevado por sus impulsos instintivos pecaminosos y agresivos.

E. En relación con sus tratos interpersonales
1) *Implacables*
La palabra significa romper los términos de un acuerdo, sus peleas no terminan nunca, no pueden hacer tregua a sus agresiones con nadie.

2) *Sin afecto natural*
La palabra en el griego significa sin amor filial, sin lazos familiares íntimos; claramente vemos que no tendrá relaciones afectivas profundas, sus relaciones son superficiales y huecas.

3) *Traidores*
No hay lealtad a las relaciones interpersonales, violan sus acuerdos, lazos, traicionando al otro, usando al otro de acuerdo con sus ganancias personales.

4) *Aborrecedores de lo bueno*
Los que odian la bondad; lo bueno, lo tierno no entra en su código, porque todo esto lo desestructura y desequilibra, lo delata y le muestra en realidad su maldad, de ahí que lo aborrezca. El amor es la fuerza más poderosa que el hombre posee, ni qué decir cuando es el mismo amor el de Dios.

F. En relación con su vida religiosa
1) *Amadores de los deleites más que de Dios*
Donde se encuentra el placer, se encuentran ellos; no existe el amor hacia Dios, sino un estilo de vida hedonista.

2) *Apariencia de piedad*
No se ven como paganos, sino que afirman ser creyentes, y fieles al Señor, tienen «apariencia», pero no contenido real. El tiempo perfecto de «negarán» nos indica que lo han hecho y lo harán toda su vida. Aquí el autor se encuentra con la distancia que existe entre lo que dice y lo que hace el psicópata, una distancia abismal de la cual él no se da cuenta, o mejor dicho, no quiere darse cuenta. Niega con su conducta lo que dice con sus palabras.

3) *Cautivar mujercillas*
Sus acciones se dan en la clandestinidad, tratan por sus esfuerzos por seducir; la palabra «cautivar» significa tomar un prisionero de guerra, hoy el autor diría «enganchar», «llevar» con el fin de tener seguidores. La palabra «mujercillas» es un término diminutivo y despectivo usado para mujeres de vida moral baja, y de pecados, fáciles de engañar. Las características que tenemos según el texto son:

–Cargadas de pecados
–Arrastradas por diversas concupiscencias
–Siempre aprendiendo
–No llegando al conocimiento de la verdad

4) *Corruptos de entendimiento*
Nos habla de sujetos que no pueden conocer la verdad de Dios, o mejor dicho no quieren conocerla. El tiempo perfecto en el griego nos habla del estado permanente de su corrupción.

5) *Réprobos en cuanto a la fe*
La palabra en el griego significa probar y encontrar en falencia. La fe no penetra hondo, no cambia, no fluye.

6) *De mal en peor*
Podríamos tomarlo en todo sentido, aunque «florecerán» –por un tiempo en todas las áreas, especialmente la espiritual, irán de mal en peor. No cabe duda, sin Dios no puede existir la «vida».
Sería interesante poder realizar un análisis sociológico de los textos que hablan de cómo serán los últimos tiempos. Si la Palabra nos dice el

tipo de personalidades predominantes en los últimos tiempos, estudiar cómo será el nivel social y relacional nos dará un panorama no muy alentador del mundo antes que Cristo venga a buscarnos.

Luego de este escalofriante relato, el apóstol dice a Timoteo (v. 10) que él ha seguido (lit. «seguir al lado», «seguir de cerca») otro tipo de valores que han producido en su vida un cambio de raíz en su personalidad, formando el creyente que Dios quiere que Timoteo sea. Enfatiza la necesidad de permanecer en la Palabra aún más, como aspecto fundamental de un cambio cada vez más profundo.

En los versículos 16 y 17 nos da la naturaleza y función de las Escrituras:

«Toda la escritura es inspirada por Dios, y útil para enseñar, para redargüir, para corregir, para instruir en justicia, a fin de que el hombre de Dios sea perfecto, enteramente preparado para toda buena obra.»

El texto nos dice que la Palabra es inspirada, «soplada por Dios», y ella es útil, pues

Enseña: su función es reeducar, enseñar las pautas y los principios de Dios para el hombre, enseñar cómo es una estructura de personalidad sana y espiritual; para esto la Palabra nos

Redarguye: convence, detecta lo enfermo y carnal en las vidas, actuando directamente en la conciencia y voluntad. En Santiago 1:23-25 habla de la Palabra como un espejo que nos muestra la verdadera forma de ser. Al detectar lo enfermo no se queda allí, sino que también

Corrige: puede sacar al ser humano de cualquier estado sin importar la gravedad. El saber el pecado o la actitud enferma no basta; hace falta el poder saber cómo corregir, cómo cambiar, cómo liberar, cómo crecer. Al realizarse esto la Palabra

Instruye en justicia: induce y propone pautas sanas y espirituales, ofrece un modelo distinto al que teníamos antes. Una justicia que nos lleva a la santidad, es decir cuando la Palabra cumple su función de hacernos perfectos, aunque no perfeccionistas; la palabra en el griego significa «bien proporcionado», «bien integrado», «completo», «maduro», en fin, para llegar a ser la personalidad sana y espiritual que Dios desea de cada creyente.

Es escalofriante estudiar paralelamente (al texto analizado), bajo la misma perspectiva psicológica, los pasajes de Romanos 1:18-32; 1 Timoteo 4:1-3; Tito 1:16; 2 Pedro 2; y Judas.[1] La similitud y desarrollo de la personalidad psicopática y rasgos paranoides es muy grande.

La mayoría de los pasajes que hablan sobre los últimos tiempos han puesto su énfasis (como es lógico) sobre la actividad doctrinal herética de tales personas, como por ejemplo 2 Pedro 3; 2 Timoteo 4:3-4; 2 Juan 2:18-23; Judas, etc., y no en los aspectos puramente psicológicos, como la etiología, formas clínicas, etc., ya que ésta no es la finalidad principal de dichos textos.

4. ETIOLOGÍA

La conducta desviada y patológica de esta enfermedad se forma a lo largo del desarrollo de los primeros estadios de la vida infantil. Sabemos que la génesis de la enfermedad es compleja y policausal. Algunas de las causas más importantes son las siguientes:

Si vemos el grupo familiar, descubrimos que no está bien integrado, existe por lo general hostilidad por parte de los padres hacia el niño.

Éstos no suministran seguridad emocional ni ejemplo de conducta apropiada, ya que están inmaduros para satisfacer las necesidades de sus hijos; son padres muy narcisistas.

Las peleas conyugales, perjudican al niño en gran manera, transformándose éste en el centro de sentimientos de odio y celos.

Estos sentimientos de hostilidad que los padres tienen hacia él son introyectados por el niño, para formar parte de su conducta en la adultez. El psicópata no sabe amar, ya que nunca fue amado. La falta de amor

---

1. En el Antiguo Testamento el autor observa un caso interesante en 2 Reyes 9:30-37. Jezabel presa de su maldad, impulsividad y falta de límites, comete monstruosidades y en los momentos límites de su vida, echa mano a una de sus máximas preferencias, sus pinturas...
Para analizar en más profundidad su vida ver 1 Reyes 16:31; 18:4-19; 21:5-25; 2 Reyes 9.

y aceptación es total en estos sujetos. Las necesidades básicas no han sido satisfechas, sólo conoce el odio y la venganza.

En muchos casos existe una perturbación en la relación matrimonial; no existe la estabilidad y madurez en la pareja; de ahí que en muchas oportunidades el niño es utilizado como medio para resolver los conflictos de la pareja; así la identidad del niño se ve desgarrada por los padres, produciendo una perturbación en la identidad, la introyección de hostilidad que todo esto produce, y confusión de la imagen del propio yo, con toda una serie de conflictos intrapsíquicos.

El padre puede ocupar cualquier tipo de profesión, desde ser pastor, industrial, comerciante o bien cumplir algún papel socialmente desvalorizado. Es un sujeto muy rígido, con rasgos despóticos poderosos y narcisista.

A pesar de esto, vemos que el niño introyecta (consciente o inconscientemente) y percibe una figura débil y con mucha hostilidad. El niño no tiene pautas sanas para poder imitar.

A veces el concubinato o promiscuidad (especialmente del padre) hace que el niño nazca en una atmósfera de culpa, vergüenza y odio. Es común ver esto incluso en padres creyentes, y es muy difícil que cambien sus viejos y pobres patrones de comunicación y conducta. Sus intercambios son, más que afectivos, materiales.

La madre de estos sujetos es la contraparte y puede tener dos conductas: que sea fría, se aísle de la criatura y del marido y haga su vida, o que sea una madre sobreprotectora, ya que suele buscar en el hijo la gratificación que no encuentra en su marido. Contradictoria, a la larga, ambas actitudes generarán los mismo resultados provocando en el niño, el sentimiento de no ser amado, junto con la fantasía de «Te odio porque frustras mis deseos, te opones a mi felicidad, no me amas, quisiera herirte y hacerte sufrir, pero no me atrevo, en cambio soy yo quien debe sufrir, y mucho mejor es que sufran los demás».

Tiene hacia su hijo una actitud ambivalente, porque revive en su hijo sus propias carencias afectivas, por eso no puede ayudarlo en el aprendizaje de sus primeras frustraciones.

Así la brutalidad de estos padres y la atimia son actitudes comunes que, sumadas a la violencia, prepotencia, orgullo, vanidad y una educación moral desastrosa, llevan al sujeto, en un futuro cercano, a reproducir estas mismas actitudes con los demás y con él mismo. Generalmente los padres del psicópata, son incapaces de elaborar pérdidas y por lo tanto, no se separan (físicamente). El comportamiento de ambos lleva también a lograr un déficit en la estructuración mental del niño, dificultad en hacer pareja y huida de todo lo que sea frustrante.

Es en algunas parejas creyentes donde la separación física no se da, mostrando actitudes opuestas a sus sentimientos; por ejemplo pueden llegar a estar besándose, mimándose exageradamente en una reunión, hablando de las «bendiciones» que tienen como pareja *ocultando* así toda la estructura enferma de vida.

Dicen algunos autores que los padres tienen un sistema de comunicación enfermo y enfermante, padres que dan órdenes con amenazas de castigo que los hijos desobedecen y contradicen, llevándose la sorpresa de que son los mismos padres lo que le recompensan por desobedecer. Así se crea la confusión y la falta de distinción entre lo bueno y lo malo. Este sistema de comunicación hace que el sujeto no sepa cuál es el verdadero deseo de los padres y muchas otras consecuencias tremendas para la personalidad del niño.

El psicópata va a hacer acción lo que muchas veces otros fantaseen; esto es producto de una inadecuada y enfermante disciplina dada por los padres; así la falta de límite no existe, o mejor dicho sí le han marcado un límite, pero totalmente enfermo.

Es importante enfatizar que es en el hogar el primer lugar donde el niño se desarrolla y se forma, énfasis que también se encuentra muy marcado en la Escritura de una forma muy clara.

Cuando existe una comunicación enferma y enfermante, poca cohesión familiar, disciplina inadecuada, falta de cariño, frustraciones constantes en la niñez, etc., todo esto repercute en la organización del yo, quedando a merced de impulsos primitivos.

El autoconcepto es muy pobre; esto lo compensa utilizando mecanismos de compensación (rasgos de superioridad, conductas narcisistas, llamar la atención, etc.). Su yo está profundamente debilitado; lo es tanto que toda experiencia frustrante es negada y rechazada. Lo que le lleva a la gratificación inmediata de sus impulsos, que a su vez el sujeto no los puede controlar. Es decir que es un portavoz de sus impulsos primitivos.

La falta de organización estructural de la personalidad le lleva a tener dificultades también de relaciones tiernas y de adaptación.

5. FORMAS CLÍNICAS

La clasificación que expondremos es la más clara y la más usada en la actualidad, dentro de la variedad existente.

Se puede clasificar a las psicopatías en dos grupos: psicopatías primarias y psicopatías secundarias:

A. Psicopatías primarias

Se llaman así, ya que son un producto de un déficit de la personalidad. Tiene tres subdivisiones:

1) Perversiones constitucionales

Su rasgo central es el placer que siente al hacer el mal. Toda su conducta está centrada alrededor de esto. Generalmente la palabra más usada aquí es *destrucción*.

2) Perversiones sexuales

El tema central es lo referente al sexo. Las perversiones pueden ser de cualquier tipo imaginable, desde la zoofilia (relaciones sexuales con los animales) hasta la violación, homosexualidad, etc.

3) Adicciones

El tema central aquí es la dependencia, puede ser la droga, el alcohol, etc.

B. Psicopatías secundarias

Éstas son un producto donde la psicopatía se organiza como defensa, unida a otra estructura de personalidad.

1) Psicópata Esquizoide

Son sujetos callados, cerrados, egoístas, irritables, inafectivos, sin amigos, solitarios. Si tiene amigos generalmente son parecidos a él.

2) Psicópata Depresivo

Son sujetos violentos, con estallidos emocionales al ser frustradas sus necesidades y deseos, negativos, pesimistas.

3) *Psicópata Paranoide*
Son sujetos rígidos, desconfiados, soberbios, inteligentes, etc.

4) *Psicópata Obsesivo*
Son sujetos intelectuales, relacionándose con los demás a través de una comunicación preparada y estudiada, activistas, etc.

5) *Psicópata Fóbico*
Son sujetos con rasgos fóbicos, inoculando en los demás tendencias a desafiar peligros.

6) *Psicópata Histérico*
Son sujetos que buscan ser el centro de atención, exagerados, mentirosos, optimistas, bondadosos, etc.

6. Consideraciones generales para la Entrevista Pastoral

A. Plantear con firmeza las pautas a seguir

Estos sujetos utilizan ciertos recursos con el fin de no sujetarse a ninguna pauta, por ejemplo la evasión, la descalificación, la máscara de simulación, etc.

Como consejeros desde un comienzo debemos mostrar cuáles serán las pautas a seguir a lo largo de las entrevistas pastorales, como por ejemplo, los días de reunión, los horarios, el cumplimiento de las tareas asignadas, etc.

Los límites deben ser expuestos en forma firme, pero manteniendo un margen de flexibilidad para evitar que el sujeto se sienta ahogado, esto se irá incrementando a medida que ganemos la confianza de nuestro aconsejado.

Como consejeros debemos explicitar qué es lo que esperamos del sujeto, y qué es lo que el propio sujeto puede esperar de nosotros.

B. Plantear con convicción las enseñanzas bíblicas

El psicópata percibe claramente cuándo nosotros vivimos lo que creemos y aquello que enseñamos. Nunca ha tenido un modelo claro y un ejemplo vivo a lo largo de su vida. El hecho de encontrarlo en el consejero será motivo para que pueda incorporar el modelo que Dios quiere para el ser humano. Esto le permitirá ver que su conducta-acción no es la única alternativa, y que puede vincularse con otro sin actitudes enfermas.

Los principios bíblicos, especialmente los de tipo imperativos deben plantearse sin ningún tipo de duda ni vacilación, ya que la Escritura es uno de los mejores elementos para mostrarle al sujeto los límites que éste debe tener.

C. Crear una atmósfera de aceptación y amor

El psicópata ha sido rechazado, herido y frustrado a lo largo de su vida, necesita y busca ser amado. Cuando como consejeros mostramos disposición a ayudarlo, rechazando sus conductas más enfermas, pero mostrando aceptación hacia él, los viejos patrones de conducta son reemplazados. Cuando encuentra a alguien que le escucha, le orienta con amor y es firme en sus convicciones, las redes comunicativas se abren hacia nuevas posibilidades.

7. El uso de la Biblia en la Pastoral

Sugerimos los estudios grupales siempre, pues el psicópata no sabe relacionarse con otros. El grupo de 4 personas es lo ideal, creando un espíritu de participación y espontaneidad.

La orientación pastoral debe ser participativa, preguntándole luego del estudio qué emociones ha experimentado y qué actitudes nuevas ha aprendido.

También se debe dedicar un tiempo en el que se compartan experiencias; aciertos, errores y fracasos, buscando las alternativas que ofrece la Escritura frente a lo expresado en estas experiencias.

Los ejercicios espirituales deben ser especialmente de tipo reflexivo y que realice en forma pausada, ya que esto ayudará al sujeto a detenerse y pensar.

El grupo debe señalar sus errores, boicot, trampas, etc., buscando una actitud de diálogo.

Los temas tales como los límites, la culpa, el pecado, la comunicación, el rechazo, la meditación, la introspección, la agresividad, etc., pueden ser de mucho enriquecimiento, especialmente si son enseñados a través de ejemplos bíblicos.

Capítulo 5

ESTRUCTURA DE PERSONALIDAD CICLOTÍMICA

1. ORIGEN DEL TÉRMINO

Casi todos los trastornos del humor se encuentran clasificados en la categoría de las «distimias». La palabra viene del griego y está compuesta por *dis* –alteración– y *timos* –humor–. Dicha alteración se caracteriza por ser patológica. Los factores que la hacen tal (es decir que la distinguen de un «bajón», etc.) es que la alteración del humor persiste en el tiempo (duración), y en la intensidad (profundidad).

En el concepto de bajón, entonces, entran todos aquellos procesos que se caracterizan por un desequilibrio en el estado anímico. Cuando el estado anímico está elevado, por ejemplo alegría inmotivada, euforia, irritabilidad, tendencia exagerada a hablar, etc., los denominamos hipertimias.

Cuando el estado de ánimo es lo opuesto, como tristeza, abatimiento, negativismo, etc., los denominamos hipotimias.

Uno de los primeros en investigar esto fue Hipócrates (460-

380 a.C.) quien describe como enfermedades mentales la epilepsia, la histeria, la frenitis y la «melancolía». Decía que cuando el miedo o la tristeza aparecían por largo tiempo se transformaban en un estado melancólico. Decía también que los melancólicos son epilépticos y los epilépticos melancólicos. En ese entonces comienzan las primeras aproximaciones a la enfermedad que hoy conocemos como personalidad ciclotímica.

En el primer siglo, un médico llamado Sorano, comienza a desarrollar los aspectos terapéuticos que deben seguirse con la persona maníaca.

Luego se inicia un largo período de oscurantismo, donde se atribuía esta enfermedad (y casi todas las demás) a la acción demoníaca siendo muchos «herejes» quemados en «el nombre de Cristo».

En el siglo XVI comienza a brillar una tenue luz sobre las enfermedades mentales, y los médicos comienzan a recomendar las purgas o enemas, los baños, la aplicación de emplastos aromáticos o de sanguijuelas alrededor del ano, para liberar al sujeto de sus dolencias. Con el tiempo aparecen clasificaciones y nuevos aspectos terapéuticos. Hombres como P. H. Pinel (1809), Esquirol (1838), los alienistas franceses, la psiquiatría alemana y tantos otros, fueron aportando datos y aspectos muy valiosos respecto a esta enfermedad.

Kraepelin (1896) habla de la «Locura periódica», donde cita formas depresivas, manías en combinación con la psicosis (lo que se llama psicosis maníaco-depresiva). Kretsmer habla de la «personalidad ciclotímica normal», y Schneider desarrolla y amplía la concepción de Kraepelin.

Hoy podemos distinguir y comprobar la complejidad de los cambios de humor de un ser humano dando lugar a dos estados emocionales; por un lado la depresión y por el otro la manía, los cuales unidos dan lo que se conoce como personalidad maníaco-depresiva o ciclotímico.

Recordemos que la estructura de personalidad es más que síntomas aislados, más que actitudes; es una forma de ser, un estilo de vida, es sentir, pensar y actuar de una forma determinada.

2. CARACTERÍSTICAS DE LA PERSONALIDAD CICLOTÍMICA

Los ciclotímicos son sujetos en los que se alternan dos estados de ánimo o ciclos; el de manía y el de depresión.

Analicemos ambos estados por separado.

A. Manía

1) *Activismo*

En este ciclo, el sujeto se siente con todas las fuerzas, si es creyente, tendrá inmensas ganas de testificar, de servir al Señor, de predicar, etc.; todo con una actitud maníaca.

En esta fase, el ciclotímico se siente un triunfador en todas las cosas junto con sentimientos de poder, grandiosidad, ambición y entusiasmo. Si es líder estará desafiando a sus hermanos a seguir a Cristo, a realizar actos desafiantes, etc., insistiendo hasta cansar con su manía a todos aquellos que le rodean.

2) *Exaltación-Euforia*

La tristeza y la derrota no existe en su vocabulario, ya que el maníaco intenta constantemente escapar de todo aquello que se asemeje al estado de ánimo depresivo. De ahí que su actuar esté caracterizado por la vitalidad, empujando a todos a trabajar y a servir con optimismo maníaco.

Hay resistencia a la fatiga, es rápido en captar oportunidades y en entablar nuevas amistades.

En su actitud social, es amable y amistoso, generalmente bondadoso y realiza de ser necesario grandes sacrificios por su prójimo; pero a pesar de esto sus relaciones interpersonales son superficiales.

Su actitud constante es eufórica, manifestando un nivel de júbilo que está por encima de lo normal. Se presenta siempre con una amplia sonrisa y con ganas de disfrutar de la vida, actuando como si los problemas no existiesen para nadie.

En su vida no hay lugar para las dudas ni los miedos, los cuales tapa negando que existen.

Sus ganas de conversar y de dialogar revelan su profundo temor a la soledad y al desamparo. Su verborrea la confunde a veces creyendo que es el resultado de su entrega al Señor.

Al realizar las múltiples actividades en las cuales generalmente se encuentra involucrado, no muestra ningún tipo de cansancio. Puede predicar, repartir folletos, estar en todas las reuniones, limpiar el templo, etc.

Cuanto más actitud maníaca manifieste el sujeto, más patológico es su estado.

Es muy fácil comprobar que en estos sujetos existieron antecedentes de graves depresiones, viéndolas con gran angustia y con gran intensidad, desarrollando después la manía como mecanismo reactivo y opuesto a su anterior estado. De ahí que *todo maníaco es un deprimido excitado.*

3) *Hiperestimulación de las funciones psíquicas*
Sus relaciones interpersonales, dijimos, son superficiales, pero a pesar de esto, el maníaco conoce todo lo que sucede a su alrededor, su constante atención está dirigida a captar todo.

La energía y la euforia interior sobrestimulan su psique produciendo ideas, pensamientos y asociaciones, que muchas veces el sujeto no puede controlar. Al asociar tan rápidamente, existe la fuga de ideas que le lleva a hablar sin parar produciéndole la necesidad de estar activo.

Todo es «más» en esta fase, más actividad sexual, más erotismo, más egocentrismo, más planes, más gastos de dinero, etc.

Aumenta la secreción de saliva (escupe a cada momento), hay verborrea (no cesa de hablar), adelgazamiento (la recuperación de peso es un buen síntoma de recuperación), trastornos en el dormir (puede pasar varios días en hipervigilancia y excitación), resistencia al frío, pulso acelerado, ingestión de grandes cantidades de líquido, etc.

Las auras maníacas son los síntomas que se repiten siempre de la misma manera antes de cada acceso.

Muchos ciclotímicos no consideran que están sufriendo una enfermedad; algunos, como dijimos, creen que es el poder del Espíritu Santo (confundiendo lo que es el obrar del Espíritu, con lo maníaco, lo puramente humano) el que los hace actuar así, y los accesos depresivos son atribuidos a las pruebas y tentaciones de Satanás.

Digamos que de acuerdo con la profundidad de esta fase así será su sintomatología.

B. Depresión
Aparece toda la sintomatología analizada en la ficha referente a la depresión. Colocamos aquí entonces algunas de ellas.

1) *Inhibición de las funciones psíquicas*
Básicamente aparecen todos los signos opuestos a la fase maníaca. Todo es realizado lentamente y con dificultad, hay quietud y reserva.

La actividad disminuye al máximo, la persona comienza a encerrarse en sí misma, se retrae socialmente y deja de realizar gran cantidad de actividades en la iglesia.

2) *Pesimismo-tristeza*
Lo que antes era motivo de euforia y exaltación ahora no lo es más. Todo se pone sombrío y negro, hay pesimismo, apatía, con algunas preocupaciones hipocondríacas.
Aparece el autorreproche y las ideas de culpabilidad. Las autoacusaciones son múltiples y variadas.
Algunos creyentes recurren a alguna forma de autocastigo y expiación, como la autohumillación, el ayuno y las promesas.
En la iglesia estará diciendo: «mi vida está llena de pecado, está sucia, Dios no me ha perdonado... ni creo que lo haga», allí aparece el autocastigo.
Muchas veces hay melancolía, dolor y llanto, sin motivo aparente.

3) *Aislamiento*
Ya no le gusta aparecer más en primer plano, apareciendo también los sentimientos de inferioridad, pierde las ganas de hablar, aumentando la irritabilidad y la inseguridad en todo. Predomina el malhumor la frialdad y el aislamiento.
En muchos sujetos varía la *intensidad y duración* del acceso depresivo, pero siempre que existan estos dos estados estaremos frente a una personalidad ciclotímica.
Bosquejemos la estructura ciclotímica:

–Fase maníaca:

Exaltado
Activista
Creativo
Conversador
Chistoso, amable
Superficial en sus relaciones
Hipersexual
Acelerado
Impulsivo, etc.

–Fase depresiva:

Inhibido
Triste
Pesimista

Retraído
Anoréxico
Irritable
Culpógeno
Callado
Deseoso de morir, etc.

3. UN EJEMPLO BÍBLICO

Dejamos nuevamente constancia de que cuando se realizan los ejemplos bíblicos en cada capítulo, sólo estamos realizando una aproximación general a los mismos.

Pedro: «arena y roca»

Pedro es el apóstol más veces mencionado en los Evangelios. Gran parte del libro de los Hechos se refiere a su persona.

Al realizar un estudio de la vida del apóstol Pedro, vemos claramente ciertas características de su personalidad que se aproximan a la estructura maníaca. Su pensar estaba plasmado de una «sensación de urgencia» que le llevaba a actuar como si el fin del mundo estuviera cercano.

Este pescador de profesión trabajaba con Andrés, Santiago, Juan y con su padre Zebedeo (Mr. 1:20) y aparentemente eran socios (Lc. 5:10). Jesús le llama (Mt. 4:18) y así comienza su ministerio apostólico.

De éste rescatamos ciertas actitudes que coinciden con la estructura maníaca:

A. Actuar impulsivo
–Lucas 5:1-11. Frente al desafío que Jesús le hace, Pedro responde instantáneamente (casi sin pensarlo vv. 4, 5).

–Mateo 4:22-33. Jesús camina sobre el mar y los discípulos se asustan (v. 26), pero Pedro, en primer lugar, actúa impulsivamente para luego reflexionar sobre el hecho asustándose y dudando (v. 30).

–Juan 18:1-11. Jesús es arrestado, frente a esto Pedro actúa sin pensar cortando la oreja de Malco. Jesús le dice que su impulso no coincide con el plan de Dios (v. 11).

–Mateo 16:13-20. Jesús pide la opinión a sus discípulos sobre qué pensaban que Él era, y el primero en responder es Pedro (v. 16).

–Juan 6:60-71. Jesús les dice a los doce apóstoles si se quieren ir, y es Pedro quien responde primero (vv. 68, 69).

B. Pensar impulsivo

–Mateo 16:21-28. Jesús habla de su muerte, Pedro le «lleva aparte», y le da su opinión, la cual nos muestra que su impulsividad no le permitía comprender; Jesús le reprende (v. 25).

–Mateo 17:1-20. En el monte de la transfiguración, Pedro, guiado por su impulsividad, elabora un plan en forma rápida y lo propone (v. 4).

C. Franqueza

–Juan 13:1-20. Jesús lava los pies a sus discípulos, Pedro actúa equivocadamente fruto de su ansiedad, pero al ver su error está dispuesto a cambiar en su forma de pensar (v. 9).

D. Falta de actitud crítica

–Lucas 22:31-34. Jesús le advierte a Pedro de que él le negará, Pedro sin creer esto, da una respuesta sin pensar.

(V. 33). Cuando le niega más adelante, llora porque comprende la incapacidad que tiene al no poder controlar su carácter.

Cuando Jesús llama a Simón le bautiza Pedro, que literalmente es *roca*, símbolo de estabilidad y firmeza (lo opuesto a manía y activismo). ¿Por qué le llama así?, porque Jesús ve lo que Pedro va a ser más adelante (en el libro de Hechos). Pedro en los Evangelios es manía, en Hechos es roca, con una personalidad guiada por el Espíritu Santo.

Llegamos a un pasaje que desde el punto de vista psicológico es altamente significativo:

–Juan 21:15-19. Jesús está por ir al cielo, y le hace tres preguntas de total reflexión, que podríamos parafrasear del siguiente modo: ¿Por qué me sigues Pedro? ¿Por tu impulsividad o por entender a quién sigues?

Estas preguntas (que aluden a sus tres negaciones), las formula Jesús con el fin de hacerlo *detener y confrontar* consigo mismo, y llevarlo a una profunda meditación para reflexionar sobre cuál es la motivación que lo lleva a actuar.

Pedro malentendía los propósitos de Jesús por su incapacidad de detenerse y reflexionar. La pregunta de Jesús sonó al apóstol como duros martillazos a su impulsividad.

¿Me sigues por tu impulsividad o porque sabes quién soy? Este tipo de preguntas generan en todo maníaco cierta agresión, ya que ponen en tela de juicio su *motivación y llamado*.

El maníaco sirve creyendo saber (conscientemente) a quién sirve, pero en realidad sirve por su misma impulsividad la cuál no le permite hacerse una introspección.

El maníaco, las más de las veces, no quiere detenerse a ver por qué hizo lo que hizo; afirma la siguiente frase: «lo hice por Cristo y punto».

Jesús otorga a Pedro el trabajo pastoral de apacentar, pero necesita hacer *la reflexión* para lograr un cambio radical y el control del Espíritu Santo en su vida.

En 1 Pedro, escribe que lo que más valora Dios de una mujer es aquella que posee un carácter «tierno y apacible». Con estas tres reflexiones comienza el verdadero cambio en la vida de Pedro. Bien dice A. T. Robertson: «Su energía impulsiva había sido domada y encauzada en un servicio espléndido para Cristo, bajo la influencia del Espíritu Santo».

Analicemos el cambio paulatino y radical de Pedro en Hechos.
–Hechos 1:15-26. En calidad de líder, pronuncia un discurso reflexivo.
–Hechos 2:14-42. Su hablar es profundo y emotivo.
–Hechos 3:1-10. Se detiene y le dice al enfermo ¡Míranos! (v. 4), piensa y actúa en total dominio del Espíritu Santo.
–Hechos 3:11-26. No hay una impulsividad descontrolada, sino una energía que le lleva a un discurso lógico, pensado y enérgico.
–Hechos 4:1-22. Pedro habla ante el Concilio; en el v. 8 se aclara que Pedro es lleno del Espíritu Santo y habla con denuedo (v. 13, comparar también con 11:29 y 31). No es impulsividad humana, sino poder y energía del Espíritu Santo.
–Hechos 5:17-42.
–Hechos 8:14-24.
–Hechos 10:1-48. Tiene una visión, le dice el ángel que mate y coma y él tres veces se resiste; aún tiene rasgos negativos, pero en el v. 34 vemos que él comprende y medita mucho más las cosas. Frente a este nuevo cambio tan radical de la ley, Pedro anteriormente hubiese actuado con total impulsividad y manía.

–Hechos 11:1-18 (cuenta lo pasado en el capítulo 10).
–Hechos 12:1-18. Es encarcelado; en el v. 12 piensa lo que sucedió.
–Hechos 15:6-14. Ya puede dialogar y dejar hablar.

Es por esto que Pedro, inspirado por el Espíritu Santo de Dios y la madurez emocional alcanzada, puede sugerir a sus lectores en 1 Pedro 5:7: «Echando toda vuestra ansiedad sobre Él, porque Él tiene cuidado de vosotros».

4. ETIOLOGÍA

Entramos en un punto difícil y harto discutido. Pero como consejeros será de utilidad considerar algunas de las hipótesis que hoy se sostienen en cuanto a la génesis de esta enfermedad. Algunos autores sostienen como hipótesis que dicha enfermedad se debe a un substrato biológico que no sabemos cuál es exactamente.

A esta conclusión llegan muchos, fundamentando en tres factores esta hipótesis:

A. La estricta periodicidad que caracteriza la alternancia de los estados de ánimo, que parece (la periodicidad) ser independiente de todo acontecimiento externo.

B. No hay desencadenante aparente que inicie y mantenga cada ciclo.

C. El mismo trastorno se repite en generaciones sucesivas.

El tercer planteamiento nos parece el más fuerte. Estos autores nos hablan entonces de un Factor endocrino. La glándula pituitaria está íntimamente relacionada con el hipotálamo, y la disfunción de ésta se refleja prontamente en aquélla.

La secreción vasófila de la hipófisis anterior y la manía, estaría en dependencia de la hormona de crecimiento de las células eosinófilas; es decir, anomalías glandulares.

Hay entonces un desequilibrio hormonal que participaría sobre la hipófisis suprarrenal y tiroides.

Por otro lado se encuentra el Factor metabólico donde existe un nexo entre el sistema vegetativo-endocrino-metabólico. Aparece con el metabolismo lento e incompleto que afecta a los carbohidratos, grasas y albúminas con insuficiencia de las acciones antiglucémica, antilipémica y antiproteica.

Debemos reconocer que ninguno de los factores citados son la palabra final sobre el asunto. A nuestro juicio existe algo de cierto en esta hipótesis, que con las causas psicológicas tienden a aumentar y exagerar tal estado, desequilibrando el estado de ánimo tanto cualitativa como cuantitativamente. Creemos que hay entonces dos factores que intervienen en la génesis de la enfermedad. Un factor *predisponente*, de tipo heredogenético, que ya consideramos, y un factor *precipitante* que tiene que ver con los factores psicológicos que desencadenan y agravan tal estado.

El factor hereditario y constitucional juega un papel primordial, pero esto no es suficiente para explicar la génesis de la enfermedad. Analicemos entonces el otro factor.

Los factores psicológicos como precipitantes de la formación de la estructura de la personalidad ciclotímica.

Los antecedentes familiares entonces junto con los condicionamientos afectivos frustrantes en la infancia son los dos aspectos etiológicos generales.

Dijimos ya, que los primeros años de vida son fundamentales en la estructuración de la personalidad; el niño es como cemento fresco, las marcas colocadas quedarán grabadas por mucho tiempo. Es solamente Jesucristo quien puede cambiar estructuras de vidas enfermas por otras sanas, esto muchas veces utilizando a personas dispuestas a invertir tiempo en esta tarea.

Las primeras relaciones del niño con sus padres desempeñan un papel importante en la formación de la personalidad cíclica.

Podemos ver que muchos de estos sujetos provienen de familias numerosas con múltiples figuras paternas y maternas que comparten la guía del niño. No existe un adulto significativo y único que asuma el rol y responsabilidad de guiar al niño. Es en muchos casos «sujeto de nadie». Esto lo lleva (de adulto generalmente) a buscar a una persona con la cual pueda relacionarse y aferrarse en forma simbiótica. Desde nuestra experiencia, vemos que tales sujetos han percibido también un rechazo de tipo cerrado, es decir dado en forma sutil e inconsciente. Un claro ejemplo de esto es el de aquellos padres que querían un hijo varón y tuvieron una hija, o aquel niño que no puede cumplir con los ideales del padre, etc.

Por otro lado, el niño está relacionado con el grupo familiar a través del «cumplimiento» del rol que los mismos le han impuesto, siendo las más de las veces «padres» demasiado rígidos. Desde pequeño, su familia lo hace responsable por los desastres que les han acaecido (cuando él no tuvo nada que ver), llegando a creer verdaderamente que él es el responsable de tales desgracias. A pesar de esto el niño generalmente exalta a su grupo familiar.

Lo sexual es un tema tabú y prohibido, el niño recibe poca información por parte de la familia sobre el tema y esto provoca en él actitudes y sentimientos ambivalentes frente al mismo.

Estas familias están generalmente muy unidas y simbióticas, predominando la sobreprotección y el perfeccionismo.

La introspección es casi nula, siendo ya desde pequeños, sujetos simples y esquemáticos en sus actitudes.

La culpa es excesiva en estos sujetos, siendo su mensaje constante; «lo he perdido todo porque no soy merecedor de nada», esto lo lleva a autorreprocharse con el fin de apaciguar a ese «perseguidor interno» que todo depresivo generalmente tiene.

La pérdida ya nombrada, como la de no poder relacionarse con una figura importante en su niñez y otras tantas, generan con el tiempo un estado depresivo que puede desencadenarse en cualquier momento de su vida.

Sabemos que nos relacionamos con personas y cosas desde el momento de nuestra gestación. A todas estas cosas y personas, técnicamente se las llaman objetos. Nos relacionamos afectivamente con múltiples objetos; al perderlos, el yo se identifica con el objeto perdido, transformándose así la pérdida del objeto en una pérdida del yo. A mayor relación entre el yo y el objeto, mayor la identificación del yo con el objeto en la pérdida.

El yo se identifica con el objeto perdido y pasa a convertirse en el objeto perdido, así se transforma la pérdida del objeto en pérdida del yo.

Este proceso inconsciente se da en el depresivo; la energía puesta en el objeto perdido, con el tiempo pasa a colocarse sobre otro objeto con el que se establece una nueva relación; cuando esto se da satisfactoriamente lo llamamos «duelo», cuando se intensifica cuantitativa o cualitativamente lo llamamos «depresión».

5. FORMAS CLÍNICAS

En el ciclotímico encontramos tres tipos de reacciones básicas, cada una con su propia subclasificación; éstas son:

A. Reacciones maníacas

1) *Accesos aislados de manía*
Aparecen accesos de manía aislados por un período de tiempo prolongado, su frecuencia puede variar.

2) *Accesos de manía intermitentes*
Aparecen accesos de manía continuos, separados también por un período de normalidad.

3) *Accesos de manía remitentes*
Aparecen accesos de manía sin intervalo de tiempo lúcido, siendo necesaria la hospitalización urgente.

B. Reacciones depresivas

Con las mismas características que las reacciones maníacas recién analizadas pero con accesos depresivos.

C. Reacciones cíclicas o mixtas

1. *Tipo alterno*
Aparecen accesos de manía y depresión, separados por unos períodos de normalidad.

2. *Tipo periódico alternado*
Aparecen accesos de manía y depresión continuados con retornos más o menos largos a la normalidad.

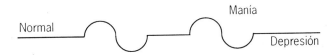

3. *Tipo circular*
Aparecen accesos de manía y depresión sin retorno a la normalidad, uno de los estados más graves de esta enfermedad.

Las tres formas clínicas pueden variar en intensidad y duración; éstas determinan la gravedad de la enfermedad.

En cuanto a la psicosis maniacodepresivas aparecen además de la sintomatología descripta, los autocastigos tales como el suicidio, el intento de homicidio en la fase maniaca, la inhibición psicomotriz acentuada, y los delirios que son generalmente hipocondríacos. Hay también alucinaciones de todo tipo. La auto y heteroagresión hace que este tipo de sujeto necesite ser hospitalizado con urgencia.

6. CONSIDERACIONES GENERALES PARA LA ENTREVISTA PASTORAL

Por su similitud con el cuadro depresivo, ver capítulo 10.

7. EL USO DE LA BIBLIA EN LA PASTORAL

Lo dicho en el capítulo sobre la depresión es de mucha utilidad; marcamos además los siguientes temas a desarrollar: los roles familiares y de pareja deben ser esclarecidos a la luz de las Escrituras.

En los sujetos en los que predomina la fase maníaca, debemos enfatizar a la luz de las Escrituras los temas de la introspección y la profundidad en las relaciones interpersonales a los cuales pueden sumárseles ejercicios grupales de participación.

El consejero debe motivar a estos sujetos a detenerse, a reflexionar, a pensar.

La perspectiva bíblica sobre la envidia y la competencia pueden ayudar al sujeto a modificar estas conductas.

La dependencia debe ser llevada al plano espiritual y volcada a su relación con el Señor.

El llevar a estos sujetos a autoevaluarse, a realizar una introspección son los pasos que ayudarán al sujeto a reflexionar sobre su actitud maníaca.

Capítulo 6

ESTRUCTURA DE PERSONALIDAD NEURÓTICA

1. ORIGEN DEL TÉRMINO

El término neurosis fue utilizado por primera vez por un médico escocés en el año 1777 aludiendo a una serie de enfermedades emocionales.

En 1880 un médico francés llamado Charcot comienza a investigar a sujetos que sufrían parálisis y otro tipo de síntomas físicos, los cuales suponía que eran de origen neurológico. Por esta época se comienza a utilizar el término de neurastenia para referirse a sujetos que padecían fatiga, debilidad mental, debilidad física e hipersensibilidad ante cualquier estímulo. Luego de algunos años, el médico francés Janet, elabora dos cuadros nuevos; el de la histeria y el de la psicastenia. A pesar del lento desarrollo que tiene la investigación de dicha enfermedad, es por los años 1880/1890 que se acrecienta el estudio de las neurosis, especialmente la histeria muy común y popular en aquella época.

Freud es el que establece y desarrolla el cuadro de la neurosis en una forma científica y sistemática mostrando que ésta tiene una etiología psíquica y no biológica como se pensaba.

Freud trabaja con la hipnosis, la sugestión y la catarsis; estos métodos son abandonados al crear el suyo propio llamado psicoanálisis. A través de este método trata de determinar el mecanismo psicógeno que subyace a estas enfermedades; clasificando a las neurosis actuales llamadas así porque su desencadenante era actual con etiología somática y psíquica, es decir, una incorrecta forma de la excitación sexual, y a las neurosis psicógenas en las cuales el desencadenante es un conflicto psíquico.

En 1894 las clasifica del siguiente modo: Neurosis de defensa, en las cuales estarían incluidas la histeria, la fóbica y la obsesiva. Por otro lado las neurosis actuales que incluirían la de angustia y la neurastenia. Freud afirmaba que en ambos casos la etiología era sexual.

2. Características de la Personalidad Neurótica

Las siguientes características aparecen en todos los casos de neurosis:

A. Angustia

Es el síntoma por excelencia del neurótico, tiene tanto una función defensiva como de descarga.

El sujeto neurótico vive angustiado por lo que hace, por lo que dice, y por lo que piensa; la incertidumbre que lo acompaña diariamente le genera una serie de síntomas físicos tales como ahogo, mareos, transpiraciones, temblores, palpitaciones, dolor de pecho, etc. Estos son síntomas frecuentes en los neuróticos. El neurótico no sólo vive angustiado por lo que dice y hace, sino también por lo que no dice y por lo que no hace.

La angustia en el sujeto neurótico es mayor que la angustia normal de cualquier sujeto. La excesiva preocupación, ansiedad e inseguridad, llevan muchas veces a estos sujetos a una sensación de angustia constante y exagerada; angustia que aparece en todos los órdenes de la vida.

Sabemos que la angustia es parte constitutiva del ser humano; todos nos angustiamos y esto es bueno que sea así, ya que de otra forma sería un signo de enfermedad mental (como por ejemplo el psicópata que jamás siente angustia, no importa lo que haya hecho o dicho). El que Jesús se haya angustiado «hasta la muerte» en su camino frente a la cruz da cuenta de lo que venimos diciendo.

La angustia normal aparece frente a un peligro real y cumple una función de alarma y de defensa; de alguna manera nos advierte de ese peligro y nos hace tomar las precauciones necesarias.

Así el neurótico se caracteriza por vivir angustiado. Esta angustia genera un sentimiento de pena, de expectativa, de duda intelectual, de inseguridad afectiva; aspectos que se trasladan a todos los órdenes de la vida.

Frente a la angustia se pueden tomar varios caminos:

1) *Racionalizarla*

Aquí se intenta evitar toda responsabilidad que le corresponde al sujeto, dando éste excusas bien pensadas como por ejemplo: «es por mi infancia que soy así», «lo hice sin querer, en realidad no me puedo controlar», etc.

Esta explicación racional trata de aliviar su angustia y tapar la posible responsabilidad de sus actos. El neurótico se especializa por «saber echar» la culpa a quienes le rodean, sean sus padres, su pasado, sus amigos, etc.

La racionalización le lleva a explicar todos sus males y desgracias como si no previnieran de él.

2) *Negarla*

Este es un mecanismo muy primitivo con el cual se niegan sentimientos o pensamientos que generan malestar en el sujeto. El neurótico toma este camino «mostrando la mayor normalidad» frente a lo que le ocurre. Cuando se le pregunta por esos motivos causantes de la angustia, los niega con un simple «no» o mostrando cómo su vida va de «bendición en bendición». A pesar de esta negación, la angustia se encarna en su cuerpo manifestándose a través de sudores, náuseas, diarreas, etc.

3) *Asfixiarla*

Este es otro de los caminos posibles; aquí se intenta «tapar» la angustia existente mediante múltiples actividades que le permiten al sujeto no detenerse, y de ese modo no encontrarse con la angustia existente. Las hiperactividades pueden darse en el trabajo excesivo, en las tareas del hogar, en las reuniones en la iglesia, etc.

Las formas más patológicas con las que se puede asfixiar la angustia son el camino de la droga, del alcohol, etc., medios con los que se intenta mágicamente aliviar la profunda desestructuración emocional que se posee.

La asfixia entonces pasa a ser una válvula de escape; válvula que con el tiempo se vuelve menos eficaz debiendo recurrir a nuevas formas que le permitan al sujeto calmar la angustia interna.

4) *Resolverla*

Este es el camino lógico y normal; resolver la angustia existente implica atacar el núcleo o los conflictos que la generan. Son pocos los sujetos que toman este camino, ya que es de alguna manera el más difícil. Estar dispuestos a reconocer, primero la angustia, luego los conflictos que la generan y por último la disposición a revisar y resolver los mismos, son pasos que requieren valor.

El fingimiento de que todo está bien; el ahogar los conflictos con trabajos, y las racionalizaciones son caminos que no llevan a ningún lado y entorpecen el crecimiento.

B. Alteraciones sexuales

En las neurosis existen casi siempre alteraciones de tipo sexual. Estas alteraciones pueden ir desde un simple conflicto pasajero hasta problemas permanentes en la relación de pareja.

El neurótico tiene conciencia de su enfermedad, sabe de su dolor pero no puede resolver su problemática.

Las alteraciones sexuales más frecuentes son:

1) *En el hombre*

a) *Masturbación.* Entendemos por ésta, la excitación efectuada en forma solitaria en la zona genital, se obtenga o no el orgasmo. En el neurótico, la masturbación aparece como un fin en sí misma, llegando a reemplazar siempre las relaciones genitales heterosexuales. Así la masturbación se torna en el neurótico una práctica compulsiva y constante llegando muchas veces a recluirlo no permitiéndole trabajar, estudiar, etc.

El sujeto no comenta con nadie esta práctica que realiza siendo vivida en forma íntima, culpógena y secreta. Los sentimientos de culpa aumentan, éstos le llevan a realizar la masturbación en forma compulsiva y ésta a su vez le produce más culpa, cayendo así en un círculo vicioso difícil de romper.

Con frecuencia, los trastornos de eyaculación precoz en el adulto están originados en una práctica masturbatoria cargada de culpa.

b) *Impotencia*. También llamada pérdida de la erección El miedo y la ansiedad exagerados son algunos de los factores que llevan al neurótico a tener problemas de eyaculación precoz y dificultades en la erección. En muchos aparece el apego edípico a la madre, lo que le lleva generalmente a la elección de una pareja con las mismas características, entonces lo sexual no funciona ya que el sujeto percibe inconscientemente a su mujer como una extensión de su madre.

La impotencia puede ser permanente o temporal y parcial o total. En la neurosis se da el caso de que la alteración se prolonga en forma permanente.

La impotencia temporal no es índice de neurosis ya que esta puede darse en algún momento de la vida sin que se deba esto a trastornos de personalidad.

Lo sexual es vivido muchas veces como algo sucio y difícil de manejar. Frente a esta idea se activan resistencias inconscientes que no le permiten al sujeto tener relaciones genitales.

Las fantasías con respecto a lo sexual son diversas y variadas, las más frecuentes son:

–El temor al rechazo: si gustará o no a su compañera, qué sucederá, sentimientos de inutilidad, etc.

–El temor al examen: el sujeto se desdobla en dos, por un lado su pene y por otro su mente; su mente observa lo que le sucede a su cuerpo produciéndose así lo que se conoce en sexología como «el papel del espectador». La entrega total no se produce ya que el sujeto vivencia (por factores educacionales o psicológicos) lo sexual como un trofeo, como una competencia, donde se gana o se pierde, siendo los trofeos el orgasmo o la erección.

Este «papel del espectador» lleva con el correr del tiempo, a una serie de trastornos mucho más graves y a serias dificultades de pareja.

–El temor al castigo o la culpa: El sujeto cree en su interior que lo que está por hacer es algo sucio y prohibido. Algunas de las fantasías más frecuentes son las siguientes: «Lo que estoy por hacer no corresponde hacerlo con mi mujer, ella es la madre de mis hijos», «ella no se merece que le haga esto».

En esta fantasía se separa el amor del deseo. El neurótico siente que está mal amar y desear a la propia esposa, entonces el sujeto pone el amor en su esposa y el deseo en otra mujer. Entonces ama donde no desea y desea donde no ama.

«Merezco ser impotente, es un castigo de Dios por haber pensado engañar a mi mujer, por haber deseado a un hombre.»

«No sé si podré satisfacerla, tal vez me deje luego.»

«No tengo un gran pene, se reirá de mí.»

«Debo tomar la iniciativa, pues si no creerá que soy un impotente.»

–La inseguridad: expresada en frases como: ¿Seré normal?, ¿me querrá después de esto?, ¿es normal lo que deseo?, «verá quién es el macho», «debo producirle un orgasmo para no fracasar sexualmente», etc.

c) *Ausencia de deseo sexual.* Por miedo a tener relaciones se recurre a la abstinencia. Las fantasías antes nombradas más el apego a la madre, le llevan a apagar su deseo o a suspenderlo. Muchas veces las racionalizaciones pasan incluso por lo bíblico haciéndose creer a sí mismo y a los demás que su abstinencia le permite servir mejor a Dios.

2) *En la mujer*

a) *Anafrodisia.* Nos referimos a la ausencia prolongada del deseo sexual. Entonces la mujer recurre a una serie de pretextos como el cansancio, las jaquecas, etc. para evitar tener relaciones. La vergüenza y la culpa juegan un papel importante en la génesis de esta patología. La educación represora y las experiencias sexuales vividas como traumatizantes pueden llevar a la anulación del deseo sexual.

b) *Vaginismo.* Se trata de la contracción espasmódica de los músculos vaginales ante el intento de penetración. Aunque puede tener un origen físico, lo psicológico está presente en casi todos los casos. Existe miedo a lo sexual, repugnancia y desconocimiento de las funciones genitales, ligado a veces a una educación sexual inexistente.

c) *Anorgasmia.* También llamada frigidez. Es la imposibilidad de acceder al orgasmo, siendo la más frecuente de las alteraciones femeninas. El solo hecho de pensar en la frigidez lleva a la mujer a inhibiciones de todo tipo;

por otro lado el placer es considerado como algo sucio y peligroso. La mujer no se permite gozar, anulando la capacidad de goce que pueda tener en la relación.

C. Alteraciones en el dormir
El conocido psiquiatra Henry Ey dijo que el neurótico es «un ser que tiene dificultades para vivir, posee un humor inestable, intolerable y contradictorio». Además de esto, podríamos agregar las dificultades que tiene para conciliar el sueño.
El insomnio es la alteración más frecuente en la neurosis, siéndole imposible relajarse totalmente.
La agresividad que el neurótico posee es muchas veces reprimida, ya que se vivencia con culpa y angustia; a veces es desplazada hacia otros, manifestada a través de peleas con los que le rodean, o reprimiéndola, apareciendo en los sueños a través de pesadillas con imágenes de agresión, dolor, odio, etc.

D. Alteraciones funcionales
El tic es un acto compulsivo motriz que se repite frecuentemente siendo involuntario y sin causa externa aparente.
Algunos de ellos son las muecas, los parpadeos frecuentes, movimientos corporales innecesarios como por ejemplo el tocarse la nariz con frecuencia, encogerse de hombros, soplar con la boca, etc.
El neurótico que posee un tic, es consciente de esto pero le es imposible controlarlo.
Muchas veces este síntoma es la expresión directa de hostilidad reprimida.
El tartamudeo puede ser otro posible síntoma; es un trastorno en el ritmo del lenguaje. El deseo de perfección y la autoexigencia son las más de las veces los causantes de este síntoma.

E. Alteraciones psicológicas
Entre las tantas que podríamos enumerar, aparecen las siguientes:

1) *Necesidad de ser amado y aceptado*
El creyente neurótico, en el lugar en el que se encuentre, estará llamando constantemente la atención. Esta búsqueda le lleva a querer ocupar lugares de liderazgo, desde donde pueda ser el centro de la mirada

del otro. Buscará a un grupo de personas que le reconozca como líder, aludiendo a su llamado al ministerio y capacidad.

Estará buscando el amor y el reconocimiento que nunca tuvo en su infancia; para esto trabajará en forma compulsiva en el servicio en la iglesia, asistiendo a todas las reuniones, y ayudando a quien pueda. En la búsqueda de satisfacer su necesidad de amor puede tomar dos caminos: el decir abiertamente que fue rechazado, y que necesita que le amen, le ayuden, le den aliento, lo llamen, etc. o lo maravillosa que es su vida espiritual y emocional, los padres maravillosos que el Señor le dio (cuando no es tan así) y su perfecta infancia y juventud.

A nivel vocacional es posible que haya fracasado, entonces buscará en la iglesia el lugar que no logró ocupar fuera de ella.

2) Necesidad de reconocimiento

Buscará agradar a todos cuantos se le acerquen, llamará constantemente a sus «hermanos» para decirles que ora por ellos, que se preocupa, etc. La actitud paternalista que tiene con los demás se debe a que de alguna manera espera que actúen así con él. Este «estar en todas» es el resultado de la búsqueda de reconocimiento a su persona. Aquellos que le quieran quitar este reconocimiento serán blanco de sus agresiones y descalificaciones. El neurótico trata de convencer a los demás que él no tiene la culpa de ser así y de lo que le pasa, por eso pide que los demás le acepten tal como es o que cambien ellos.

3) Necesidad de poder y liderazgo

Esto lo lleva a ponerse metas irreales que jamás podría cumplir. Recurre para esto a la comparación con aquellos que «tienen éxito» con el fin de ser como ellos.

Bien dijo F. Perls:

—El loco dice: «Yo soy Benjamín Franklin».
—El neurótico dice: «Me gustaría ser como Benjamín Franklin».
—El normal dice: «Yo soy yo, y tú eres tú».

Los sentimientos de desvalorización que posee, el diario conflicto consigo mismo y la profunda soledad interior son tapados con la búsqueda de estatus.

4) *Necesidad de independencia*
El neurótico es autosuficiente y es difícil que escuche el consejo de alguien, ya que no desea admitir que lo necesita y que otro puede saber más que él. Criticará lo que no le guste proponiendo su alternativa de trabajo con lo cual afirma su autosuficiencia e independencia.

5) *Necesidad de perfección*
El neurótico busca la perfección en todo lo que realiza, y cuando esto no se da es presa de angustias y tensiones. El inmenso temor a las críticas y equivocaciones le lleva a pensar que de no hacer sus tareas en forma casi perfecta será el hazmerreír de quienes le rodean y además será abandonado por ellos.
Bosquejemos la estructura Neurótica

–Perfeccionista
–Conflictivo
–Agresivo
–Culpógeno
–Inhibido
–Inteligente
–Extremista
–Egoísta
–Infantil
–Etcétera.

3. Un ejemplo bíblico

«Diótrefes, una sola ambición: el poder.»

Analicemos 3 Juan vv. 9, 10

«Yo he escrito a la iglesia; pero Diótrefes, al cual le gusta tener el primer lugar entre ellos, no nos recibe. Por esta causa, si yo fuere, recordaré las obras que hace parloteando con palabras malignas contra nosotros; y no contento con estas cosas, no recibe a los hermanos y a los que quieren recibirlos se lo prohíbe, y los expulsa de la iglesia.»

Allí donde dos o más personas existen o interactúan, la ambición de poder aparece de una u otra forma, como un factor destructor. Basta estudiar la historia eclesiástica, para poder palpar la naturaleza y la esencia del deseo de poder. En la actualidad, muchos creyentes presos del rencor, iglesias divididas, competencia y comparaciones desmedidas, son algunas de las consecuencias que estamos sufriendo. Como leímos en el texto, esto del poder no es nuevo.

El deseo de poder es querer incidir sobre otros; es el medio para obtener o realizar cosas. El poder busca al otro para someterlo, de ahí que Diótrefes ambicionaba «el primer lugar».

Esta fantasía de estar «por arriba de» le daba a Diótrefes la creencia de ser mejor que los demás, y le permitía concretar «sus perversas ambiciones».

La pregunta que nos hacemos es: ¿Qué lleva a un individuo a querer ser el primero? ¿Por qué algunos usan sus roles (pastor, diácono, líder, etc.) o «galones» (apellidos, años de antigüedad, dinero, etc.) para anhelar y ejercer el poder?

La respuesta es doble, por un lado la Biblia afirma que el deseo de poder es el síntoma de una vida de pecado, pero por otro lado tenemos que el deseo de poder es el síntoma por excelencia de una vida neurótica. Analicemos este segundo aspecto más detenidamente:

A. El origen del deseo del poder

Para comprender psicológicamente el deseo del poder en una persona, debemos remitirnos a las primeras experiencias de vida.

Las múltiples identificaciones que el niño efectúa con las figuras parentales y figuras del entorno, van marcando en gran parte lo que será en el futuro, su personalidad. Todo este proceso se conoce como «identificación introyectiva», es decir la incorporación de modelos, valores, patrones de conducta que constituirán en el niño una impronta de su personalidad.

Un modelo familiar autocrático y rígido impregnará en el niño la misma modalidad. Analizando más profundamente podríamos ver también que el «abandono temprano» (caso del huérfano, hijo ilegítimo, rechazado, etc.) puede llegar a constituirse en un gran motor de poder, el cual aparecería como una compensación de intensas frustraciones vividas en la infancia. El deseo de poder en estos casos se vería realizado a través del uso de la droga que le aliviaría al sujeto las múltiples frustraciones que ha vivido, y el deseo de someter al otro y hacerle padecer así la ley del desquite.

El sadismo del cual muchos han sido víctimas sufrientes, es revivido, pero invertido; siendo que las personas que ocupan ahora el lugar del poder obtienen satisfacción humillando y manejando al otro.

Esto se ve claramente en muchos líderes autoritarios y en posiciones dogmáticas desde las que se desea aplastar al rival bajo la excusa de las propias ideas.

El sentimiento de inferioridad es una de las causas centrales en la búsqueda del poder; y no hay nada más humillante (psicológicamente hablando) que el sentimiento de impotencia, porque afirma que el yo no es lo que debería ser; así el querer ser el «número uno» o estar «por arriba de» es un pobre mecanismo con el cual se intenta tapar una profunda inferioridad. De ahí que no exista el llamado «complejo de superioridad» ya que representa una débil compensación por la inferioridad sentida.

Por ello, muchos sujetos que no han podido realizar sus ideales vocacionales o afectivos, tratan de recapturar el sentimiento de potencia, de dominio perdido, en la iglesia. De esta manera los contratiempos sufridos en la vida secular, por ejemplo, el trabajo, en la familia, etc., pueden ser compensados con una conducta autoritaria en otro ámbito.

Una de las características del deseo de poder, es la pelea, la discusión «fuerte», fantasías por las cuales se intenta recuperar el sentimiento de poderío que carece en la realidad.

Muchos golpes sobre el púlpito y «discusiones doctrinales» son solamente el desplazamiento defensivo de la rabia interna (reprimida), la cual, al expresarla, le permite sentir la fuerza y el poder de una acción.

Diótrefes, preso de su ambición de poder, no sabía estar «con» los otros, sino «sobre»; no sabía «pedir», sino ordenar; buscaba que el otro le diese el reconocimiento afectivo que él no se podía dar.

El primer lugar que deseaba ocupar, es el lugar de la omnipotencia, esto le otorgaba una sensación de triunfo sobre el otro, el estar «sobre», le hacía sentir poderoso, era como si dijese: «Haz lo que yo digo, sólo yo sé lo que necesitas, y entonces verás mi grandeza».

B. El ejercicio del poder

Es el discurso (expresión organizada de un determinado saber) por el cual el poder se vehiculiza, se expresa.

Observemos tres características del discurso de poder:

1) *Función ideológica*

El discurso de Diótrefes apuntaba a influir sobre su congregación; allí impregnaba y proclamaba su ideología: «palabras malignas». No era la «Palabra de Dios», ya que ésta está exenta de ideologías personales. Diótrefes pretendía mediante su discurso, sensibilizar la razón y el sentimiento de sus escuchas mediante «Palabras del Señor», las cuales escondían sus pecaminosos deseos.

Diótrefes predicaba de sí mismo, creyendo predicar de Dios. El deseo «del púlpito» que con frecuencia se observa es justamente detentar el poder de hablar, de poder predicar la ideología propia, de poder influir, de movilizar al otro. Los hombres pueden dejarse llevar por su *propia ideología* y hacer una hermenéutica propia. El creyente espiritual habla la «palabra de Dios» exenta de toda ideología personal, la cual se potencia por la obra del Espíritu Santo fuera de toda localización geográfica.

2) *Función represora*

El discurso de Diótrefes cumplía con este segundo objetivo: reprimir el discurso del otro.

Este «contra nosotros» que el apóstol Juan señala, da cuenta de ello. Muchas enseñanzas y predicaciones de hoy, no son más que discursos que buscan reprimir el discurso del otro.

El apóstol con sabiduría dice «recordaré», como si dijese «siento el mismo derecho a dar mi opinión, no me dejaré aplastar por nadie en lo que creo».

El discurso de poder reprime, no da espacio al diálogo, a la reflexión, al intercambio de ideas, a la renovación, sino a creer que se es poseedor de la verdad con mayúsculas.

3) *Función ligadora*

Diótrefes mediante su discurso buscaba el ligamento, el reforzamiento, la unión de personas hacia sí mismo las cuales ayudarían a concretar sus deseos de poder. Él buscaba gente que se «ligue en comunión» a él, no un acercamiento superficial, sino un ligamento fuerte y profundo. Diótrefes expulsaba a aquellos que no estaban dispuestos a ligarse a su discurso ideológico y represivo.

No buscaba «re-ligar» (por religión) a la gente con Dios. Está en la mente de todo ambicioso el rodearse de un grupo íntimo de incapaces, sin capacidad espiritual ni intelectual que puedan cuestionar su ministerio. Todo peligro es resuelto mediante «expulsiones» y «prohibiciones»; el texto da cuenta de esto al decir «no recibe a los hermanos». Aquellos que se ligaban a Diótrefes recibirían sus privilegios y recompensas colocándose a cambio en el rol de esclavos.

Luego de este rápido y sencillo recorrido por la ambición de poder, podemos citar a Voltaire:

«La pasión de dominar es la más terrible de todas las enfermedades del espíritu humano».

Aceptamos la opinión de Voltaire y agregamos que lamentablemente esto es algo común en las congregaciones.

4. ETIOLOGÍA

Definimos la neurosis como conflicto psicológico del sujeto, cuya sintomatología es la expresión simbólica de conflictos psíquicos, que tiene raíces en la historia infantil del sujeto.

Decimos conflictos porque estamos pensando entre un deseo del sujeto y una exigencia moral que se opone al deseo, produciéndose así un conflicto en el interior del sujeto. Muchas veces estos conflictos son inconscientes aun para el mismo sujeto.

La raíz de la neurosis se encuentra en la infancia del sujeto, en experiencias que no han sido resueltas, lo que le llevan a desarrollar una serie de conflictos que marcarán una forma de actuar, de sentir y de ser.

En el neurótico no hubo ni hay un desarrollo de su personalidad; por lo tanto un sinónimo de neurosis es inmadurez, inmadurez que se traslada a todas las áreas de la vida, lo que le lleva a buscar satisfacerlas en forma también inmadura.

El miedo al sexo opuesto se desarrolla desde la más temprana infancia; el sujeto ve como imposible el formalizar una pareja ya que crece con un modelo y roles de pareja, distorsionados.

El egoísmo, la envidia, el chisme, la competencia, el deseo de ser admirado, etc., son mecanismos que utiliza para tapar su profunda inferioridad.

Todos éstos son medios ilusorios que el sujeto utiliza para tratar de aliviar su profunda angustia.

Envidia, chisme y egoísmo son sentimientos que fueron vividos en la infancia del sujeto, especialmente en la relación conflictiva con sus padres, los cuales posiblemente tuvieron una actitud de hiperexigencia con él, rechazo, falta de educación sexual, etc.

El apego a la madre es muy común en estos sujetos; vínculo que no logran romper durante el resto de su vida; vínculo que les ocasiona dificultades a nivel sexual y de pareja.

La mujer neurótica tiene una imagen distorsionada del rol masculino, el padre aparece como el tirano y el déspota que hace sufrir a sus madre. Esto genera una serie de dificultades en su desarrollo psicosexual posterior.

Los sentimientos contradictorios de los padres, la educación rígida, los castigos permanentes, la falta de atención, etc., son algunos de los principales aspectos que se observan.

5. FORMAS CLÍNICAS

Hemos desarrollado brevemente la etiología de las neurosis, ya que dentro de las mismas encontramos 5 tipos específicos, las cuales cada una tiene de alguna manera su propia etiología. Analicemos brevemente cada una de ellas.

A. Neurosis de «huida»

Se caracteriza por la sistematización de la angustia sobre personas, cosas o situaciones que se transforman en objeto de terror. El miedo a determinados lugares, cosas o personas producen pánico en el sujeto, siendo evitados con una serie de «actos preventivos».

El sujeto sabe que su temor excede a lo normal, pero no sabe qué es lo que puede hacer para controlarlo, y trata entonces de evitar toda situación de riesgo.

La fobia aparece en forma constante y persistente. Las fobias pueden ser: a lugares, a espacios abiertos (agorafobia), a lugares cerrados (claustrofobia), a animales, coches, casas, etc.

El síntoma por excelencia de esta estructura es la fobia, el temor irracional, el cual aparece muchas veces con una serie de sentimientos depresivos y angustiantes.

El sujeto se encuentra siempre en estado de alerta frente a todo lo que le rodea, con la actitud de «huida» frente a lo peligroso, usando elementos contrafóbicos que le ayudan a apaciguar su fobia.

B. Neurosis de angustia

La palabra angustia, significa etimológicamente «yo estrangulo», «estrechez». Es una emoción displacentera que aparece en el sujeto sin causa aparente que la genere. El sujeto es presa de angustia constante, junto con temblores, sudores, diarrea, pavor nocturno, etc. Todo es negro y oscuro en la neurosis de angustia, todo lo visto y escuchado produce angustia y dolor.

Generalmente estos sujetos pueden «descargar» su angustia a través de su constante hablar.

C. Neurosis neurasténica

El creador de este nombre es George Beard, siendo el principal síntoma de esta estructura la debilidad y el cansancio. La palabra neurastenia significa «falta de fuerza en los nervios» o «debilidad en los nervios».

Junto con esto aparece también debilidad corporal, temblores, cansancio por todo, fatigabilidad constante, alteraciones en la respiración, etc.

D. Neurosis histérica
Ver capítulo 7.

E. Neurosis obsesiva
Ver capítulo 8.

6. Consideraciones generales para la Entrevista Pastoral

A. Cuide su rol

El sujeto neurótico proyecta constantemente toda su agresividad, inmadurez y temores sobre la figura del consejero. Estará buscando algo más que orientación, buscará un padre sobreprotector y paternalista que le diga lo que debe y lo que no debe hacer.

La entrevista debe desarrollarse con claridad y firmeza, pautando desde un comienzo los roles de cada uno, dejando por sentado que todas las decisiones que tome serán total responsabilidad del sujeto.

La función pastoral será la de ayudarlo o acompañarlo a descubrir las posibilidades y recursos que posee para resolver su problemática.

Es necesario felicitarlo, exhortarlo, animarlo, cuando sea el momento apropiado.

El consejero debe guardar al máximo su intimidad como por ejemplo la manera en que encara ciertos aspectos de su vida, ya que estos sujetos tienden a copiar modelos, y si fracasan a echarle la culpa a quien tienen a mano.

Muchos de estos sujetos están esperando al juez que les castigue y les diga lo malos que son, y por otro lado también pueden estar buscando que el consejero mágicamente les dé «ciertas reglas bíblicas» para curar sus angustias y dolores.

B. Cuide sus palabras

No critique, ni descalifique, ni comente nada que después pueda ser utilizado o distorsionado por el sujeto. El chisme y las críticas son algunas de las herramientas que utilizan estos sujetos para envolver a quienes les rodean.

Cuando no sepa, demuéstrelo. Estos sujetos buscan a alguien que vivan lo que dicen. Esta es la pastoral más eficaz para los sujetos neuróticos.

Es también importante que el consejero sepa poner límites firmes cuando sea necesario, ya que estos sujetos presos de todas las necesidades emocionales que poseen pueden llegar a estar constantemente esperando más y más del consejero.

C. Otorgue responsabilidades

Dijimos que estos sujetos poseen una inmadurez en casi todos los aspectos de su vida. Esto les lleva a buscar no solamente que les digan lo que deben hacer, sino también alguien que se haga responsable por ellos. El sujeto debe aprender que puede ser responsable de sus actos.

Los ejercicios espirituales pueden ayudar a otorgar al sujeto la confianza en sí mismo y a la vez la capacidad de entender que puede ser su propio dueño.

7. EL USO DE LA BIBLIA EN LA PASTORAL

Es muy común encontrar este tipo de personalidad en las iglesias. Es por ello que la temática debe ser preparada sobre la base de los interrogantes que el sujeto trae a la pastoral.

Temas como la inmadurez, la autoestima, el egoísmo, la culpa, la sexualidad, son algunos de los puntos que podrían ser estudiados en profundidad, confrontando los principios bíblicos con las experiencias del sujeto.

Otros temas a tener en cuenta serían: la ira, el rechazo, las prioridades, la perfección, etc.; éstos pueden ser de gran enriquecimiento.

El sujeto neurótico es una persona que necesita en cada área de su vida *crecer*, guiado por las pautas bíblicas.

Dentro de las estructuras histérica y obsesiva daremos algunas otras puntuaciones a tener en cuenta.

Capítulo 7

ESTRUCTURA DE PERSONALIDAD HISTÉRICA

1. ORIGEN DEL TÉRMINO

La histeria es una enfermedad tan antigua como el hombre. Desde la antigüedad se trató de explicar esta enfermedad de muchas y múltiples formas.

Histeria en griego significa «útero». Los egipcios creían que el útero era un organismo viviente que se movía por el cuerpo. Los griegos toman esta idea y llaman a la enfermedad «histeria», ya que creían que era causada por el útero.

Hipócrates (460 a.C.) veía una similitud entre la histeria y la epilepsia, pero a pesar de esto, consideraba que la histeria era una enfermedad de origen ginecológico.

Platón (contemporáneo de Hipócrates) decía que la matriz es «un animal que desea ardientemente engendrar hijos» y que esta enfermedad era más frecuente en la mujer que poseía pocos hijos.

A Galeno le parecía que esta idea no tenía fundamento científico y afirmaba que la enfermedad se produciría por una continencia del líquido seminal femenino (algo parecido al esperma) que corrompería la sangre e irritaría los nervios.

En la Edad Media, comienza a interpretarse la enfermedad desde otro punto de vista, ya que se consideraba a la abstinencia sexual una virtud, según la interpretación que hacían de la Biblia, por lo tanto lo sexual no podía ser causa de ninguna enfermedad. Es en este período también cuando se le otorga a esta enfermedad, con la epilepsia, un valor «demoníaco», interpretando toda crisis histérica (como así se llama hoy) como una señal de posesión demoníaca.

En el período del Renacimiento, se desarrollan diversas teorías sexuales como causantes de la enfermedad y se utiliza todo tipo de experimentos para poder curarla, como por ejemplo se le hacía aspirar a la enferma malos olores y se le colocaban en la zona genital aromas agradables, etc.

En el siglo XIX se abandonan todas estas teorías para comenzar el estudio científico de la enfermedad. Se realizan las primeras investigaciones y cuadros nosológicos.

En el año 1862, Charcot comienza a considerar a la histeria como una enfermedad nerviosa; su discípulo Janet, luego Breuer, y posteriormente Freud, comienzan a desarrollar las primeras hipótesis sobre la génesis de esta enfermedad, sostenidas en gran parte hasta la actualidad.

Freud va a desarrollar los conceptos más sobresalientes acerca de la etiología y del sentido de la histeria.

2. Características de la personalidad histérica

Sabemos que la histeria no es sólo patrimonio de la mujer. Los tiempos en los que estamos viviendo y otros tantos factores están generando esta enfermedad también en muchos hombres.

Veamos algunas características de las más importantes y las más típicas:

A. En la mujer
1) *Histrionismo*
Éste es el rasgo por excelencia; significa la asunción de diferentes roles bajo la máscara teatral. Al asumir un rol teatral en sus relaciones interpersonales expresa sus emociones en forma exagerada, asumiendo múltiples «papeles» con el objetivo de agradar y gustar.

Es capaz de llorar, desmayarse, gritar, etc., todo con el fin de llamar la atención y gustar.

Son sujetos seductores, bellos, inteligentes, halagadores, etc. Su postura y su forma de caminar, de mirar y de hablar es sexualmente provocadora.

En el caso de ser mujer, suele maquillarse en exceso, y vestirse con ropas llamativas, adornándose con pulseras, colgantes, etc., con el objetivo de no pasar desapercibida.

Su vida es una comedia en la cual ella es la protagonista principal. En los múltiples papeles que representa, adopta características de mujer hiperfemenina e hipersexual.

Los rasgos infantiles están presentes en todas las áreas de su vida, y los manifiesta en sus relaciones interpersonales.

Es incapaz de elaborar su propia personalidad, ocultando su verdadera forma de ser en los roles que asume.

2) *Dependencia afectiva*

Dijimos que la histeria es sinónimo de teatralidad, no sólo por representar un papel, sino también por su necesidad de tener un público.

El vacío interior le lleva a la desesperación y a la angustia cuando se encuentra sola.

La necesidad de que la reconozcan, la estimen, la nombren es imprescindible para su autoestima. Muchas veces toma el rol de mujer sufriente, llamando la atención con frases como por ejemplo; «nadie me quiere en esta iglesia», «usted, pastor, no me comprende profundamente», etc.

Vive constantemente insatisfecha de quienes le rodean como de sus actividades. Esta es otra característica importante que Freud descubrió: «el deseo de la histérica es mantener insatisfecho su deseo».

Necesita depender de otro, siendo la iglesia el lugar ideal para lograr ser el centro de atención (lo intentará primero con la seducción hacia quienes le rodean, si fracasa lo intentará llamando la atención con sus múltiples lamentos, buscando el consuelo de todos).

Necesita llamar la atención y seducir; por ello elegirá una profesión que le permita cumplir con estos objetivos, como por ejemplo; actriz, pastor, líder, animador, etc.

La mirada del otro es un bálsamo que calma su angustia y soledad interior.

Junto con la dependencia afectiva, la histérica es tajante en sus decisiones, todo pasa por el «sí» o el «no», manteniendo sus decisiones firmemente.

En cuanto a sus sentimientos actúan de la misma manera, pueden amar intensamente o bien odiar intensamente.

Lo que ayer amaban con toda la intensidad, hoy lo odian con la misma profundidad, cambiando de un extremo al otro sin motivo aparente. Todas sus relaciones interpersonales son superficiales y banales, la profundidad y sinceridad no existen.

En el oficio de la seducción sutil (especialmente en el caso de que la histérica sea creyente) encontramos que se aparta del que no se deja seducir. El hombre con poca personalidad, débil (o tonto) que entra en el juego de la seducción y se deja seducir es manejado y despreciado al mismo tiempo por la histérica, y si llegan a casarse al tiempo se divorcian o aparece la infidelidad, ya que el fundamento de dicha pareja fue solamente el juego seductor.

La mujer histérica actúa con conducta masoquista frente a mujeres dominantes y con actitudes sádicas frente a hombres débiles (así reproduce las mismas actitudes de su madre).

En la pareja, la histérica descalifica y desvaloriza a su marido ya que las más de las veces forman pareja con hombres débiles y permisivos en todo.

Es muy frecuente ver que al pasar el tiempo la histérica puede buscar un tercero (con rasgos paranoicos), es decir totalmente opuesto al esposo. Éste le pone límites, la vigila y le impone su voluntad utilizándola en calidad de amante.

Su vida está tan vacía que necesita de gente que sea duro con ella, porque con estas conductas siente que es querida y amada y que es el centro de atención.

3) *Sugestibilidad y mitomanía*
La histérica es una persona socialmente ingenua y muy susceptible a la sugestión. Es sensible y fácilmente humillable.

Otro rasgo importante de su personalidad es aparentar más de lo que es, haciéndose la interesante, la inteligente, la millonaria, etc., todo bajo un adorno de vanidad.

Su egocentrismo y amor posesivo lo manifiesta en sus cosas y en su pareja, lo que hace que tenga dificultades en su relación de pareja.

Con el objetivo de dar una falsa imagen de lo que verdaderamente es, se valdrá de todo tipo de actitudes que le ayuden a mantener este rol. Utilizará las mentiras necesarias, fabulará y falsificará la realidad.

Tiene conciencia de esta fabulación, realizándola con el fin de manejar a otros y obtener beneficios de quienes la rodean.

Su lenguaje es florido y está lleno de dobles mensajes, especialmente en lo referido a lo sexual, tema con el que toma dos posturas, la de hablar constantemente, o la de negarlo.

La histérica está frustrada en su vida sexual, aunque trate de demostrar lo contrario, poseyendo generalmente una incapacidad de gozar del mismo.

B. En el hombre

La histeria en el hombre es básicamente igual a la de la mujer, pero con algunas ligeras variaciones y características propias.

El histérico en cuanto a lo sexual es el típico «Don Juan»; no es un ninfómano, ni un constante excitado sexual, como desea demostrar, sino que debido a sus innumerables conflictos con su sexualidad, no cesa de hablar de la misma, la cual teme.

En sus relaciones interpersonales hay teatralidad y exageración en su hablar, contando sus «múltiples aventuras amorosas». La alternativa de encontrar una pareja y entablar una relación profunda y comprometida es casi imposible.

El hombre histérico es fanfarrón y seductor, y cuenta sus aventuras sexuales con orgullo.

Desea dominar a su público a través de su conversación y su cortesía exagerada.

Las autoalabanzas y la vanagloria son las actitudes preferidas por el histérico. No tiene conciencia de por qué fábula pero lo hace con agrado y repetidamente ya que le permiten ser el centro de atención.

El histérico está siempre vestido a la última moda, cuida sus cabellos, su ropa, su cutis, sus uñas con esmero y dedicación, sabe lo que está o lo que no está de moda.

Tiene plasticidad para cambiar de roles constantemente, no es que trata de aparentar teatro, sino que él es teatralero. Su personalidad se manifiesta con constantes variaciones, ocultando así su verdadera personalidad y su pobreza interior.

Su vida emocional es pobre ya que sus experiencias de vida son vanas y vacías.

Generalmente el histérico se interesa por temas de tipo espiritual aunque muchas veces ni los entienda ni los asimile, ya que su actitud superficial también es hacia lo espiritual.

Dijimos que en la histeria la necesidad del otro es primordial; cuando se produce por ejemplo la pérdida de un amigo, el histérico sufre mucho porque en realidad lo que pierde es a él mismo, su propia existencia (llenada por la presencia del otro) y aparece el vacío personal; así, esta experiencia frustrante le lleva a comenzar a buscar una nueva relación urgente, a encontrar un sustituto, con el cual pueda volver a tapar su vacío. Bosquejemos la estructura histérica

–Sugestionable
–Mitomaníaca
–Inestable emocionalmente
–Seductora
–Histriónica
–Inmadura
–Superficial
–Egocéntrica
–Iracunda
–Manipuladora
–Insatisfecha
–Etc.

3. Un ejemplo bíblico

La mujer de Tecoa; una actriz de Hollywood

El rey David es el destinatario de esta parábola que encontramos en el Antiguo Testamento. Joab es el compositor de la trama y la mujer de Tecoa la actriz principal del libreto.

El relato se encuentra en 2 Samuel 14:1-20. Allí dice que Joab, buscó en Tecoa una mujer astuta, la cual pudiese fingir estar de duelo frente al rey David, con el fin de que éste pudiese perdonar a Absalón quien mató a su hermano Amnón.

Joab le dio el libreto sobre el cual debía actuar. La mujer de Tecoa va hasta el rey David con una historia la cual no sólo cuenta, sino también dramatiza. Comienza postrándose en tierra y clamando ayuda (v. 4). David, preocupado, le pregunta por su dolor. La historia que la mujer le cuenta a David trata sobre su viudez y sus dos hijos, los que se pelearon en el campo, matando uno al otro. La familia del muerto le exige a ella que les entregara a su hijo vivo para vengar la muerte del hermano (v. 7). Ella le suplica a David por la seguridad de su hijo, y David le dice: «No caerá ni un cabello de tu hijo a tierra» (v. 11).

Así en el v. 13 al ver la mujer el favor de David hacia ella y su hijo, esta lo confronta, pidiendo favor por el regreso de Absalón (éste había asesinado a su hermano Amnón).

La historia continúa, ya que de alguna manera, sus dos hijos le recordaban a David su doble pecado; por un lado la seducción de Amnón y el asesinato de Absalón.

Lo que a nosotros nos interesa ahora es ver a esta mujer asumir temporalmente en términos modernos el papel de actriz con algunos toques histéricos, como por ejemplo:

–Dramatismo y llanto (v. 2)
–Fingimiento (v. 2)
–Vestimenta especial (v. 2)
–Lenguaje especial y elocuencia (v. 3)
–Representar una mentira (v. 3)
–Papel de víctima (v. 9)
–Adulación (v. 11)
–Metáforas en su expresión (vv. 14, 17), etc.

La mujer de Tecoa debe representar un papel con el fin de obtener un beneficio. A diferencia de la mujer de Tecoa, la histérica *siempre* está representando un papel prestado, con el objetivo de ser el centro de las miradas y objeto de amor, ya que así puede tapar su vacío, su pobreza interior y su incapacidad de elaborar su propia personalidad.

4. Etiología

Desde el comienzo del psicoanálisis Freud se interesó por la histeria. En el manuscrito E. (escrito en 1894) comienza dando una explicación del fenómeno histérico. En *Una teoría sexual* (1905) dice que lo característico en la histeria es una necesidad sexual superior a lo normal pero a la vez una repulsa de todo lo sexual. Así aparece un conflicto, por un lado el apremio del instinto y por otro la repulsa del mismo.

En *Generalidades sobre el ataque histérico* (1909) dice que tales ataques son fantasías inconscientes traducidas en actos motores, fantasías proyectadas en la motilidad y mímicamente representadas.

En *Fantasías histéricas y su relación con la bisexualidad* (1908) Freud define el síntoma histérico como la «realización» de una fantasía inconsciente puesta al servicio del cumplimiento de deseos; este síntoma corresponde al retorno de una satisfacción sexual realmente utilizada en la vida infantil y reprimida después.

Este autor pudo comprobar que tales manifestaciones histéricas se debían a las alteraciones en el desarrollo psicosexual del individuo, producto de un desarrollo enfermo del complejo de Edipo, quedando fijado en esta fase sin poder desarrollarse.

El mecanismo por excelencia en la histeria es el de represión, entendiendo por tal el proceso (realizado en forma inconsciente) de desalojar de la conciencia todo hecho, pensamiento o impulso que resulten prohibidos para el yo.

En la histeria de conversión el síntoma sería una expresión simbólica del conflicto intrapsíquico, es decir que el síntoma tiene un lenguaje, *habla*, nos dice algo respecto a lo reprimido.

Este es un resumen de los postulados psicoanalíticos, los cuales nos parecen válidos y muy importantes, pero no suficientes para explicar toda la problemática histérica.

Muchos otros factores entran en juego para formar tal estructura; considerar al complejo de Edipo como *único* aspecto en la etiología de la histeria, es a nuestro entender ver parcialmente a la enfermedad.

Lo sexual tiene un papel preponderante en la histeria, pero también consideramos que estos sujetos adolecen de gratificaciones afectivas sanas en su pasado, las cuales se transforman en una búsqueda enferma de reconocimiento.

El vacío espiritual y relacional aparece tempranamente en su vida, y nos parece de vital importancia que el consejero tenga estos factores presentes.

5. FORMAS CLÍNICAS

Dentro del campo de las Neurosis encontramos la neurosis histérica. Ésta clínicamente se clasifica en:

A. Histeria de Conversión

La conversión histérica es un mecanismo de defensa inconsciente por el cual la angustia que surge de un conflicto intrapsíquico, se convierte y se expresa en un síntoma somático, manifestándose en forma esporádica o episódica.

Los síntomas serían entonces: la expresión de un conflicto psicológico, que por un proceso involuntario, produce en el sujeto una ganancia primaria, pues de esta forma puede mantener fuera de lo consciente una experiencia conflictiva.

En la conversión se da la perturbación de una función física, haciendo así que ese síntoma permita al individuo evitar algún tipo de actividad que es nociva para él, y tener posiblemente algún apoyo ambiental que de otra forma no podría tener; a todo esto se llama ganancia secundaria.

Las alteraciones de la conversión las podemos clasificar en cuatro categorías:

–*Motoras:* tics, convulsiones, temblores, parálisis de un brazo, de una pierna, etc.

–*Viscerales:* vómitos, diarreas, estreñimientos, etc.

–*Sensoriales:* trastornos en cualquiera de los sentidos, como por ejemplo sordera, pérdida de la visión, de la sensibilidad en la piel, como anestesias, etc.

–*Intelectuales:* amnesias, inhibiciones, etc.

Generalmente quien padece tal enfermedad no demuestra tanta preocupación por ella. La conversión puede aparecer o desaparecer, dependiendo de las circunstancias.

En la conversión histérica no hay ninguna alteración orgánica que ocasione tal enfermedad, siendo entonces sus génesis estrictamente de origen psicológico escapando a todo control voluntario. Si tal conversión fuese hecha voluntariamente, no sería conversión, sino un trastorno ficticio.

En la hipocondría existe una preocupación exagerada por la salud física, pero no hay pérdida real de ninguna función física o corporal, mientras que en las enfermedades psicosomáticas sí hay alteración del órgano. En la conversión histérica, hay una transformación de una emoción en un estado corporal. Demos unos ejemplos sencillos:

El no poder aceptar una noticia recibida pueda dar lugar en la estructura histérica a una afonía, anginas, etc. Cuando en situaciones de terror es preferible *no ver,* el histérico puede transformar esto en una ceguera histérica, con dilatación de la pupila transformándose en una auténtica ceguera. Los ejemplos podrían seguir *ad infinitum* (estos sencillos están simplificados al máximo).

Queda clara la dificultad y complejidad que estos casos poseen. Los criterios para que una conversión histérica sea tal, son los siguientes:

–Toda la sintomatología descrita en la estructura histérica.
–No hay lesión orgánica.
–El EEG (electroencefalograma, es el registro de los impulsos eléctricos que emanan del cerebro) es normal.
–Tendencia a escapar de cualquier responsabilidad.
–Desaparecen los síntomas cuando no puede manejar más su entorno.

La conversión histérica puede tener tres tipos de formas:

1) *Gran crisis*
Comienza con irritabilidad, mutismo, dolores en la región ovárica, le siguen pérdidas de la conciencia (que a diferencia de la epilepsia, no presenta mordedura de lengua, y al caerse generalmente no se hace daño), hay sacudidas generalizadas; después de un período de calma se producen contorsiones y grandes movimientos acompañados de gritos, mordeduras, o puede arrancarse los cabellos, reproduciendo escenas violentas o eróticas para luego volver lentamente a la normalidad.

2) *Crisis menores*
Este es otro tipo de crisis que puede atravesar la persona histérica; aparecen los síntomas de la «gran crisis» pero en menor intensidad sin pérdida de conciencia.

3) *Formas atípicas*
Acceso de hipo, estornudos, bostezos, crisis de risa, llanto, temblores, etc.

Estas son las tres crisis más frecuentes, aunque no las únicas, pues existen muchas otras formas.

6. Consideraciones generales para la Entrevista Pastoral

A. Cuidado con la seducción-teatralidad
Estas personas deben ser aconsejadas teniendo en cuenta la permanente seducción que pueden realizar del consejero, evitando de esta

manera que el aconsejado transforme el encuadre pastoral en una «buena charla de amigos». La pastoral debe ser realizada dentro del marco de firmeza cuidando de no asumir un rol de tipo *obsesivo* o frío, ya que la calidez es un aspecto que genera buen clima en la entrevista.

Como consejeros debemos tener en cuenta que la histeria se caracteriza por la personificación de roles, cuya finalidad es que nos interesemos por el sujeto poniendo nuestra atención sobre él. Las constantes quejas que estos sujetos comentan en la pastoral no deben desviarnos de los verdaderos conflictos que poseen.

Las maniobras sugestivas de llamar la atención por medio de la lástima u otra forma deben ser manejadas con cuidado; generalmente estas personas buscan a un papá protector que responda todo y que los cuide.

A veces plantean temas interminables de estudio bíblico, como medio para que se les dedique todo el tiempo posible.

B. Escuchar, aconsejar

Cuando estos sujetos encuentran a alguien que está dispuesto a dedicarles la atención necesaria, por lo general se apegan tratando de encontrar «un papá protector» el cual les aconseje y decida por ellos. De ahí que el escuchar y aconsejar enfatizando la propia responsabilidad del sujeto hace que la pastoral se torne terapéutica. Los consejos son reclamados en forma constante por éstos; pudiendo dárselos cuando lo creamos necesario, pero dejándole decidir por sí mismo.

Es frecuente que la histérica busque consejo pastoral por los innumerables «rechazos y malos tratos» que su esposo tiene hacia ella. Es posible que cuente de sus insatisfacciones sexuales y la necesidad de ser tratada como «una mujer». Es posible también que estos comentarios sean acompañados con elogios y actitudes seductoras hacia el consejero. Lo importante es estar atentos y calibrar cuándo se hace necesario llamar a la pareja a consejo, ya que «estas lamentaciones» que la persona realiza pueden tornarse en un motivo inconsciente para provocar celos a la esposa del consejero o a las mujeres de la iglesia «por toda la atención que el pastor le brinda y por los valiosos consejos sexuales que ha obtenido».

C. Ídem estructura neurótica
Ver capítulo 6 sobre Neurosis.

7. EL USO DE LA BIBLIA EN LA PASTORAL

Estos sujetos son inmaduros en todas las áreas de su vida; esta inmadurez debe ser trabajada a la luz de la Biblia. Los conceptos de *perfección, madurez* (específicamente el concepto bíblico de estos términos) y otros tantos que la Palabra desarrolla, ayuda a estos sujetos a reconsiderar sus vidas.

La fe debe ser distinguida de la sugestión, ya que éstos se guían muchas veces por sugestión más que por convicción.

Piensan que es la creencia en Dios la que mágicamente resuelve sus problemas, sin considerar que en realidad es la presencia real de Dios en el creyente responsable la que genera cambios.

La pastoral debe ir desde la temática más sencilla hasta la más compleja, aumentando la toma de conciencia de responsabilidad, evitando así que el sujeto espere mágicamente resolver sus problemas.

Los conceptos bíblicos respecto a lo sexual deben ser estudiados en total profundidad.

En cuanto a su autoimagen podemos preguntarle que describa cómo se percibe para luego pasar a describir cómo cree que los demás la perciben; la diferencia entre ambas puede ser el comienzo para analizar este tema en profundidad.

También podemos conocer a qué personas admira, y cuáles han sido las más importantes en su vida; de este modo descubriremos qué tipos de identificaciones ha hecho; especialmente los referidos con la imagen masculina.

La soledad, el vacío espiritual y afectivo deben ser vivenciados y estudiados también.

Lo vivencial juega un papel muy importante; se debe tratar de que el sujeto comparta sus sentimientos con respecto a temas profundos. El egoísmo y la vanidad pueden ser estudiados a la luz de las escrituras.

Capítulo 8

ESTRUCTURA DE PERSONALIDAD OBSESIVA

1. ORIGEN DEL TÉRMINO

Esta enfermedad ha recibido muchos nombres a lo largo de la historia.

La Escuela Alemana la denominó *swang*, que significa fuerza, compulsión, coacción.

La Escuela Anglosajona la llamó «compulsión», aludiendo a la coacción.

La Escuela Francesa por su parte la llamó «obsesión», significando asediar, acercar.

Todos estos sinónimos utilizados por las diferentes escuelas aluden al mismo fenómeno, utilizándose actualmente el nombre de «obsesión», proveniente de la escuela francesa.

A lo largo de la historia los científicos dieron diferentes nombres a esta patología tales como «constitución emotiva» (Dupré), «neurastenia» (Bread), «degeneración» (Magnam), «psicastenia» (Janet), etc.

Pero el mérito mayor obtenido por Freud, quien profundizó en la investigación de esta patología y cuyos descubrimientos siguen vigentes hasta el día de hoy.

Este autor comienza su investigación por el año 1894-1895, desarrollando una clasificación nosográfica aceptada hoy por gran parte del mundo científico.

Freud separó esta enfermedad de la neurastenia y de la degeneración mental (conocidas hasta ese momento en forma conjunta), y a medida que el psicoanálisis fue desarrollándose, la patología comenzó a ser investigada en forma sistemática.

Freud definió a la neurosis obsesiva como una estructura de personalidad manifestada por fenómenos compulsivos tales como: ideas, sentimientos e impulsos que aparecen automáticamente (sin ningún motivo aparente) y de forma continuada (persistentes) en la conciencia del sujeto; siendo vividos como repugnantes o sin sentido, contra los cuales el sujeto lucha a través de rituales o realiza intentos de todo tipo para suprimirlos.

Así se produce un círculo vicioso; la obsesión provoca angustia, y la angustia provoca más obsesión. Las apariciones en la conciencia de estas ideas o impulsos no son experimentados por el sujeto como producidos voluntariamente; es entonces que desarrolla así una serie de mecanismos de defensa que utiliza para tratar de expulsar tales ideas.

Analicemos esto más detenidamente.

2. Características de la Personalidad Obsesiva

La característica de esta estructura es la compulsión y la obsesión; de estas últimas las más frecuentes son:

A. Obsesiones
1) Obsesiones Religiosas
Son ideas que aparecen en la mente del sujeto en forma brusca; el sujeto sabe que son absurdas y patológicas, lucha angustiosamente todo el día para quitarlas de su mente, quedando encerrado en el círculo vicioso que ya mencionamos.

La más conocida de las obsesiones religiosas es la llamada «escrúpulos de confesión». En ésta, el sujeto realiza una confesión de sus pecados, de una forma constante y detallada, sin omitir absolutamente ningún detalle, ya que cualquier omisión, error o distracción, anularía el valor de la confesión. De este modo, el sujeto se vuelve víctima de su propia obsesión religiosa.

El pecado, el castigo divino, la existencia de Dios y la búsqueda del favor divino son algunos de los temas preferidos de estos sujetos, pasando la mayoría de las veces, horas investigándolos en forma compulsiva.

2) Obsesiones fóbicas

Son fobias que el sujeto siente al pensar en algo, invadiéndole inmediatamente el pánico, ya que él imagina que lo que pensó le sucederá. Por ejemplo, pensar que tiene un tumor maligno en cierta zona del cuerpo, le hace creer que tarde o temprano el tumor le aparecerá (hipocondría). El pensar un daño hacia alguien, le hace creer que este daño le ocurrirá a dicho sujeto.

Las fobias aparecen también frente a la suciedad, los medios que utiliza este sujeto para calmar tales miedos son por ejemplo la limpieza obsesiva, las constantes precauciones para no ser contaminado por ningún germen, etc.

3) Obsesiones ideativas

Nos referimos a ideas o palabras que aparecen en el sujeto en contra de su voluntad; como por ejemplo, la compulsión a pronunciar palabras obscenas (onomatomanía), a realizar cálculos de todo tipo (aritmomanía), cuestionamientos interminables en cuanto a la existencia de Dios (manía metafísica), dudar de todo (la locura de la duda), planear cómo realizar todo en la forma más perfecta posible (manía de perfección).

Es un constante inquisidor, se pregunta qué sucedería si hiciera esto o aquello; luego de meditar compulsivamente las posibles respuestas y de optar por una, se tortura preguntándose si no hubiera sido mejor elegir la otra; así interminablemente (manía mental).

Hacer y deshacer perpetuamente lo que ha sido hecho (manía de la reparación), etc.

Todo esto nos lleva a la confirmación de que la neurosis obsesiva es una de las enfermedades más angustiantes que un sujeto pueda experimentar.

B. Rituales

Las obsesiones generan en el sujeto un gran montante de angustia la cual le provoca dolor mental. La manera en la que este sujeto se defiende de sus obsesiones es a través del rito. Estos «rituales obsesivos» los realiza también con el fin de protegerse de la angustia que siente por las ideas compulsivas. Los rituales más frecuentes son los siguientes:

1) *Rituales de lavado*
Generalmente se lava las manos después de tocar ciertos objetos sucios (o que él cree que están sucios), o después de tener ciertas fantasías sexuales, se baña, se lava la ropa, etc.

Lavarse reiteradamente la cara, las manos, la ropa, le ayudan a calmar su angustia al pensar que puede ser contaminado por algún germen. Así la pulcritud se torna obsesiva.

2) *Rituales de orden y simetría*
Por ejemplo, sacarse la camisa siempre de la misma forma, doblarla con cuidado y exactitud y ponerla en un determinado lugar. Esto llevado a cabo siempre de la misma manera, realizándolo en los mismos horarios.

Sus pertenencias se encuentran siempre en un lugar, las toma y las guarda siempre de determinada forma. Esto lo realiza siempre utilizando la misma mecánica.

Si otra persona cambia algo de lugar, el obsesivo se siente desorganizado y desorientado, reaccionando con agresión.

3) *Rituales de comprobación*
El sujeto realiza determinados actos en forma habitual, y piensa luego que, posiblemente por haberlos realizado, le sobrevendrá alguna desgracia; entonces realiza antes o después de estos actos ciertos rituales que supone que le ayudarán a contrarrestar tal temida desgracia. Por ejemplo, golpearse el pecho dos veces antes de comer (para evitar una mala digestión), apoyar los dos pies juntos al levantarse (a fin de tener un buen día), respirar tres veces seguidas antes de saludar a alguien (para ser aceptado por el otro), etc.

4) *Rituales contrafobígenos*
Frente a sus miedos imaginarios, recurre a ciertos ritos que le permiten sentirse más seguro; por ejemplo, ver y revisar que estén cerradas las puertas y ventanas tres veces antes de acostarse, cortar la luz cada noche para evitar un cortocircuito, levantarse en la noche para asegurarse de que el gas no pierde, etc.

Las obsesiones y los ritos tiene estas características:
- Son persistentes, absurdos e irracionales
- Son vividos como extraños e involuntarios
- Son vividos con angustia

3. RASGOS DE CARÁCTER Y MECANISMOS DE DEFENSA

A. Rasgos de carácter

Teniendo en cuenta el punto anterior, deducimos que el obsesivo posee ciertos rasgos de carácter habituales. Los más comunes son los siguientes:

1) *Orden*
Uno de los rasgos más sobresalientes, el orden y la limpieza son los deberes diarios de estos sujetos especialmente para con su persona. El orden en su trabajo, en su hogar y en su vestimenta son aspectos sobresalientes.

2) *Avaricia*
Son personas que cuidan su dinero en forma exagerada. En muchos, esto se intensifica hasta la avaricia extrema. A pesar de tener un buen pasar, juntan y cuidan tanto el dinero como sus pertenencias en forma ambiciosa.

3) *Racionalización*
Todo es pensado y analizado en forma obstinada. Sus actos son pensados una y otra vez, dejando de lado sus emociones. Su rostro, su hablar y su postura expresan rigidez. Los sentimientos tiernos y las emociones son anuladas debido a la racionalización constante.

4) *Frialdad*
Sus decisiones son tomadas de manera fría y calculada. Lo emocional lo desestructura, como la expresión tierna y afectiva. Donde se encuentre expresará en su mirada fría su incapacidad de disfrutar, sentir y permitirse ser feliz.

B. Mecanismos de defensa

Estos son mecanismos que utiliza el yo para defenderse del conflicto y de ciertas sensaciones inconscientes que el sujeto posee.

1) *Formación reactiva*

El sujeto lucha contra las ideas obsesivas que aparecen en su mente y que son contrarias a sus valores éticos y estéticos. Al ser tan desagradables estas ideas, por un mecanismo de reacción, su yo produce actitudes totalmente opuestas a éstas. Por ejemplo las ideas obsesivas de temor y suciedad (que siente inconscientemente) le llevan a desarrollar actitudes de limpieza y pulcritud. La agresividad que siente en su ser más profundo frente a ciertos sujetos es controlada mediante este mecanismo inconsciente de ser ordenado y respetuoso (es decir, que manifiesta lo contrario a lo que siente).

2) *Anulación*

El sujeto actúa como si ciertas ideas o pensamientos que ha tenido, no hubieran ocurrido. Cuando el sujeto realiza cierto acto que detesta, lo acompaña enseguida por otro acto con el cual lo niega. Por ejemplo, decir algo y luego golpearse la boca con la mano varias veces, etc.

3) *Aislamiento*

El sujeto disocia o separa los componentes afectivos de una situación. Por ejemplo, recuerda ciertos hechos ocurridos en el pasado pero desprovistos de tono afectivo.

Aquí es importante detenernos un momento, ya que este mecanismo de defensa es clave para entender esta estructura e incluso de ayuda para entender el abordaje pastoral.

Si hay algo que el obsesivo trata de aislar de su vida, es justamente el afecto; evita tomar contacto con sus sentimientos. Ha separado sus ideas de los sentimientos que éstas pueden generar. De ahí que se acentúa el pensar, la racionalización, el hacer y deshacer, la duda, etc.

El obsesivo, en la entrevista pastoral, utilizará hacia su consejero este mecanismo de aislamiento como modo de interactuar. Es frecuente que al avanzar la pastoral éstos por ejemplo digan: «qué maravillosa es la Escritura y los consejos que allí se encuentran». Detrás de esta sencilla frase se esconde el afecto hacia la figura del consejero; no dice: «usted es un gran consejero, me está ayudando mucho», sino que dice: «la pastoral es maravillosa». De este modo manifiestan su incapacidad de reconocimiento hacia quienes les ayudan. Estas personas tienen dificultades para expresar el agradecimiento y el afecto hacia alguien, es el miedo a la intimidad.

De ninguna manera estamos sugiriendo que como consejeros estemos buscando la felicitación o aprobación de nuestro aconsejado, si esto es así, nos hemos equivocado de profesión.

Pero en esta estructura se hace imprescindible ayudar al aconsejado a aprender a expresar sus afectos para con quien lo merezca.

Es frecuente que estas personas citen a otros consejeros y su gran habilidad, escondiendo detrás de esto su incapacidad para reconocer lo que nosotros hacemos por ellos. Su trato hacia el consejero tratará de ser lo más impersonal y lejano como pueda, la formalidad y la «educación» son los medios que le ayudarán para este fin.

Sus sentimientos están separados también de sus recuerdos; pueden recordar innumerables episodios tristes de su pasado, y al contarlos lo hacen como si no sintiesen nada, como si contasen cualquier hecho sin importancia.

Este aislamiento de sus afectos hacia el consejero pastoral y hacia los recuerdos son sólo el comienzo de su problemática. Aíslan también entre sus mismos afectos el amor del odio. Es posible que odien intensamente a alguien, y es frecuente que donde deseen sexualmente no puedan amar. Es decir, separan los sentimientos sexuales de la ternura, de ahí que muchos posean una mujer con la cual no sientan deseo sexual pero sí respeto y comprensión; y tengan otra u otras mujeres con las cuales no sientan nada de respeto pero sí una fuerte excitación sexual. Magistralmente va a decir el famoso psicoanalista J. Lacan que el obsesivo «ama donde no desea, y desea donde no ama». A su vez, esta interpretación explica muchos de los casos de infidelidad en muchas parejas o del enamoramiento del obsesivo de dos mujeres al mismo tiempo: expresa ternura con una, y con la otra crueldad y odio. No ha podido fundir las dos imágenes de deseo y amor, o bien la mujer es un puro objeto sexual o son puras sin sexualidad. Justamente una de las claves en la atención pastoral es llevar lentamente a que la persona funda las dos imágenes en una, que internalice la ambivalencia de la vida afectiva, en la cual amamos y odiamos a la vez y que el amor «puro» no existe.

C. Racionalización

El sujeto analiza una y otra vez los hechos ocurridos. Y siempre está buscando una explicación coherente a tal acto atribuyéndole un origen distinto al real. Por ejemplo, realiza en forma compulsiva rituales de orden, argumentando que el Señor nos manda a ser perfectos y transparentes en todo. La confesión obsesiva es fundamentada en que como creyentes debemos confesar constantemente nuestros pecados para poder ser bendecidos por Dios.

Es frecuente observar que le echan la culpa de sus errores a «su inconsciente», con el fin de aliviar sus culpas, y tratan a «su inconsciente» como si fuese otra persona sobre la cual ellos no tiene dominio ni autoridad. A veces comienzan sus discursos contando una y otra cosa sin decir nunca lo central de su problemática. La pastoral aquí debe actuar interrumpiendo y confrontando qué es lo realmente importante y central. Mucho más debemos evitar el entrar en discusiones racionalistas, con lo cual desean que entremos en el juego de la racionalización.

Bosquejemos la estructura obsesiva:

–Ordenado
–Limpio
–Dubitativo
–Racionalizador
–Atímico
–Agresivo
–Frío
–Honrado
–Trabajador
–Moralista
–Prudente
–Monotemático
–Etc.

4. UN EJEMPLO BÍBLICO

Los fariseos, una fe obsesiva

En la época de Jesús existían dos partidos religiosos muy influyentes, estos eran los saduceos y los fariseos.

En los Evangelios vemos a Jesús en constante polémica con estos y frente a sus interpretaciones obsesivas de las escrituras.

En el Nuevo Testamento el fariseísmo es el prototipo del enemigo de la verdadera vida espiritual, ya que sus doctrinas llevan a una vida ritualista y compulsiva.

El mismo nombre «fariseo» indica la característica más sobresaliente de su forma de pensar, ya que significa «separatista». Estos creían que casi todas las cosas (¿y personas?) estaban contaminadas a nivel espiritual, y que para poder llegar a Dios, debían separarse de «lo impuro», para no contaminarse.

La teología farisaica, se caracterizó por el olvido de los aspectos terapéuticos de las Escrituras interpretándolas como ritos compulsivos que se debían cumplir al pie de la letra para evitar todo juicio divino.

Al ser recibido en el grupo, todo fariseo debía cumplir con dos reglas básicas;

1. Observar las reglas de purificación, en especial el ritual de lavarse las manos antes de comer.

2. Diezmar.

Éstos debían cumplir además con una serie de ritos realizados en forma compulsiva. Interpretaban «la ley» como una serie de mandamientos que debían cumplir sí o sí, si la ley decía (según ellos la interpretaban) que había que lavarse las manos, esto debía realizarse siempre, sin que existiera otra alternativa.

Por ejemplo:

–el ayuno (Mr. 2:18)

–la tradición (Mr. 7:9)

–los lavados (Mr. 7:8)

–Etc.

De esta manera, la ley se transformó en una pesada carga difícil de llevar (Mt. 23:1, 2, 13).

Además a estos ritos debían sumársele las oraciones, sacrificios y oblaciones, ya que si no eran realizados generaban en ellos angustia y culpa porque creían que Dios les castigaría. La «tradición de los padres» junto a la ley escrita eran sus fuentes de racionalizaciones, llegando a elaborar las interpretaciones más ilógicas. Por ejemplo, frente al mandamiento de reposo en el séptimo día (Éx. 20:10) discutían qué significaba trabajar en el día sábado, así comenzaban sus racionalizaciones sobre si tirar algo y agarrarlo con la otra mano era trabajar, o si mirarse al espejo y sacarse una cana o poner un medicamento sobre un forúnculo era trabajo o no.

Así nos es fácil deducir que éstos realizaban una interpretación obsesiva de la ley, dando como resultado una fe obsesiva.

Tomemos por un instante el camino de la suposición e imaginemos que fue más o menos así el desarrollo de la fe farisaica;

«Ellos tenían la ley y una serie de tradiciones como fundamento de su fe, las cuales interpretaban en forma obsesiva, dando como resultado un legalismo extremo. Así se producía una pérdida de lo afectivo, compensado con constantes racionalizaciones frente al texto. El fariseo veía solamente que debía cumplir, y cumplir bien. Al pasar el tiempo las interpretaciones realizadas al texto se fueron petrificando tomando el grado de «inspiradas», así la libertad para poder releer el texto de otra forma se fue perdiendo, quedando presos de sus propias obsesiones ritualistas.

Fue entonces, que el significado de las Escrituras perdió sentido. Ya no importaba por qué realizaban tal o cual acto, debía hacerse y punto. Así el fariseísmo llega a su punto máximo de neurosis religiosa.»

No sabemos si en realidad fue así el desarrollo, pero de lo que sí podemos estar seguros es de la total disconformidad de Jesús frente al legalismo-farisaico-obsesivo y persecución obsesiva. Podemos observar, por ejemplo en Lucas 6, que son capaces de seguir a Jesús al campo a ver qué comía. Cuando Jesús arranca las espigas y las frota para sacar las semillas, era un trabajo. Esa obsesión, hacía que ellos «no entraran al Reino» ni dejaran entrar (Lc. 11:52).

Los Evangelios nos dan cuenta de esto al relatar las constantes discusiones entre Jesús y los fariseos debido a las interpretaciones ritualistas de estos últimos.

Algunos ejemplos bastarán para demostrarlo.

–Lucas 11:37, 38 ¡Jesús no se lavó!
–Lucas 14:1-6 ¡Jesús sanó el sábado!
–Lucas 11:39-44 «No lo externo, sino lo interno»
–Marcos 7:6, 7 «Adoración de labios»
–Mateo 23:23 «No conocen la ley»
–Lucas 16:15 «Hacerse pasar por buenos»
–Mateo 7:1-3 «No racionales»

Jesús rompe con el rito vacío de significación, rompe con la práctica legalista, rompe con la fe obsesiva.

Jesús revela lo que Dios espera de sus hijos y trae las buenas nuevas de *libertad*. Libertad de poder elegir, libertad de culpas falsas, de angustias y de miedos. Trajo la libertad del espíritu y con ella la libertad de ritos y compulsiones. ¡Qué lejos está la vida cristiana del fariseísmo!

Si analizamos más detenidamente los Evangelios descubriremos ciertas características sobresalientes y distintivas de los fariseos. Damos varios ejemplos.

A. Legalismo/Moralismo

Trataban de cumplir exactamente lo que ellos interpretaban de la ley. Miraban con total desagrado a quienes no pensaban como ellos, y a medida que crecían en número, su desprecio hacia los «paganos» era mayor.

–Lucas 18:12	«Ayuno y diezmo»
–Mateo 15:12	«Se ofendieron por otro esquema»
–Mateo 5:20	«Superar su legalismo»
–Mateo 23:34	«Mataron a los que pensaban diferente»

B. Racionalización

–Lucas 17:20-21	«¿Cuándo vendrá el Reino?»
–Marcos 8:11-13	«Danos señal del cielo»
–Mateo 9:34	«El príncipe de los demonios»
–Marcos 7:9-13	«Martillan sus racionalizaciones»
–Juan 8:13-15	«Tu testimonio es falso»

Se aferraron tanto a las Escrituras que comenzaron a racionalizarlas, quedando *atados* fríamente a la forma y no al o contenido.

C. Avaricia

–Mateo 23:25	«Ricos por avaricia»
–Lucas 16:1-13, 14	«Amigos del dinero»
–Lucas 7:36-50	«¡Cuánto dinero!»

D. Frialdad, agresividad

–Lucas 11:53; 13:31	«Vete de aquí»
–Marcos 10:1-2	«¿Es lícito o no?»
–Marcos 12:13	«Sorprendido»
–Mateo 27:62	«Asegura la tumba»
–Juan 7:32	«A la cárcel»
–Juan 18:3	«Está arrestado»
–Juan 11:47	«Complot para matarlo»
–Lucas 15	«Respuesta de Jesús a su frialdad»

Al cristiano con características obsesivas no le gusta la adoración, ya que ésta en gran parte es expresión de afecto.

Todo lo espontáneo y expresivo es rechazado, prefiriendo los cultos «ordenados y planificados», en los que haya poco canto y mucho mensaje.

El obsesivo no se permite expresar sus sentimientos en la adoración ni en su amor por su Señor. En función de su frialdad Simon vio sin sentido que la pecadora expresara su amor a través de sus lágrimas. Una pronta racionalización no le permitió ver todo lo que la mujer estaba expresando en su corazón (Lc. 7:36-50).

E. Limpios y ordenados

–Lucas 15: 1-2	«¡Jesús se contamina»
–Lucas 18:9-14	«Estoy limpio»
–Mateo 23:27, 28	«¡Llenos de impureza!»
–Marcos 7:2	«Hay que lavar todo»

Es interesante leer Marcos 7:15, allí Jesús dice que no es lo que entra lo que contamina al hombre, sino lo que sale. La pregunta que nos surge es: ¿Por qué los fariseos se enojaron tanto frente a lo que Jesús les dijo?

Justamente en el obsesivo hay ideas de suciedad y culpa reprimidas en el fondo del inconsciente, lo que mediante el mecanismo de formación reactiva, transforma en lo opuesto. Tal idea da suciedad y agresividad en compulsión a la «limpieza y a la moral».

¡Es de dentro que están sucios y no por lo que toquen! Hay que limpiarse por dentro. Los fariseos tenían dos objetivos básicos:
1) Ser santos
2) Guardarse de la contaminación pagana

Podríamos analizar pasaje por pasaje, y ver semejanzas tremendas; aquí sólo hicimos una introducción. El lector no debe dejar de analizar exegéticamente Mateo 23, allí está un panorama completo de esta fe obsesiva tan duramente criticada aún hoy por nuestro Señor. *Conoceréis la verdad, y la verdad os hará libres* (Jn. 8:32). ¡Gloria a Dios por esta realidad!

5. LOS ACTOS OBSESIVOS Y LAS PRÁCTICAS RELIGIOSAS

Así se tituló el primer trabajo específico de Freud, en el cual expone sus primeras aproximaciones psicoanalíticas al tema religioso. En este breve artículo desarrolla una relación por medio de la analogía, las actuaciones neuróticas (específicamente las obsesivas) y los ritos religiosos, buscando analizar y descubrir la motivación inconsciente en ambos «rituales».

Desde el comienzo, Freud plasma la idea de que la religión es una neurosis. Es interesante notar que a lo largo de toda su obra, él irá cambiando y desarrollando una y otra vez sus teorías, mientras que sus hipótesis sobre lo religioso las sostendrá sin modificación hasta el día de su muerte.

A nuestro entender, Freud encuentra cinco semejanzas entre los ritos obsesivos y los religiosos, los cuales como consejeros debemos conocer, ya que a pesar de su obstinada resistencia a los religiosos, sus argumentos son dignos de ser tenidos en cuenta por todo creyente sincero que desea purificar su fe y afirmarla sobre una sólida base.

Las analogías entre el religioso y el obsesivo que Freud establece son las siguientes:

A. La detallada minuciosidad y escrupulosidad con que ambos ceremoniales son realizados

El ceremonial neurótico como hemos visto, consiste en realizar actos y ponerlos en práctica de manera continua y de la misma forma. Estos actos son faltos de significación a los ojos del enfermo, quien es incapaz de suspender su ejecución, pues el error o la infracción son castigados con una angustia intolerable. La excesiva minuciosidad cada vez va complicándose más, llegando a ser incoherente y absurda, como por ejemplo estirar perfectamente las sábanas, colocar la almohada de determinada posición, para entonces poder conciliar el sueño, etc.

El postergar dichos actos es algo mal recibido por el sujeto, ya que entonces es presa de su propia angustia.

El obsesivo se somete a un ritual privado para liberarse de la angustia, así el religioso es presa de sus rituales, los cuales debe realizar lo más perfectamente posible para evitar la angustia.

La analogía de Freud, en este punto nos parece digna de ser tenida en cuenta, ya que después de haber asistido a muchos creyentes con iguales similitudes, que realizaban prácticas religiosas en forma ritualista para no «caer en manos del Dios vivo y bajo su ira», nos demuestran que las hipótesis freudianas siguen vigentes aún hoy. Cultos petrificados, oraciones rituales, confesiones frías, etc., dan buena cuenta de lo que estamos diciendo.

La analogía que realiza Freud es correcta en un sentido, pero es limitada. Es verdad que algunos religiosos poseen una fe obsesiva como la farisaica, que analizamos en el punto anterior, pero esta fe mecánica y ritualista no es el verdadero modelo que Jesús nos planteó. Cuando el creyente deja de comprender qué es lo que está haciendo, los símbolos y los actos religiosos se transforman en rituales obsesivos, transformándose en una «neurosis religiosa».

Muchos teólogos están profundamente agradecidos a Freud ya que sus críticas han permitido poder separar la fe patológica de la fe auténtica. La confesión puede ser de gran valor terapéutico, como medio de acercarse a Dios y ser liberado de culpas y angustias, o puede ser mal utilizada transformándose en traumática fuente de angustias y miedos. Cuando las prácticas religiosas no se renuevan, no cobran dinamismo y pierden su significado, la fe se transforma en una «fe enfermante».

B. El temor y la angustia (por el castigo divino) que surge en la conciencia en caso de omisión

Al realizar el ceremonial de la forma establecida, el obsesivo tratará de cumplirlo al pie de la letra, transformando dichos actos en una defensa y protección frente a una desgracia esperada. Al tiempo el ritual ejecutado se torna débil y es reforzado con nuevas prácticas. Freud da el claro ejemplo de las penitencias religiosas la cuales el sujeto realiza para evitar el castigo divino.

Muchos creyentes creen profundamente en su corazón que el no asistir a los cultos traerá alguna desgracia, como por ejemplo sufrir algún accidente. Es muy común escuchar, «el domingo falté al culto y al estar en mi casa me lastimé la rodilla, no cabe duda Dios me castigó», o el hecho de no leer las Escrituras ni orar a Dios, traerá como resultado una enfermedad o algún dolor por la falta cometida.

C. La falta de conocimiento del porqué se realizan tales ceremoniales, que se justifican mediante explicaciones ficticias

Dice Freud que por lo general el religioso desarrolla su ceremonial sin preguntarse por su significado, dándose sencillas explicaciones al respecto. Freud da algunos ejemplos tales como el del joven que padecía la obsesión de dar vueltas con la palangana llena de agua en las manos, después de lavarse, o el caso de una mujer que no podía sentarse en otro sillón que no fuera el acostumbrado.

El error que a nuestro entender comete Freud es el de pasar de la analogía a la identificación. Su planteamiento es algo así como; la religión es semejante a la neurosis obsesiva, por lo tanto, la religión es neurosis.

Pensamos que la analogía es digna de ser meditada, ya que en la pastoral debemos evaluar hasta dónde la fe del sujeto está hueca y vacía de la verdadera significación.

Freud comete el error de pasar de la analogía a la identificación, efectuando un reduccionismo teológico y psicológico muy grande.

D. La subsistencia de ciertos impulsos prohibidos y su represión

Dice Freud que tanto el obsesivo como el religioso, tratan de defenderse de instintos reprimidos considerados como una tentación. Detrás de la moral se esconde muchas veces una personalidad egoísta, detrás del amor, muchas veces se encuentra agresión reprimida y negada.

E. El sentimiento inconsciente de culpabilidad

Detrás del religioso y del neurótico, según manifestación de Freud, se encuentra una sombra de culpabilidad, generalmente inconsciente.

Esto también es cierto aunque no siempre ocurre así. Es muy común ver a creyentes ofrendar por el solo hecho de aliviar sus culpas, o de realizar ciertos ritos o sacrificios expiatorios como medio de liberación de las mismas.

Al finalizar su trabajo, Freud describe la neurosis obsesiva como la pareja patológica de la religión, siendo la neurosis una caricatura mitad cómica y mitad trágica de la religión privada. La veracidad de este trabajo realizado por Freud está confirmada por aquellos que acuden a la consulta pastoral.

6. ETIOLOGÍA

La obsesión, como ya hemos analizado, es una de las enfermedades más penosas que el ser humano pueda experimentar.

El sujeto siente haber perdido su autonomía al ser invadido por ideas y ritos que él no desea y que no puede dominar. Generalmente podemos observar la siguiente frecuencia en la instauración de las ideas compulsivas: en primer lugar se acoge cálidamente una serie de ideas, con las cuales el sujeto inicia la cavilación; con el tiempo se entra en una segunda fase donde esta cavilación llega a tornarse displacentera por ser compulsiva, tratando el sujeto de expulsarla; al fracasar, se instaura un nuevo sistema de ideas y así se repite el círculo vicioso.

El mecanismo de defensa llamado «transformación en lo contrario», nos da la clave para entender un poco más esta enfermedad. El obsesivo es un sujeto que ha reprimido de su mente una serie de ideas debido a que le ha sido intolerable aceptarlas. Así una vez desalojadas en forma inconsciente estas ideas de su mente, vuelven a aparecer como síntomas, transformadas en lo contrario. Por ejemplo, la obsesión por la limpieza implica que el sujeto reprimió pensamientos sucios, los cuales intenta en forma inconsciente de limpiar. La moral obsesiva esconde las más de las veces pensamientos impuros que el sujeto ha reprimido. La bondad compulsiva sólo esconde agresividad reprimida, la cual se niega profundamente.

Estos clásicos ejemplos son negados por el obsesivo mediante racionalizaciones muy elaboradas, pues no puede admitir que detrás de sus síntomas se escondan ideas totalmente opuestas, así entonces recurre a las racionalizaciones con el fin de explicar lo que le sucede.

Por regla general, estos sujetos manifiestan desde su más tierna infancia características obsesivas. Han crecido en un ambiente donde la agresión ha estado presente entre los integrantes de su familia pero en forma velada. La moral rígida de estas familias ha hecho que no sólo se oculte la agresividad familiar, sino también la agresividad que el niño experimentó a lo largo de su crecimiento. Agresividad velada por considerarla pecado o algo «que las buenas personas no deben sentir».

Las ideas obsesivas de amor y pudor esconden, la mayoría de las veces, sentimientos hostiles contra los padres. Éstos son generalmente obsesivos, siendo los dos, o uno de ellos, extremadamente rígidos e inflexibles en todos los sentidos, creando al niño un ambiente de extrema rigidez y estricta disciplina.

El niño crece en un ambiente rígido, moral, limpio, ordenado y perfeccionista. Esta estructura se forma paulatinamente en el sujeto, haciéndolo entrar en un círculo vicioso de compulsiones y mecanismos defensivos que se van acentuando con el correr del tiempo, desencadenándose esta enfermedad en la adolescencia.

En este sujeto es común un exagerado apego a la madre; siente que ella se ha sacrificado en demasía por él. La madre a su vez se presenta como mártir, sacrificada y doliente frente a las injusticias que ha sufrido a lo largo de su vida, especialmente las sufridas en su vida de pareja.

El padre aparece en la mente del niño bajo la imagen de despiadado y cruel. Por otro lado supone que su madre ha sufrido «torturas» por parte de su padre. El niño crece creyendo que ésta sufre y aguanta sólo por él (ya que ella se lo manifiesta constantemente) y es el motivo principal por el que ella sufre. El niño introyecta un modelo masculino sádico y una imagen femenina sacrificada y sufrida.

La otra posibilidad es que el padre aparezca como ausente o borrado de su rol paterno frente a una madre sobreprotectora y autoritaria. También la experiencia nos ha demostrado ver, detrás de la persona obsesiva, a madres con disciplina rígida que revisaban las cosas de sus hijos para ver «si todo estaba en orden y limpio».

Aquí el niño introyecta un modelo masculino ausente y un modelo femenino obsesivo y sobreprotector.

Las pautas familiares de comunicación, giran alrededor de lo moral; «lo bueno y lo malo», «lo correcto y lo incorrecto», «lo bello y lo feo», «lo limpio y lo sucio».

La inseguridad, más la búsqueda de perfección en todos sus actos, van generando los primeros rituales obsesivos de conducta.

Algunas de las vivencias internas y externas del sujeto son: culpa por experimentar sentimientos «sucios y feos», experiencias traumáticas, sexualidad rígida y enferma, moral fundamentalista y castradora.

7. Consideraciones Generales para la Entrevista Pastoral

Las mismas pautas que en el capítulo de la neurosis.

8. El uso de la Biblia en la Pastoral

Al aconsejar a este tipo de personalidad, debemos tener en cuenta que no tiene valor explicar ni racionalizar la Palabra. Estos sujetos buscan explicar y justificar a través de las Escrituras todo lo que les sucede.

Hay tres conceptos importantes que deben estar presentes en una pastoral: evitar las explicaciones y *racionalizaciones* que el sujeto está esperando que le den.

El objetivo básico de todos los estudios bíblicos es ayudar al sujeto a descubrir la perspectiva bíblica de la libertad en Cristo. Justamente toda actitud legal o rígida deben ser dejadas de lado. El libro de Gálatas es un buen ejemplo de vida y estudio.

Cuando el sujeto comprende el significado de ser *libre* en Cristo, recién entonces podemos llevarlo al tercer aspecto terapéutico; el de *sentir,* permitirse fluir.

La pastoral debe ir acompañada de ejercicios sencillos en los que el sujeto pueda vivenciar y sentir lo que las Escrituras dicen.

El analizar juntos pautas bíblicos en base a los tres aspectos mencionados, le permitirán al sujeto cambiar lentamente su estructura obsesiva.

Los cambios experimentados por estos sujetos al descubrir cómo es el Dios de la Biblia, y comprender vivencialmente la vida cristiana, son radicales.

La 1ª carta de Juan nos ayuda a esclarecer ciertos conceptos tales como el perdón, el pecado, la confesión y la conciencia.

La imagen de Dios debe ser analizada a la luz de la Palabra descubriendo en ella a ese Dios padre y amante.

Capítulo 9

ESTRUCTURA DE PERSONALIDAD PSICÓTICA

1. ORIGEN DEL TÉRMINO

El término psicosis se refiere al desorden mental más grave que conocemos en psicología. La capacidad mental de la persona, su respuesta afectiva y su capacidad para conocer la realidad y comunicarse se encuentran lo bastante afectadas como para poder encarar la vida y sus exigencias, de ahí que la locura siempre ha llamado la atención al hombre de todos los tiempos.

En la antigüedad la locura era la expresión de la intervención directa de los dioses; éstos se expresaban por sus escogidos, revelándose al pueblo. Otros religiosos la interpretaban no como la voz de los dioses, sino como la misma presencia del demonio en la vida del hombre; el «poseído» provocaba pánico y tristeza, por lo que el demonio le provocaba.

En el siglo XVII, «los locos» vagaban por la ciudad siendo víctimas del castigo, la flagelación e incluso la muerte, hasta la creación del hospital general, en donde todos eran encerrados para proteger a la comunidad. Allí se encontraban desde psicóticos, pasando por delincuentes, hasta violadores y enfermos; aunque se los reconocían como tales, todos iban al mismo lugar.

Éste fue el paso previo para poder entender «lo enfermo».

En el siglo xix aparece el psiquiatra suizo Eugen Bleuler con el término «psicosis» que marca un hito en la historia psiquiátrica. Hasta ese momento la familia del enfermo era la pobre inocente y sufriente que padecía el dolor de tener un «loco» en la familia.

El segundo paso importante lo da el médico francés Phillipe Pinel cuando decide quitarles las cadenas a los pacientes y trata de entablar una relación humana con los mismos. Éste creía que una comunicación con el enfermo en un plano de igualdad beneficiaria la salud del mismo. Asimismo se continuaban utilizando instrumentos «terapéuticos» como la jaula giratoria, para devolverles a los pacientes su sano juicio. Así comienzan a aparecer las primeras clasificaciones nosográficas.

El tercer hecho importante lo realiza Freud quien con su aguda observación y su mente desprejuiciada, comienza a elaborar teorías que aún hoy se consideran valiosas. Él señala que en la génesis de la enfermedad psicótica tienen que ver también los otros (especialmente la familia), y que esto se gestaba a través del tiempo. Freud demuestra claramente el papel importante que juega la familia especialmente la madre en todo esto.

De este modo, a lo largo de este proceso se va modificando el pensamiento en cuanto al «loco»; nuevas teorías van surgiendo, la familia es incluida en el estudio y aparece el compromiso mayor con el enfermo por parte del profesional.

En el siglo xix se promulgan las leyes médicas en diversos países que reglaron el tratamiento psiquiátrico de los enfermos, aunque también surge el pesimismo sobre las posibilidades de curación de las enfermedades mentales.

2. Etiología

Fue Freud quien se vio en la necesidad de elaborar una teoría psicoanalítica de las psicosis. Ésta se conoce como metapsicología, es decir, la descripción de los procesos psíquicos desde el punto de vista económico, dinámico y tópico.

En cuanto el primero, los procesos psíquicos se explican por la distribución de la energía pulsional dentro del aparato psíquico. El punto de vista dinámico considera que en el aparato psíquico hay dos fuerzas opuestas que entran en conflicto, dando como resultado los fenómenos psíquicos (o síntomas). Estos conflictos serían constitutivos del ser humano. El punto de vista tópico supone que en el aparato psíquico existen sistemas con características diferentes, algo así como «lugares psíquicos». En la teoría freudiana encontramos dos tópicas; la primera es el sistema inconsciente-preconsciente-consciente.

En este sistema el inconsciente es un lugar con leyes propias, siendo la reserva de los recuerdos que no son conscientes, llegando a ser conscientes mediante la técnica psicoanalítica. Estas representaciones no están ordenadas de acuerdo al tiempo cronológico en que fueron reprimidas ni se «borran» con el tiempo. Entonces el mérito del psicoanálisis es haber redescubierto que gran parte de las conductas irracionales (en apariencia), se tornan lógicas al descubrir su significación inconsciente.

El funcionamiento del inconsciente está regido por el llamado proceso primario, esto involucra dos mecanismos, la condensación y el desplazamiento. Otro aspecto importante a tener en cuenta es lo que en psicoanálisis se conoce como principio de placer. El sujeto se encuentra caracterizado por el deseo de satisfacer en forma inmediata sus deseos, omitiendo lo que la realidad externa pueda albergar en contradicción con este anhelo.

La función pastoral sería justamente ir introduciendo el juicio de realidad. Muchos sujetos enfermos se manejan sin capacidad de postergación de sus deseos, no teniendo en cuenta si esto es factible o no.

Otro de los mecanismos a tener en cuenta según el psicoanálisis es lo que se conoce como «compulsión a la repetición», es decir que los conflictos internos que queden sin elaborar, vuelven a producir nuevos síntomas. Por ejemplo, el sujeto que tiene una descompensación psicótica en cierta fecha, es posible que vuelva a repetir el cuadro al acercarse el próximo año la misma fecha.

En la segunda tópica que Freud desarrolla considera el aparato psíquico en tres instancias: el yo, el ello, y el super-yo.

El equivalente del inconsciente en esta segunda tópica es el ello. Esta sería la reserva de todas las tendencias instintivas e irracionales que el ser humano posee, tendencias que buscan la satisfacción inmediata. El super-yo es el encargado de realizar la función de «juez». Es el que dice lo que está bien y lo que está mal en la mente, es el que permite y no permite, en una palabra, el juez del ello. Las funciones del super-yo son la conciencia moral y la autoobservación, el sujeto se observará para ver si está cumpliendo con lo esperado, si su conducta es lo que él debe ser o no, etc.

Al no ser nuestra finalidad un análisis crítico de esta instancia nos queda sin desarrollar; baste con decir que el super-yo se configura por la introyección de las normas y valores parentales (super-yo de nuestros padres), por la educación y la cultura en segundo lugar.

Así el super-yo en muchos sujetos es sádico y enfermo, castigando todos los logros del yo. También el psicótico tiene un yo sediento de satisfacer sus deseos, un super-yo exigente y censurador en extremos y un yo débil y pobre que debe tolerar a las otras dos instancias. Así el yo trata de adecuarse a la realidad, pero no puede, el super-yo dice una y otra vez que el yo es merecedor de todos los castigos y pecados. Esto lleva a la frustración y al autocastigo en forma constante.

De esta manera el yo débil y sufriente trata de gobernar al sádico super-yo, a los impulsos del ello y a la cruel realidad.

Cuando todo esto se hace insostenible, el yo utiliza una serie de defensas para protegerse; los seres humanos normales utilizamos defensas adecuadas a la realidad; en el psicótico su defensa es justamente escaparse de la realidad.

Freud sostenía que cuando sobrevienen fuertes crisis al yo, este queda escindido, una parte del yo sigue en contacto con la realidad, esta sería la parte sana, normal del sujeto, y la otra parte que se apartaría de la realidad. De esta manera coexisten ambas partes en un mismo sujeto, una parte sana y otra enferma. Cuando esta parte enferma se transforma en la más poderosa deviene entonces el proceso psicótico. Esto obviamente, como afirmaba Freud tiene que ver con toda la historia evolutiva del ser humano, especialmente en su relación con su madre. De ahí que el famoso psicólogo José Bleger pone el acento a una simbiosis primaria patológica, que impide al sujeto una separación y posterior discriminación del sí mismo y del otro.

Entonces decimos que las pautas interaccionales del sujeto se ponen en cuenta como factor contribuyente y causante de la enfermedad psicótica.

Desde el punto de vista de la energía libidinal, o energía de vida, podemos distinguir en las psicosis 3 etapas;

A. El yo retira su energía vital sobre los objetos, entonces el mundo se vuelve para el sujeto pobre y vacío, desprovisto de significación.

B. En una segunda etapa la libido vuelve al yo, pasando todo el interés a estar sobre el sujeto; puede aparecer el sentimiento de megalomanía, hipocondría, etc.

C. La tercera etapa sería la restitutiva, el sujeto intenta reconectarse con el mundo, ahí aparecen los delirios y las alucinaciones, como intentos que el sujeto utiliza para lograr conectarse con el mundo perdido.

3. LA FAMILIA DEL PSICÓTICO

Sabemos que nadie se enferma solo, así como nadie se cura solo. En la enfermedad psicótica la familia cumple un rol muy importante. El tratamiento psicoterapéutico en los psicóticos involucra una revisión de la historia familiar hecha en profundidad, llegando a ser necesaria la psicoterapia familiar, aunque sabemos que esto, por desgracia, se da en contados casos, ya que la familia excluye al enfermo como alguien «desconocido» para ella.

Hasta 1950 aproximadamente los tratamientos psicoterapéuticos de los psicóticos y los continuos fracasos en este sentido, llevaron a los profesionales a reconsiderar la teoría y la clínica de las psicosis.

Entre los redescubrimientos logrados por aquel entonces eran el poder observar cómo el paciente psicótico a medida que iba mejorando producía consecuencias en el seno familiar; también cuando el mismo era dado de alta, al tiempo, regresaba teniendo recaídas que lo enfermaban nuevamente; la familia cuestionaba la labor profesional con demandas y exigencias que incrementaban la enfermedad del paciente entorpeciendo la labor terapéutica.

Por un lado se investigó aún más la presencia de la madre en esta enfermedad, llegando a la conclusión de la existencia de una madre esquizofrenógena (que genera esquizofrenia) que actuaría como generadora y desencadenante de la enfermedad psicótica; y por otro lado, esto llevó a reconsiderar el papel del padre en todo ello, llegando así a profundizar cada vez más el mundo íntimo de la familia.

Debemos a Pichon Riviere los aportes significativos de que la psicosis sería un emergente, producido como consecuencia de la ruptura del vínculo familiar. Las tensiones familiares entonces serían muy influyentes en la génesis de las psicosis.

Aunque debemos reconocer que cada ser humano es una estructura individual, dotada de sus múltiples experiencias y vivencias personales, tampoco debemos dejar de reconocer que el mismo está inmerso en una familia, con sus múltiples lazos, códigos y costumbres familiares. Ambas deben ser consideradas. Fue la terapia familiar lo que destruyó un poderoso mito familiar que afirmaba «nuestro hijo es un psicótico», «nuestro hijo está enfermo, loco», como si por un lado el hijo fuese el enfermo y los demás familiares los «sanos» que nada tienen que ver con la enfermedad del sujeto. La familia y el sujeto enfermo son una totalidad, siendo entonces el enfermo el emergente de la misma.

Un aspecto muy importante para la pastoral que debe ser tenido en cuenta es lo que conocemos como «doble vínculo». Este concepto se fundamenta en la teoría de la comunicación que sostiene que toda comunicación lleva múltiples mensajes de distintos niveles. Dichos mensajes pueden ser verbales, o no verbales (corporales, gestos, ritmo respiratorio, actitudes, etc.).

Entonces el doble vínculo involucra dos o más mensajes relacionados íntimamente, pero que entre sí son contradictorios, quedando el sujeto que los recibe atrapado, cercado en un callejón sin salida, ya que el mismo mensaje no permite ser cuestionado. Gregory Bateson desarrolla formidablemente esto en su libro. Podríamos bosquejar este punto así;

–*Dos o más personas:* una sería la víctima del mensaje y la otra el victimario.

–*Una experiencia repetida:* estos mensajes son repetidos llegando a transformarse en algo habitual.

–*Una instrucción negativa primaria:* es una instrucción que lleva el NO, basado en el castigo físico o de privación de amor, etc. Un ejemplo de esto es «no hagas esto o verás».

–*Una instrucción secundaria que contradice a la primera:* está dada por mensajes generalmente no verbales como la postura, el gesto, etc. Por ejemplo: «No te sometas a mis prohibiciones», «no seas tan dependiente de mí», «sé espontáneo», etc.

El clásico ejemplo al respecto es el de aquella madre esquizofrenógena que va a visitar a su hijo psicótico al hospital; al ver el hijo a su madre corre a abrazarla fuertemente de la alegría, la madre frente a esto se queda inmóvil y dura sin moverse. El hijo siente esta frialdad de la madre y falta de expresión y la suelta inmediatamente; al hacerlo, la madre lo mira fijamente y le dice: «Hijo no debes avergonzarte de expresarle el amor a tu madre; bastante sacrificio he hecho por ti, como para que te dé vergüenza».

Si el hijo permanece abrazándola siente la frialdad de la madre y si no la abraza la madre lo castiga; haga lo que haga queda atrapado en el doble vínculo.

La madre juega un papel importante (especialmente en la esquizofrenia); se presenta como una persona buena, amable y piadosa, capaz de tomar y personificar un papel teatral mejor que una actriz profesional; es capaz de llorar, enloquecerse, gritar, etc.

Su mejor papel es la de la madre sufriente y doliente que hizo todo por su hijo, olvidándose de ella. Gregory Batenson describe perfectamente a este tipo de madre, diciendo que es una mujer que se aísla y angustia si el niño le expresa cariño; la madre le pide cariño, para rechazarlo cuando éste se lo expresa; a medida que el niño intenta acercarse a ella, ésta se distancia más. Cuando se distancia, la madre interpreta que no es una madre afectuosa, buscándolo para castigarlo o para hacerle sentir culpa «por no amar a su madre», así comienza el doble vínculo.

Obviamente, detrás existe un hombre ausente, débil e incapaz. Jay Haley dice que los hermanos de éste se presentan como modelos de perfección en contraste con los repetidos fracasos del sujeto enfermo. Dice también este autor en su excelente libro que el sujeto es también el hijo elegido por los padres para esperar de él grandes éxitos.

4. MODOS NORMALES Y PATOLÓGICOS DEL FUNCIONAMIENTO FAMILIAR

Desde la teoría de los sistemas se considera a la familia como un sistema relacional constituido por una o más unidades vinculadas entre sí. Este sistema familiar se encuentra en un proceso de continuidad y crecimiento. Decimos entonces que la familia es una estructura dinámica (sistema) compuesto por subunidades (subsistemas) que mantienen una estabilidad (homeóstasis) por medio de procesos de retroalimentación, por esto el cambio en uno de los miembros repercute en todos los demás.

Para Pichon Riviere la familia forma una estructura social básica que se configura por el interjuego de roles diferenciados (padre, madre e hijo) el cual constituye el modelo natural de interacción grupal. Podríamos mencionar entonces 3 características principales que hacen a la funcionalidad de la familia;

a) *Totalidad:* el sistema familiar se comporta como un todo inseparable, y no sólo como un compuesto de elementos independientes. La modificación de uno de sus integrantes altera el funcionamiento de los demás. Si pensamos que un psicótico comienza a entrar en un período de recuperación, la salud de éste alterará la totalidad del sistema familiar, caracterizado las más de las veces por roles rígidos y por dificultades a absorber cambios.

b) *Retroalimentación:* la conducta del integrante familiar afecta a los demás y es afectada por la de éstos. Esta retroalimentación puede ser positiva o negativa, la primera lleva al crecimiento, la segunda lo detiene. La conducta de *a* influye sobre *b* y a su vez la reacción de *b* influye sobre la conducta de *a*.

c) *Homeóstasis:* esto es, mantener el equilibrio estable en cada nueva etapa de crisis familiar. Buscar un nuevo equilibrio y adaptación a lo largo del tiempo, como sucede con un nuevo nacimiento, un casamiento, etc. La familia del psicótico al ser rígida en sus vínculos y roles no puede elaborar las crisis que se presentan, viviendo como si nada hubiese sucedido, muchas veces buscando por la violencia volver a la situación anterior. Es decir que en la familia del psicótico la homeóstasis es extremadamente rígida sin margen a la flexibilidad.

Cuando el psicótico queda elegido por la familia, entonces es acusado de que éste ha sido el responsable del desequilibrio familiar, negando que la enfermedad del mismo se debe a este desequilibrio, que existe desde mucho tiempo atrás.

Dentro de los múltiples vínculos establecidos en el seno de una familia podríamos nombrar, por ejemplo, los vínculos biológicos, dando sentido de alimentación, protección física, etc. Los vínculos psicológicos que enseñan y transmiten los roles sexuales, las normas, valores, las primeras experiencias sociales, etc. Los vínculos sociales que perpetúan los valores culturales con sus normas, etc.

El grupo familiar sano es aquel en el cual se da una discriminación, diferenciación e individualización en cada uno de sus integrantes.

Cuando la familia entorpece esta separación entre cada uno de sus integrantes estamos hablando de una familia simbiótica; es entonces que el sujeto no puede tener su propia identidad.

En la familia sana ninguno de sus integrantes ocupa el rol de otro, sea ausente, complementario o desvalorizado.

La familia es la transmisora de amor, seguridad, independencia, continencia mutua, satisfacción y vida espiritual, cada uno con su rol en un marco de amor, individualidad y respeto. Los diferentes tipos de familias han llevado a muchos autores a clasificarlos de la siguiente manera:

Grupo ausente: cuando el sujeto no tiene un grupo familiar que lo contenga.

Grupo negligente: las características principales son el desamparo, la falta de cuidado, mirando en forma pasiva la enfermedad del sujeto.

Grupo negador: no asumen su responsabilidad respecto a la enfermedad del sujeto.

Grupo coaccionador: es la familia que hace que alguien haga o diga lo que no quiere, así descargan su agresión y ansiedad forzando e intimando continuamente a los profesionales para que éstos actúen como ellos quieren.

Grupo sobreprotector: justifica y encubre las conductas patológicas del enfermo, la defensa y los cuidados excesivos predominan en todas sus conductas, manifestándose a través de una simbiosis muy marcada.

Grupo castigador: predominan las amenazas tanto físicas, emocionales como la denuncia de su enfermedad, amenazas de internamiento, etc.

Grupo antagónico: predomina la rivalidad, la tenacidad y la oposición, rechazando toda ayuda profesional.

Grupo colaborador: asumen las responsabilidades en forma activa y concreta buscando la recuperación del sujeto.

5. Características de la familia psicótica

–Los roles son rígidos y estereotipados.
–No hay roles alternativos para el emergente.

–El rol del enfermo ha sido elegido por el grupo y depositado en un miembro en particular, lo que hace que cuando éste se cure, otro asuma el rol de la enfermedad mental.

–Hay negación de la rivalidad, los celos, la envidia en los miembros del grupo (o se encuentran proyectados).

–Mitificación que la familia utiliza para controlar los desacuerdos; esto significa confundir, oscurecer lo que sucede para no percibir lo que ocurre o lo que se siente.

Según Freud entonces el conflicto psicótico estaría entre el yo y la realidad; el yo que rechaza esta realidad, creando su nueva realidad; la realidad psicótica.

6. LA ESQUIZOFRENIA

Dentro de las psicosis tenemos a la esquizofrenia, que es una de las alteraciones psicóticas más frecuentes.

La esquizofrenia se caracteriza por la disociación, desestructuración de la persona y pérdida de contacto con el mundo externo. Henry Ey sostiene que el esquizofrénico realiza una profunda regresión, por la dificultad que tiene de vivir en este mundo real, que vivencia como frustrante y doloroso retirándose a un mundo ilusorio e imaginario. Freud va a señalar correctamente que el esquizofrénico reaccionará desmintiendo o desconociendo la realidad para luego tratar de reconstruir una nueva realidad, que sustituiría a la otra.

7. CARACTERÍSTICAS DE LA ESQUIZOFRENIA

Esquizofrenia significa literalmente «mente hendida o disgregada», concepto que fue propuesto por Eugene Bleuler en 1911. Desde entonces el término engloba a una de las psicosis más difíciles de comprender y de curar.

Generalmente esta enfermedad tiene su incidencia entre los 15 y 35 años (en un 70 % de los casos).

Entre las características más sobresalientes del síndrome esquizofrénico podríamos nombrar:

A. Alteraciones del «yo corporal»

Su postura corporal es dura y rígida con pocos movimientos; la sensación corporal es fría, sus ojos permanecen bien abiertos expresando frialdad, aunque también es posible que parpadee permanentemente. Su mirada es fija y vacía, parecería al mirar como si la vista fuese más allá del observador, observando todo a su alrededor muchas veces.

Cuando se habla de alteraciones en el yo corporal, se piensa en las que se dan en su cuerpo; por ejemplo el sujeto vivencia que se hunde en la cama o que ésta se levanta; se ve capaz de volar, el piso se mueve, se hincha alguna parte de su cuerpo...

Su vestimenta se compone generalmente de ropa sucia y vieja, vistiéndose sin conexión con la temperatura.

B. Alteraciones de su «yo psíquico»

Nos referimos a las ideas, pensamientos y deseos. El sujeto puede vivenciar que las ideas que tiene no son suyas, sino que se «las metieron»; cree que quieren «influirlo», por eso le imponen ideas y pensamientos en su mente que él no comparte, ya que su yo se encuentra dividido, puede dialogar como si fuesen dos personas, etc.

C. Alteraciones de la afectividad

Sus sentimientos son la indiferencia y el desinterés; quienes asistimos pastoralmente a tales sujetos sentimos una y otra vez la impotencia y desorientación frente a la actitud apática de estos sujetos. Puede permanecer por mucho tiempo en silencio, no teniendo una comunicación fluida con su consejero (ni con nadie).

Encontramos la ambivalencia afectiva, el sujeto puede sentir en un mismo momento sentimientos de amor y odio, alegría y tristeza, puede tener una actitud autista, o expresar siempre en forma rígida las mismas emociones, etc.

Uno de los sentimientos que sí expresan es la envidia, especialmente al ver que otro tiene lo que ellos desean; esto les lleva a negar su situación de carencia y de imposibilidad de «pedir» amor.

Sus gestos son estereotipados, mecánicos y muchas veces no tienen sentido. El lenguaje, pensamiento y sentimiento no se encuentran conectados entre sí; de esta manera, lo que expresa con su boca no coincide con su postura, ni con sus gestos. Aunque esto no significa que no perciban casi todo lo que sucede a su alrededor.

D. Alteraciones en su comunicación

Es W. Bion quien describe cuatro rasgos fundamentales de la personalidad esquizofrénica:

1. Predominio de impulsos autodestructivos
2. Odio a la realidad externa e interna
3. Miedo a la aniquilación inminente
4. Una relación de objeto frágil, débil

Los sentimientos de amor y de ternura que puedan llegar a sentir, son invadidos por los sentimientos de odio que poseen, no creen que pueden ser queridos y aceptados por otros; obviamente esto tiene que ver con lo que expresamos en cuanto al doble vínculo y a la comunicación familiar que éstos recibieron.

El esquizofrénico generalmente actúa en vez de pensar, si desea estar en otro lugar contrario al que está, recurre a su pensamiento y en forma omnipotente «vuela» hacia allí.

Otras características de su comunicación son;

–Monólogos
–Neologismos
–Cambios en el significado de palabras
–Condensación de sílabas
–Mutilación de palabras
–Toma lo literal como metafórico y lo metafórico como literal.
–Para-respuestas; son respuestas absurdas que nada tienen que ver con lo que se le pregunta.

E. Alucinaciones

Se definen como la percepción sin objeto, es decir «ver lo que no existe», que a diferencia de la ilusión sería la percepción deformada de lo que sí existe. En la esquizofrenia siempre existen alucinaciones, que pueden ser:

Visuales: son muy frecuentes, ver animales caminando sobre la pared, sobre el cuerpo de los otros, las famosas «visiones», etc.

Auditivas: son las más frecuentes, por ejemplo voces que conversan entre sí o que le dicen lo que debe hacer, etc.

Del esquema corporal (o cenestésicas): sienten que los tocan, los pinchan, que los sujetan, etc.

Ya dijimos que la realidad displacentera es reemplazada por la «propia realidad» que el sujeto se construye; éstas son las alucinaciones, aunque las mismas terminan siendo más dolorosas que la realidad externa.

F. Delirios

Se definen como juicios equivocados de la realidad, basados en la proyección. Cuando la realidad se hace insostenible, el psicótico construye un delirio con el cual pueda vivir. Éstos no pueden distinguir entre realidad externa e interna, entre lo real y lo ilusorio, entre lo intracorporal y lo extracorporal, de ahí que estos delirios constituyen para el sujeto una *verdad,* y lo remarcamos porque de nada sirve marcarle la falsedad de su idea delirante, ya que esto solamente servirá para que el sujeto se sienta incomprendido y abandone la pastoral.

El consejero frente a las alucinaciones y delirios del sujeto debe escuchar, lo cual no siempre es fácil. No sentirse presionado a contestar, sino acompañar con serenidad, registrar al máximo lo que está diciendo para considerarlo como material que hace a la comprensión del sujeto.

El sujeto puede sentirse perseguido, castigado, criticado por su delirio, ya que estos son creados por un super-yo rígido y sádico como hemos señalado anteriormente.

El delirio puede ser de contenido paranoico (persecución), religioso (mesianismo por ejemplo), de grandeza, etc.

Los hechos sectarios sucedidos en el mundo dan cuenta de muchos psicóticos con delirios del fin del mundo y de omnipotencia al frente de estos grupos.

Bosquejemos la esquizofrenia.

–Pérdida de contacto con la realidad
–Ausencia de conciencia de enfermedad
–Ideas delirantes
–Alucinaciones de todo tipo
–Incoherencia
–Pensamientos ilógicos
–Conducta desorganizada

–Deterioro de la actividad laboral
–Deterioro del aseo
–Lenguaje disgregado
–Retraimiento
–Negativismo
–Heteroagresividad
–Etc.

8. Un ejemplo bíblico

Herodes, «el grande»...

Su padre, Antípater, era de familia idumea y su madre, Kypros, descendía de una familia árabe. Herodes intentó durante toda su vida ocultar que era descendiente de prosélitos, o, como Josefo lo llama «semijudío»; esto confirmaba que no tenía ningún derecho al trono real de los judíos según Deuteronomio 17:15; así a los rabinos que le explicaron este texto (que no le favorecía) decidió mandar matarlos a todos.

Cierto historiador ha señalado que «Herodes el grande se introdujo furtivamente en el trono como un zorro, gobernó como un tigre y murió como un perro».

En su adolescencia (25 años aprox.) fue hecho por su padre responsable de Galilea, ganándose el favor de los oficiales romanos. Luego se casó con Mariamné que era de la casa asmonea poco antes de tomar Jerusalén y matar a Antígono.

Nació en el año 74 a.c., y murió en el 4 a.c., poco después del nacimiento de Jesús.

Fue rey de Palestina en el año 40 a.c. y, al morir su padre en el 43 a.c., le sustituyó en la misión de gobierno.

Su carrera política y gubernativa representó como ningún otro al gobierno romano frente a los judíos.

Se casó con Mariamné, nieta de Hircano para fortalecer su poder (este casamiento lo emparentaba con los Macabeos) y entonces comenzó a dar rienda suelta a su ambición de poder.

Sus primeras víctimas fueron una enorme cantidad de judíos, sacerdotes y aristócratas; su carrera se caracterizó por matar a aquellos que le despertaban la más mínima sospecha. En el comienzo de su carrera habían muerto más de 100.000 judíos, que se habían negado a soportar la tiranía de un psicótico.

Continuó dando muerte al hermano de su esposa, el joven Aristóbulo ya que siendo el único de la familia asmonea que podía aspirar al trono, constituía un serio peligro para él.

Luego siguieron un tío y cuñado suyo, por celos infundados respecto a las relaciones entre éste y su esposa. Presa del delirio mandó matar a su esposa Mariamné y a su suegra Alejandra. En el 7 a.c. dio muerte a dos de sus hijos para luego masacrar a los niños de Belén según relata el Evangelio.

El templo de Jerusalén construido por Salomón (en el 1000 a.c.), fue destruido por los babilonios en el 587 a.c., reconstruido por Zorobabel en el 516, entonces Herodes reconstruyó por tercera vez el templo, que se terminó en el 65 d.c., y que fue destruido por Tito en el 70 d.c.; a pesar de esto Herodes siempre manifestó una marcada ambivalencia hacia el pueblo judío, típica de su inseguridad emocional. Organizó en Jerusalén grandiosos espectáculos cada cuatro años. Como la ley permitía la poligamia al rey, Herodes tuvo diez mujeres, de las cuales nueve vivían con él al mismo tiempo. Sabemos también que vivía en el palacio con su madre y su hermana.

Como buen enfermo Herodes comenzó su carrera encubriéndose delante del débil Hircano; y una vez rey comenzó a desatar su furia asesina. Entre su múltiple prontuario podríamos destacar:

- Persuadió a Antonio para que decapitara a Antígono (cosa que los romanos jamás habían hecho a rey alguno).
- Mandó eliminar uno por uno a los miembros de la familia real macabea.
- Su apetito de fama lo llevó a tratar de ser el «rey de los gentiles» invirtiendo fabulosas fortunas en los juegos griegos, y en los magníficos monumentos construidos por él.
- Desconoció las leyes de Israel.
- Robó de la corona macabea.
- Confiscó las propiedades de las familias más altas, y frente a cualquier queja ejecutaba la pena de muerte.
- Tenía perversiones de todo tipo.
- Imponía duros tributos.
- Mató por doquier.
- Raramente, dicen los historiadores, pasaba un día sin que nadie fuese ajusticiado.

- Aristóbulo III cuñado de Herodes fue ahogado por orden de éste en el 35 a.c., cuando se bañaba en Jericó.
- En el 34 a.c. fue ajusticiado Ioséf, el esposo de Salomé (hermana de Herodes).
- En el 29 a.c. mandó matar a Mariamné su esposa y a Alejandra su suegra.
- En el 25 a.c. mandó cortar en pedazos al líder de una revolución contra él y dio su carne a los perros.
- En el 7 a.c. los hijos de éste (por parte de Mariamné) Alejandro y Aristóbulo, fueron estrangulados en Sebasto, junto con sus 300 seguidores.
- En el mismo año muchos fariseos fueron multados y muertos por negarse a jurar fidelidad a Herodes.
- Aun cuando ya no podía tenerse en pie mandó quemar vivos a quienes se le oponían.
- Cinco días antes de su muerte mandó matar a su hijo Antípater.
- Mandó matar a los niños en Belén frente al nacimiento de nuestro Señor.
- Y para que en el pueblo no hubiese fiesta, mandó reunir en el hipódromo de Jerusalén a los principales judíos de la nación, quienes debían ser acuchillados en el mismo momento de su muerte.

De ahí que el 13 de marzo del 4 a.C., día en que Herodes murió, hubo fiesta.

La vida de Herodes nos da cuenta de una esquizofrenia paranoica, la cual le llevó a derramar sangre por doquier.

Su delirio de megalomanía le hacía sentir que no tenía límites frente a sus deseos perversos, estos le hacían sentir que era «dios».

La incapacidad de frenar sus impulsos y deseos era nula, así como su total incapacidad de tener relaciones profundas con el otro, esto se ve claramente en sus constantes celos familiares y en los asesinatos de sus hijos y su esposa Mariamné.

No cabe duda que Herodes padecía de delirios de omnipotencia y alucinaciones acústicas de contenido tanático (voces que le decían que debía matar).

Aunque en el psicótico «común» es obvio que no existe tal prontuario, sí vemos en Herodes una constante desconexión con la realidad. Posiblemente la psicosis fuese hereditaria, ya que sus hijos en vida continuaron sus locuras. No poseemos datos respecto de su madre, que nos darían algunos indicios más puntuales sobre su enfermedad. Los síntomas delirantes y alucinaciones de todo tipo se hacen presentes en su prontuario llevándole a querer realizar en la tierra su mundo delirante asesino.

9. FORMAS CLÍNICAS DE LA ESQUIZOFRENIA

Vemos entonces que dentro del campo de las psicosis la esquizofrenia es una de las alteraciones y desorganización mental más grave que conocemos. A su vez la esquizofrenia se clasifica en 4 formas clínicas que detallamos brevemente:

A. Esquizofrenia Simple
Se inicia con un empobrecimiento de la vida afectiva y, posteriormente, de la actividad psíquica en general. El individuo comienza a aislarse de forma lenta y progresiva, paulatinamente abandona sus actividades, llegando a un estado de apatía y aislamiento. Se conoce a esta esquizofrenia como «la enfermedad silenciosa».

B. Esquizofrenia Paranoide
Aparece entre los 21 y los 35 años. El sujeto tiene ideas delirantes y alucinaciones, apareciendo las alteraciones mencionadas en la esquizofrenia, con predominio de la vivencia de persecución.

C. Esquizofrenia Hebefrénica
Su comienzo es en la pubertad, sus primeros síntomas son los cambios de humor. Aparecen períodos de manía y depresión en forma alternada, que lentamente van produciendo una alteración de todo el campo afectivo-mental del sujeto.

D. Esquizofrenia Catatónica
Aquí predominan las perturbaciones psicomotores. El sujeto entra en un estado de inercia, inactividad y acinecia (sin movimiento).

10. CONSIDERACIONES GENERALES PARA LA ENTREVISTA PASTORAL

La función pastoral es la de ayudar al sujeto a ir incorporando el principio de realidad; que éste aprenda a postergar sus deseos e impulsos, llegando a comprender que su mundo interno no es el mismo que el mundo externo.

Estos sujetos no saben esperar, y convierten su deseo en algo que debe ser satisfecho de inmediato (véase principio de placer y realidad). Conocer la historia personal del sujeto es importante ya que si su descompensación se ha producido en ciertas fechas o lugares, se deben tener en cuenta por la posible compulsión a la repetición. El examen de la realidad debe ser hecho en conjunto con la finalidad de que el sujeto aprenda a realizarlo, y pueda llevar a cabo sus proyectos.

Estos sujetos necesitan a alguien que pueda enriquecer su convivencia y socialización a través de conversaciones diversas, cosa que ayuda al sujeto a ampliar su mundo interno y a tenerlo ocupado en permanente contacto con la realidad; el leer la Biblia *(seleccionando con mucho cuidado el pasaje)*, el compartir alguna vivencia, etc., enriquece al sujeto y le ayuda en su desarrollo emocional.

Las tareas que le ayuden a ubicarse en el tiempo y en el «aquí» y el «ahora» le ayudarán a reorganizar su aparato psíquico. Para ello pueden serle de gran utilidad algunos textos sobre la vida de Jesús.

La pastoral debe ayudar al sujeto a conocer nuevos mecanismos de defensa frente a situaciones insostenibles, y así borrar su estereotipada forma de defenderse. El ver cómo los hombres de Dios fueron defendiéndose, y los recursos de la Palabra para fortalecer su yo, educar a su superyo y clarificar sus impulsos del ello, pueden ser de gran ayuda.

Sus pobres defensas muchas veces fallan siendo presos de la angustia y la desesperación; el hecho de descubrir nuevas alternativas les organiza a nivel psíquico y fortalece su yo en gran medida terapéutica.

En la pastoral trabajamos con el yo del sujeto, especialmente con sus partes sanas y maduras y desde allí lo fortalecemos y lo enriquecemos.

Una táctica pastoral de suma importancia terapéutica, es la de que éste asuma un estilo complementario, al del sujeto. De este modo, si estamos frente a un sujeto altamente impulsivo y maníaco, asumimos un estilo que invite al diálogo, a la reflexión y a la pausa, de la misma forma que frente a un depresivo asumimos un rol que invite al sujeto a las actividades que lo ayuden a salir de su pasividad.

Otro aspecto pastoral muy importante es ayudar al sujeto a reintroyectar lo proyectado en otros seres humanos, esto en forma paulatina y lenta.

La familia –como ya hemos dicho– juega en esto un papel muy importante; debemos conocer cuál era el rol del sujeto en la misma, qué lugar ocupaba y la dinámica familiar existente. Los conflictos tan aparentes de la familia pueden darnos una pista en cuanto a lo que ha sido factor importante en la psicosis del sujeto, qué motivos presionaron sobre él, provocando la ruptura de su salud mental hasta ese momento.

Los vínculos que el sujeto establecerá con el consejero nos servirán para poder comprender mejor cómo es su mundo interno. El consejero debe tener en cuenta que puede ser el blanco de críticas y descalificaciones hacia la tarea pastoral, y aun responder con agresividad frente a éste, entrando aquí toda la agudeza de nuestra serenidad, transparencia y dependencia del Espíritu Santo.

La paciencia es otro requisito pastoral muy importante ya que muchas veces la ansiedad que estos sujetos despiertan, y el deseo de curar que nosotros tenemos, nos pueden llevar a «apurarnos», a «exigirles» que hagan determinadas cosas para «curarse de una vez». Aquí se pone a prueba la capacidad de paciencia y contención del consejero.

11. El uso de la Biblia en la Pastoral

Los textos a estudiar deben ser simples y sencillos en su explicación, para que esto no dé lugar a la ambigüedad, ni puedan ser la base para sus nuevas ideas delirantes. Nuestras frases debes ser cortas, claras y breves.

Debe ser realizado en un clima de amor y aceptación, estos temas pueden ser analizados juntamente y deben ser remarcados siempre: el amor de Dios, la aceptación y su presencia.

Hemos de buscar la participación en el estudio, tolerando el silencio cuando así se presente, teniendo disposición a escuchar antes que hablar. Es importante evitar que el sujeto se encuentre donde existe gran concentración de gente o mucho ruido, de ahí que el culto dominical no es lo más apropiado para ellos (ni está al mismo nivel que el encuentro personal).

Si su comunicación está distorsionada no debemos corregir, ni cuestionar, ya que esto no es terapéutico; a la vez nuestra comunicación debe ser directa y sin ambigüedades, ya que estos sujetos, como dijimos, perciben mucho más de lo que pensamos.

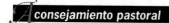

Los estudios deben apuntar al fortalecimiento del yo, estimulándolos lentamente y con cuidado a mejorar la apariencia personal, y a depender de Dios para sus necesidades.

3

PARTE

Al finalizar la segunda parte, en la cual analizamos las estructuras más frecuentes en la praxis pastoral, sentimos la necesidad de dar una serie de puntuaciones sobre algunos de los tópicos con los que nos encontramos a diario en la cínica pastoral, como la depresión, el suicidio, el estrés y el enfermo terminal.

Aparecen en esta tercera parte, pues no podemos considerarlas como estructuras de personalidad, a que obedecen a otra clasificación y problemática, aunque sí, todas se encuentren dentro del campo del dolor humano.

Capítulo 10

LA DEPRESIÓN

1. DEFINIENDO TÉRMINOS

La depresión es, junto con la neurosis obsesiva, una de las enfermedades psíquicas que más dolor mental producen en el ser humano.

Esta enfermedad va en aumento en todo el mundo alcanzando a sujetos de todo tipo, sin importar la posición social y económica. En verdad la depresión no reconoce estratos sociales ni credos religiosos. Basta ver en nuestras iglesias la cantidad (en aumento) de depresivos; siendo éstos creyentes que acaban de iniciarse en la fe, o creyentes de muchos años de vida cristiana.

La O.M.S. (Organización Mundial de la Salud) afirma que el 20% de la población mundial sufre de depresión. El cuarto lugar de mortandad en el mundo lo ocupa el suicidio, siendo la mayoría de los suicidas, depresivos.

En América Latina existen 200 millones de depresivos; en Argentina, 3.500.000, de los cuales 600.000 tienen tendencia al suicidio. Además existen 8.000.000

de argentinos que padecen conflictos afectivos, de los cuales, como hemos dicho, 3.500.000 son cuadros depresivos.

Dentro del campo de la psicología pastoral, la depresión es la que más interpretaciones «espirituales» ha tenido, la más tratada en el campo homilético y a su vez la más condenada; «no se puede ser buen creyente y tener depresión», «la depresión es pecado», «la depresión es falta de fe», etc.

Empezaremos definiendo y clarificando algunos términos. En primer lugar, decir que la depresión es pecado, es limitar lo que ésta enfermedad significa, y reducir lo que las Escrituras dicen respecto de la misma.

En segundo lugar, nos ha sorprendido ver cómo muchos creyentes sufrientes por esta enfermedad fueron acusados de tener poca vida espiritual, de ser pecadores, de poseer poca vida de oración, de falta de lectura bíblica, etc. Además de cargar con su depresión, tuvieron que cargar con las acusaciones de otros, basadas en la total ignorancia.

Por otro lado sorprende ver el tipo de consejos que reciben tales enfermos por parte de creyentes, consejos tales como: «ora con fe y vas a ver», «asiste al culto y te sentirás mejor», «debes leer la Biblia sistemáticamente», «ora con fe y Dios te va a curar», etc.

Creemos que la depresión no es absolutamente pecado (salvo la depresión hamartógena que luego analizaremos), ya que ésta es un síndrome, es decir una constelación de síntomas que manifiestan un conflicto. La depresión constituye sólo la alteración del campo anímico, alteración que influye en todas las áreas de la vida.

El siguiente ejemplo (tan frecuente de observar) nos ayudará a aclarar que, como dijimos antes, reducir la depresión a la categoría de pecado es simplificar la conflictiva psicológica y la teología bíblica.

Un joven se queda sin padre a los cinco años de edad. Su madre, una mujer sobreprotectora, se pasa el tiempo diciéndole a su hijo que ella siempre se va a quedar sola para cuidarlo a él como muestra de su amor, comienza a pedirle sutilmente que le brinde gran parte de su tiempo para estar con ella, recordándole todo el sacrificio que hizo y hace por él. Cuando el muchacho crece, cae abruptamente en un estado de depresión, con ataques de angustia y de tristeza sin entender el porqué.

Cuando comenzamos a investigar un poco más el motivo de su angustia, descubrimos que en los primeros años de su adolescencia, el joven comienza a sentir atracción por chicas de su edad, hasta que conoce una de la cual se enamora profundamente. La ama pero, a la vez, pelea y discute con ella constantemente.

El análisis de este caso hipotético es harto sencillo. El joven comienza por su lógica edad a ser atraído por el sexo opuesto, sentimiento que crece al correr el tiempo. Al conocer una chica a la que quiere realmente, se activa en él la posibilidad de formar pareja con ella, en este momento se produce la crisis depresiva. La depresión aparece como el síntoma que da cuenta de este conflicto psíquico que el joven siente en su interior.

Por un lado experimenta atracción por la joven, pero por otro lado este sentimiento es reprimido ya que siente en su interior que él debe quedarse junto a su madre para cuidarla, «por el sacrificio que ésta hizo por él».

Sus normales y verdaderos sentimientos aparecen bajo la máscara de la ambivalencia; por un lado la quiere, pero por otro inconscientemente la aleja, para poder quedarse con su madre ya que el joven siente que formar pareja con una mujer sería abandonar a la misma.

En este sencillo ejemplo podemos observar que no existe ningún tipo de pecado, sino simplemente una serie de pensamientos enfermos como causantes de la depresión, como por ejemplo; «debo ser fiel al amor y sacrificio de mi madre, ya que mi deber es cuidarla como ella lo hizo conmigo». Es la culpa el motor que le lleva a tener dificultades de dar rienda suelta a sus verdaderos sentimientos.

Analicemos el pasaje de Hebreos 12:1:

«Por tanto, nosotros también, teniendo en derredor nuestro tan grande nube de testigos, despojémonos de todo peso y del pecado que nos asedia, y corramos con paciencia la carrera que tenemos por delante.»

El autor compara la vida cristiana con el atleta que corre una olimpíada. Éste debe «despojarse», «quitarse», «arrojar», todo *pecado,* es decir todo lo que de alguna manera viola las normas de Dios, pero también debe despojarse del *peso,* o sea, de aquello que no es pecado, pero que detiene y entorpece el crecimiento, podríamos incluir aquí cualquier pensamiento enfermo o erróneo que produce conflictos en nuestra vida.

Es muy interesante ver que el depresivo actúa como si estuviera anestesiado, no siente necesidad sexual, pero sí un gran deseo de ser amado, esta dualidad entre el anhelo de amor y la ausencia de deseo sexual, es una observación que Freud realizó, teniendo una valiosa importancia clínica.

Siempre que hablamos de depresión, estamos hablando de alguna pérdida, generalmente de tipo inconsciente para el sujeto (de ahí que el depresivo llora, se siente triste sin saber por qué).

Del síndrome depresivo debemos remarcar que la tristeza es el síntoma principal.

2. El duelo

El duelo no es en sí mismo un estado patológico, por ello es importante distinguirlo de la depresión.

El duelo es una reacción normal ante la pérdida de un ser querido o de un valor equivalente como por ejemplo la patria, la libertad, etc. En el duelo sobreviene al final una aceptación de la pérdida. Al sujeto en duelo le interesan las cosas que le recuerdan al objeto amado y perdido. En el duelo nada de lo que respecta a la pérdida es inconsciente, mientras que en la depresión el sujeto no sabe qué es lo que ha perdido. El depresivo no sabe por qué llora y a quién perdió, pero sí que perdió algo; el sujeto no es consciente de que él también se pierde con esa pérdida que no conoce pero que llora.

En el duelo el deseo hacia las cosas del mundo ha disminuido, no le interesan; en la depresión ocurre lo mismo pero acompañado de una autoestima bajísima, con un yo empobrecido, se insulta, se reprocha, no se siente merecedor de tener nada, se siente el peor y el más condenable. Comunica a todo el mundo sus defectos como si al hacerlo sintiese cierto placer.

Este objeto perdido por el cual el depresivo llora y no conoce es al que el depresivo desea destruir, de ahí la famosa frase de Freud «la sombra del objeto cae sobre el yo»; así parte del yo es considerada por identificación como si fuese el objeto, por eso es maltratado. Lo malo está ahora dentro del mismo sujeto. Esto explica de alguna manera cómo el intento suicida no es en realidad otra cosa que un impulso homicida, sádico vuelto contra sí mismo, ya que él es parte del objeto perdido.

3. Características de la Depresión

Las siguientes características aparecen generalmente en la depresión. Podemos clasificar la sintomatología en tres grandes grupos, que se interrelacionan:

A. Psicológico – B. Somático – C. Espiritual

Tomamos esta división ya que nos permitirá tener una visión más clara de la principal sintomatología en la depresión. Analicemos cada una de ellas por separado;

A. A nivel Psicológico

1. *Pérdida del interés:* al deprimido todo le molesta, y lo que antes era un motivo de atracción ya no lo es más; lo que antes era placentero ahora es una carga pesada que molesta. Este síntoma es continuo en el depresivo y se manifiesta en todas las áreas de la vida del sujeto.

2. *Pesimismo-Ideas negativas:* todo es negro y oscuro, el fin del mundo parece estar próximo, todo lo que antes parecía positivo y con esperanzas ahora es malo y feo; el deprimido ve la realidad a través de lentes oscuros, interpretando cada acto en forma negativa y pesimista.

3. *Dificultades en su comunicación:* con esto nos referimos que el depresivo interpretará toda comunicación en términos de aceptación-rechazo. Al tener gran dependencia de las personas para alimentar su autoestima, estará siempre mirando si es amado o rechazado, dependiendo del suministro externo ya que internamente no tiene la capacidad para sentirse aceptado.

4. *Dudas constantes:* aparecen en forma constante llevándolo a pensar que se está volviendo loco, o temiendo enfermar mentalmente; a veces las dudas le hacen pensar que nadie lo quiere, duda sobre su salvación, sobre el amor de Dios, etc.

5. *Sentimientos de culpa:* siente que todo lo que pasa tiene que ver con él y que todo error cometido es por su culpa ya que se siente responsable por todo lo que pasa; la idea del pecado cobra dimensiones enfermas. El sentimiento de culpa es muy intenso en esta enfermedad.

6. *Ideas de suicidio:* dicen las estadísticas que el 10% de los depresivos llevan a cabo tal idea; idea que se presenta como una posibilidad de escape de la tristeza y la angustia. El 80% de éstos, dicen las estadísticas, han

dado claras muestras de que habrían de consumar tal acto suicida. Todo depresivo es un suicida en potencia, siendo este uno de los primeros síntomas que debemos evaluar en la pastoral.

7. *Delirios:* este síntoma aparece en depresiones profundas, especialmente en la depresión endógena. Los temas delirantes más frecuentes son de castigo, muerte, sangre, etc.

8. *Inhibición:* le cuesta realizar las actividades que antes le eran diarias y comunes. Esta inhibición no sólo es motriz, sino también psicológica. El depresivo sueña con realizar cosas pero cuando intenta realizarlas se siente frustrado y cansado.

B. A nivel Somático

1 *Anorexia:* es la pérdida de apetito; lo que antes era un mangar delicioso, ahora ya no tiene más sabor ni gusto. El depresivo grave puede estar días sin comer, llegando a perder en forma considerable el peso.

2. *Insomnio:* conciliar el sueño es una dificultad grande; puede estar noches sin poder dormir o tener el sueño entrecortado. A veces hemos observado a depresivos tomar el camino opuesto, durmiendo largas horas por día, manifestando con este síntoma un claro deseo de evasión de la realidad.

3. *Dificultades sexuales:* el sexo ya no sólo no atrae, sino que a veces toma el camino de la dificultad en la erección o falta de deseo.

4. *Retardo psicomotor:* su rostro expresa dolor, sus movimientos corporales son pocos y lentos. Su gesto es hacia adentro y hacia abajo (se encoge, encierra su cuerpo entre los brazos, mirando al suelo), sus movimientos son realizados en forma lenta y dificultosa.

5. *Otros:* entre los tantos podríamos nombrar las cefaleas, taquicardia, vómitos, diarrea, hipotensión arterial, etc.

C. A nivel Espiritual

1. *Dudas constantes:* lo que antes era una seguridad, ahora es relativo y motivo de duda; duda respecto de la existencia de Dios, sobre lo que es el pecado, el perdón de Dios, la vida cristiana, etc.

2. *Conceptos erróneos de Dios:* ya no lo considera más el Dios de amor y redención, sino el Dios con características sádicas, de tirano, de cruel, de Dios abandonador, etc.

3. *Inferioridad espiritual:* ya no vale nada, como cristiano siente que su servicio no tiene sentido, que es vacío y no sirve para nada, ni como persona ni como creyente. El depresivo se siente como una pelota desinflada que no puede saltar, así está su yo a nivel psicológico, como si no tuviese nada, vacío.

Bosquejemos la Depresión
–Inhibido
–Triste
–Culpógeno
–Abúlico
–Anoréxico
–Irritable
–Negativo
–Ansioso
–Dudoso
–Baja autoestima
–Etc.

4. FORMAS CLÍNICAS/ETIOLOGÍA

Consideramos la etiología junto con las formas clínicas, ya que nos ayudará a entender que no todas las depresiones son iguales y que a pesar de tener una etiología similar existen entre todas ciertas características personales que las diferencian unas de otras.

Existen muchos tipos de clasificaciones, nosotros usaremos la siguiente ya que nos parece útil para la labor pastoral y además es más clara a nivel pedagógico.

A. Depresión Reactiva

Esta es la depresión más frecuente de encontrar y, como su nombre indica, aparece como una reacción ante una pérdida.

Esta pérdida (que puede ser consciente o inconsciente) puede ser de un trabajo, un amigo, una pareja, etc.

El sujeto comienza con una tristeza normal y al no poder ir elaborando el duelo esta tristeza comienza a profundizarse cada vez más, pasando luego a transformarse en un cuadro depresivo. Esta depresión se presenta especialmente en personas introvertidas, inseguras y muy sensibles.

Aparece entonces de esta forma:

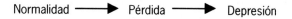

Normalidad ——▶ Pérdida ——▶ Depresión

B. Depresión Endógena

La palabra endógena significa literalmente «que crece desde dentro», y es la depresión más difícil y más profunda que conocemos. Se instaura con lentitud durante semanas o meses, apareciendo una serie profunda de inhibiciones de las funciones psíquicas y motoras, ideas delirantes, abandono corporal, pérdida de apetito durante días, ideas suicidas constantes y autoacusaciones frecuentes.

Los sujetos que sufren esta depresión deben ser por sus características urgentemente hospitalizados y medicados, ya que el riesgo de suicidio es grande. Es probable, lo que afirman algunos autores, que en el sistema nervioso central (posiblemente un desnivel en las aminas biógenas existentes entre los espacios interneuronales).

C. Depresión Involutiva

Se da en sujetos reservados, taciturnos y cerrados. Aparece en el sujeto entre los 50/60 años especialmente junto con el climaterio masculino y femenino.

Estas personas han tenido pérdidas a lo largo de su vida, gran pobreza interior, además coincide con las constantes «autorrevisiones» de la vida, la idea de la muerte que aparece con más frecuencia y los mitos sexuales referidos a esa edad. El sujeto comienza a realizar una revisión de su vida, de lo hecho y de lo no hecho, instaurando lentamente la depresión al ver su pobreza interior.

D. Depresión Neurótica

Aparece, como su nombre indica, en sujetos de estructura neurótica; éstos conservan el juicio de realidad y conciencia de enfermedad.

Existe un desencadenante que genera la depresión, pudiendo ser una pérdida o alguna experiencia difícil. El sujeto manifiesta que su depresión se debe a la experiencia sufrida, pero en realidad la misma no tiene mucho que ver, sólo es una pérdida que inconscientemente se conecta con otras pérdidas que él ha tenido a lo largo de su historia y que no recuerda. Generalmente se relacionan con la pérdida de amor del padre/madre, sentimientos de abandono infantiles, de rechazo, etc.

Junto con su depresión, manifiesta síntomas como amenazas de suicidio, quejas continuas, acusaciones de su mala suerte, falta de responsabilidad de lo que le sucede.

El sujeto no comprende que no es responsable por lo que le «metieron» en la cabeza, pero sí es responsable de lo que hace con lo que tiene. Mediante gráfico queda así:

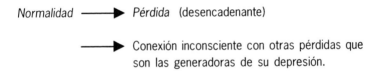

Normalidad ⟶ *Pérdida* (desencadenante)

⟶ Conexión inconsciente con otras pérdidas que son las generadoras de su depresión.

E. Depresión por agotamiento

Es la depresión que sufren algunos del mundo ejecutivo y algunos adolescentes. Por un lado se da en sujetos altamente competitivos y sumamente presionados por constantes autoexigencias que los llevan al agotamiento psíquico y físico.

Los adolescentes sufren esta depresión cuando se juntan varios estímulos persistentes y reiterados que hacen quedar al sujeto agotado y los continuos reproches y peleas familiares, la tensión laboral, etc. Por otro lado la sociedad competitiva en la que estamos viviendo, el trabajo excesivo, el estrés, generan lentamente un cansancio psíquico y que además el cuerpo va incorporando.

Se ha llamado a esta depresión por agotamiento, depresión por estrés, y por qué no llamarla «depresión pastoral», ya que la preocupación por la iglesia, el sinnúmero de reuniones, las constantes tensiones «pastorales» y la oculta omnipotencia llegan a tener un ritmo vertiginoso que ha llevado a la ruina a cientos de pastores.

F. **Depresión sintomática**

Esta se presenta en el sujeto durante el transcurso de otras enfermedades, como consecuencia de efectos tóxicos, infecciones, alteraciones hemodinámicas. Es decir, cómo el sujeto «siente» y «vive» su enfermedad y el efecto que tal enfermedad tiene en este. La depresión suele aumentar a medida que el mal físico avanza, o el paciente cree que avanza.

G. **Depresión maniacodepresiva**

Ver capítulo 5

H. **Depresión Hamartógena**

Esta depresión es el resultado del pecado; es el Espíritu Santo quien se encarga de marcarnos nuestros errores y culpas con el fin de poder restablecer la comunión interrumpida. Al violar las leyes de Dios sentimos tristeza y angustia. En la pastoral debemos evaluar la posibilidad de que exista detrás de la depresión alguna causa pecaminosa; en ocasiones esta tarea es fácil, pero a veces no, de ahí el cuidado que se debe tener al diagnosticarla, ya que señalar pecado donde no existe es, en la misma medida, no señalar el pecado donde sí existe.

5. TRES EJEMPLOS BÍBLICOS

El primer ejemplo que podemos analizar es el referido a una depresión reactiva, esta se ve claramente en la vida de Job.

a) *Job: Depresión reactiva*

Dice la Biblia que Job era un hombre de una moral irreprensible, que vivía de acuerdo con las normas de Dios, reverente y comprometido con la ética divina (v. 1).

El libro comienza abruptamente marcando las múltiples pérdidas que Job padece, y que señalamos:

1. Sus Posesiones Materiales (1:14-17)
–Los Sabeos le roban 500 bueyes, 500 asnas y asesinan a sus criadas (vv. 14, 15).
–El fuego de Dios que mata a los pastores y a las 7.000 ovejas (v. 16).
–Los Caldeos asesinan a los criados y le roban 3.000 camellos (v. 17).

2. Sus Hijos (1:18, 19)
–El viento del desierto mata fríamente a los 10 hijos de Job (v. 19).
–La aflicción y angustia comienza a aparecer, rasga su manto, rasura su cabeza y humillado se postra adorando a su Dios.
3. Su Salud (2:1-8)
–Aparece una sarna maligna en todo su cuerpo (v. 7)
Las características físicas de esta enfermedad eran: cutánea y total (2:7), escozores (2:8), desfiguración corporal (2:12), gusanos (7:5), costras (7:5), llagas e hinchazón en la piel (7:5), respiración dificultosa (9:18; 19:17), dolor y ennegrecimiento de la piel (30:30).
Esta terrible enfermedad es sufrida por Job durante ese tiempo, tirado en un basural, a las afueras de la ciudad.
Las características psicológicas-espirituales eran: anorexia (3:24), pérdida de peso (19:20), dolor mental-espiritual (30:16-23), quejas constantes (3:4, etc.), pérdida del interés (3:11-19), fantasías de suicidio (3:5, 20-26), pesimismo-angustia (3:1-10), negativismo (3:4, 6), etc.
A pesar del dolor sufrido Job pudo descubrir nuevamente a su Dios, encontrando la victoria al mirar hacia arriba y renovar su vida espiritual-emocional.

b) *Elías: Depresión por Agotamiento*
La vida de Elías es un claro ejemplo de esta depresión. Acab, el rey de Samaria, se encontraba en pleno apogeo de su poder. Elías se presenta ante él y predice una sequía que durará 3 años (1 R. 17:1); pasado el tiempo se presenta ante Acab nuevamente (1 R. 18:1-3) acusando al rey de su idolatría, desafiándole a probar al verdadero Dios (1 R. 18:17-24); los profetas de Baal comienzan con gritos, éxtasis, delirios místicos y actos autohipnóticos, con los que nada lograron (1 R. 18:25-29).
Pongámonos en el lugar del profeta Elías. Comenzaba a vivir toda esta tensión y desgaste que la situación le producía; solamente el hecho de estar observando tanta locura junta hasta las 3 de la tarde, era ya de por sí un estímulo de agotamiento terrible.
Cuando le toca el turno a Elías, asume un rol totalmente opuesto a la actitud ocultista de sus opositores, muestra al verdadero Dios (1 R. 18:30-39), para luego matar a los falsos profetas (1 R. 18:40).
Pero todo no termina ahí, el profeta promete lluvia, lo que le lleva a correr delante de Acab hasta llegar a Jezreel, 25 km de carrera (1 R. 18:42-46). Al enterarse Jezabel, lo busca para matarlo; entonces Elías decide

escapar para salvar su vida, va a Beerseba y luego de un día de camino (1 R. 19:1-4) se deprime producto de todo lo vivido.

En cuanto a la sintomatología, vemos que «desea morirse» (v. 4); aparece la fantasía de suicidio; pero ¿por qué entonces se sienta debajo de un enebro? ¿No era más fácil estar al descubierto, al descampado para morir? Vemos por un lado el deseo de morir, pero vemos también cómo inconscientemente Elías está pidiendo auxilio, desea vivir. Al igual que mucha gente dando señales, buscan suicidarse en los lugares públicos, otros comentando a mucha gente que desean quitarse la vida; son señales que expresan la necesidad de ayuda.

Junto con esta fantasía de suicidio, Elías comienza a autolamentarse «no soy mejor que mis padres».

Dios entonces le asiste «pastoralmente», mostrándonos algunos principios válidos a tener en cuenta con el depresivo.

Dios le señala la necesidad de

1. *Alimento* (vv. 5, 6). El cansancio y la tensión sufrida, llevaron a Elías a la anorexia y a la pérdida de peso, los cuales a su vez debilitan más acrecentado el cansancio, formándose un círculo vicioso necesario de romper.

2. *Sueño y alimento* (v. 5). El descanso era necesario para el profeta, que sumado al alimento refuerza sus fuerzas. Todavía Dios no dice ni pide nada, hasta no ver a su profeta recuperado totalmente.

3. *Catarsis Emocional* (vv. 8-14). Dios mantiene un diálogo interesante en el cual Elías puede expresar su dolor y sentimientos. Dios le señala que aún hay 7.000 fieles y que el poder y la presencia de Dios estaba más fuerte que nunca.

4. *Sentido de Vida* (vv. 15-17). Le da una misión para cumplir y le explica cómo; el depresivo tiene planes pero se frustra al realizarlos; es Dios quien le explica cómo y pone un nuevo sentido a su vida. La actividad medida, sencilla y profunda provoca cambios en el aparato anímico del sujeto.

5. *Promesa de su presencia* (vv. 15-17). Dios está con el profeta, se lo remarca; Él sigue controlando toda la situación.

c) *David: Depresión Hamartógena*

El representante más claro de esta depresión es el rey David. Es la depresión ocasionada específicamente por el pecado. El texto bíblico no ha silenciado este triste episodio. David manda que el arca de la alianza fuera con el ejército (2 S. 11:11); el ejército salió contra Rabá para someterla, mientras tanto David se queda en su palacio y así toda esta historia va a comenzar con el ocio. Al levantarse de su siesta, David sale a tomar aire fresco y pasear por su terraza, viendo a una mujer bañándose. David manda a averiguar quién era ella; se trataba de Betsabé, esposa de un hitita llamado Urías que pertenecía al número de sus soldados valientes (23:29). David, guiado por sus impulsos, manda llamar a Betsabé y realiza su segundo pecado: el adulterio (11:1-5). Al pasar el tiempo descubre que Betsabé está esperando un hijo de él, entonces piensa y manda llamar a Urías para hacerlo pasar una noche con su esposa y así hacerle creer que el hijo que su esposa espera es de él. Con esa ceguera, llega al punto de no reconocer a su hijo y asumir la responsabilidad del mismo.

Pero no sale como David lo planeó. Urías, como buen soldado que es, desea quedarse con su ejército en espíritu de pelea (11:8-11). David lo embriaga pero tampoco así consigue ningún resultado; por tanto, David decide su último plan: el asesinato. Escribe su carta de muerte (11:15-25), enviándolo a pelear en primera fila contra los enemigos. Urías muere y Betsabé llora siete días a su esposo. David está tranquilo, y su conciencia está calmada frente a todo lo que ha hecho. Así pasa alrededor de un año.

Entonces Dios toma la iniciativa y le envía al profeta Natán que mediante una parábola (2 S. 12:1-25) le muestra simbólicamente lo que David ha hecho. Natán, hábil profeta, lleva gradualmente a David a que se reconozca pecador, para que pudiese expresar «pequé contra Jehová» (v. 13).

Entonces David consciente de lo que ha hecho, escribe el Salmo 51 y el 32 donde podemos observar toda la sintomatología depresiva; vemos que siente que su pecado ha sido como una rebelión-maldad-pecado (vv. 1-3), que su pecado es como una «cuenta» que debe ser borrada, como una «marca» que debe ser limpiada y como una «mancha» que debe ser lavada. Su sintomatología es ésta:

–Sentimientos de culpa (vv. 1-3 y Sal. 32:1, 2)
–Conciencia herida (v. 4)
–Ideas negativas (en este caso reales v. 5)
–Sentimientos de tristeza (v. 8)
–Retardo psicomotor (v. 8)

–Abatimiento, cansancio (vv. 14, 15)
–Angustia (vv. 9-12)
–Alteraciones físicas (Sal. 32:3, 4)
–Etc.

Todos estos sentimientos están entremezclados en cada pasaje, es solamente a través de la *confesión* sincera total que David puede recuperar su salud, borrar su pecado y escribir el Salmo 32 como un canto de victoria al comprobar que el perdón de Dios es siempre más grande que el pecado.

6. CONSIDERACIONES GENERALES PARA LA ENTREVISTA PASTORAL

Antes de mencionar las pautas a tener en cuenta, podríamos nombrar los 5 «NO» en la pastoral al depresivo.

1) *No compadecerse*
El estado de angustia y depresión es muchas veces muy movilizante, siendo fácil caer en el rol paternalista y sobreprotector en la pastoral. Muchos depresivos buscan esta actitud de su consejero; la palmada constante, el mimo, etc. Muchos utilizan su depresión como excusa para no asumir sus responsabilidades. El acompañamiento pastoral debe apuntar a fortalecer la personalidad del sujeto ayudándole a comprenderse mejor.

2) *No alentarlo con palabras*
La pastoral no debe ser «palabras de aliento» como muchas orientaciones que no son más que palabras vacías. Las frases como «vamos, ¡arriba el ánimo!», «lo que tienes no es nada en comparación con lo que yo tuve», etc., lo único que ocasionan en el sujeto es una mayor desesperación (Pr. 25:20).

Estas frases expresan la ignorancia por parte del consejero de lo que significa la pastoral y a la vez el desconocimiento de lo que es la depresión, ya que el depresivo es el primero que quiere salir de su estado. Estas frases son actitudes que el consejero toma solamente para calmar su ansiedad.

3) *No ser frío*
Es común por lo dicho anteriormente tomar la actitud opuesta, asumiendo un rol totalmente rígido y severo, viendo al sujeto como alguien que necesita que sean duro con él. La pastoral es productiva cuando el

consejero logra identificarse con el dolor, cuando comprende que delante suyo tiene un ser humano doliente. La actitud de dureza y frialdad no permitirá al sujeto expresarse y a la vez servirá para acrecentar su depresión, ya que se sentirá juzgado y exigido más de lo que su capacidad le permite.

4) *No ser mágico con lo espiritual*

Muchas veces está la tentación en la pastoral de simplificar todo, y de asumir una actitud mágica pretendiendo que a través de lo espiritual se pueden solucionar todos los conflictos del sujeto. Expresiones como «vamos ahora a orar con fe y Dios te curará ya», «no faltes a las reuniones, allí te sanarás», etc.

A veces se piensa que con la simple lectura de un texto bíblico, éste mágicamente modificará la conflictiva del sujeto. Pudimos observar actitudes como éstas en casi todas las enfermedades, pero mucho más en la depresión. Es obvio que ésta es la que más despierta la ansiedad y la angustia interior al ver al otro sufriente. Hemos visto también a muchos depresivos creer que estas fórmulas mágicas curarían su estado, y creyendo que habían sido curados recaer al pasar el tiempo en un estado depresivo más grave que el anterior; «lógico», supone el depresivo, «esto confirma que hasta Dios me abandonó, no deseando curarme», «ahora sé por qué Dios se alejó de mí, por todos mis pecados y porque ya no valgo delante de Él».

Sorprende ver cómo muchos en una actitud negativa (maníaca) «aconsejan» confiar solamente en Dios dejando toda ayuda profesional o considerándola como «un recurso para los inconversos». Quienes propagan tales actitudes desean llevarnos de nuevo a vivir el oscurantismo medieval y así también a racionalizar sus conflictos interiores.

5) *No buscar pecados por todos lados*

Ya hemos analizado la depresión hamartógena, incluso hemos visto un ejemplo bíblico. Cuando la depresión es ocasionada por un pecado concreto, la pastoral debe apuntar a que el sujeto haga suya la confesión y el perdón de Dios. Esto debe ser algo realizado en forma cuidadosa pues es muy fácil ver pecados donde no los hay. Tampoco esto es nuevo; los amigos de Job habían levantado ya una tesis que explicaba el porqué del sufrimiento del mismo: «sufres, porque has pecado». A veces existe la tentación de culpar a los demonios o a Satanás de la conflictiva del sujeto sin considerar lo que esto puede significar para el mismo si no fuese cierto.

La iglesia puede curar lo que nadie puede curar o puede enfermar lo que nadie puede enfermar...

A. Las actitudes del consejero

En cuanto a las actitudes que el consejero debe tener en cuenta podríamos nombrar las siguientes:

1) Considerar el primer contacto

Los depresivos son personas ultrasensibles, perciben toda actitud de rechazo o falta de interés en forma inmediata. La búsqueda de empatía y *rapport* son necesarios desde el comienzo, ya que si esto no se da, la pastoral no pasará de ser una simple conversación superficial entre dos personas.

2) Considerar la idealización-descalificación

El depresivo, al mejorar y al sentirse escuchado, comienza a idealizar rápidamente a su consejero; con el paso del tiempo y al ver que el mismo no satisface todas sus demandas entra en la fase de descalificación, viéndolo como un super-yo rígido y severo que lo único que hace «es exigirle y juzgarlo».

Cuando el depresivo idealiza coloca al consejero en el lugar del padre idealizado, en el lugar del «ideal del yo». Cuando lo descalifica lo coloca en el lugar del padre odiado, es decir que ve en su consejero las actitudes que él mismo detestaba de su padre, o sea lo ve como un «super-yo severo».

3) Considerar las actitudes hostiles

Todo depresivo es presa de ira reprimida, la cual comienza a expresar lentamente en la pastoral. El consejero debe gradualmente ir señalándola no cayendo en una actitud negativa de la misma. Podemos preguntarle en el momento oportuno por qué cree que es agresivo, qué papel juega la culpa en todo esto, etc.

Llegados a este punto nos gustaría detenernos un momento. Todo consejero debe evaluar el riego tanto hacia el suicidio como hacia el homicidio en el depresivo grave. Debemos ver si la persona posee alguna salida para expresar su agresividad, ya que un depresivo que no expresa su agresividad hacia el exterior corre serios riesgos de suicidio. El odio se convierte en una válvula de seguridad contra el impulso agresivo dirigido contra sí mismo, de ahí que es importante saber que si nosotros somos el blanco de toda su agresividad (u otra persona), el riesgo al suicidio disminuye, hostilidad que expresa negando que es hostilidad. Esto servirá para lentamente ayudar a la persona a expresar correctamente y a elaborar su hostilidad reprimida.

Para esto es necesaria una posición firme y con autoridad en muchos casos.

Otro criterio diagnóstico importante es asegurarnos de si el depresivo puede llorar, ya que en aquellos que permanecen en una actitud de rigidez y amargura el riesgo aumenta. Actitud que nos demuestra que no desean ayuda y que no necesitan a nadie, bastan ellos mismos para revolcarse en su hostilidad y rencor.

4) *Considerar y hacer consciente su desvalorización*

El consejero puede señalar cómo se ha «encarnado» esto en el sujeto, con qué figura desvalorizante se identificó a lo largo de su historia, y se pueden analizar los pertinentes pasajes bíblicos que le ayuden a valorarse objetivamente.

7. EL USO DE LA BIBLIA EN LA PASTORAL

La comprensión es fundamental en la orientación a depresivos. En la temática pastoral debemos hablar poco y hacer preguntas que nos lleven a conocer bien la forma de pensar del sujeto. Por regla general, estos sujetos contestan con monosílabos, o a veces manifiestan dificultades de mantener el hilo de la conversación. Los filtros mentales que el sujeto utiliza constantemente deben ser analizados a la luz de la Biblia en el preciso momento en que el sujeto los manifieste. Pasamos a enumerarlos a continuación:

A. Lo bueno y lo malo

El sujeto pasa todo lo que hace y lo que le sucede por estas dos categorías. Se pregunta constantemente si «debería» o «no debería» realizar tal o cual cosa. Al realizarla se carga de culpa, ya que siente que ha violado alguna norma bíblica (si es creyente) y siente irritación, frustración y culpa. También los «debería» están asociados a constantes exigencias personales; el sujeto piensa que «debería» realizar tal o cual cosa no sólo porque esto es «bueno» o «correcto», sino también porque debería.

B. Todo o nada

El depresivo ve todo en categorías de blanco o negro. Los grises han desaparecido de su vida. Sus actividades pasan por este filtro mental del «sí» o del «no», de hacer todo o de no hacer nada.

C. Generalización excesiva

Un error es tomado como un fracaso eterno, llevando esto a todas las áreas. Si el sujeto ha fracasado en su matrimonio se considerará fracasado en todas las áreas de su vida.

D. Fijación a lo negativo

El depresivo toma un hecho negativo, o un error y se revuelca en el mismo una y otra vez sin poder despegarse del mismo. Así toda su realidad se oscurece, como una gota de tinta que oscurece toda la jarra con agua.

E. Centralización

Se ve a sí mismo como el centro de todo lo que sucede; especialmente se siente responsable de todo lo negativo.

El error de otra persona lo lleva a activar los suyos y el dolor de otro lo lleva a contar su dolor. Hay que tener en cuenta que al depresivo le gusta ser el centro de atención de su familia y que todos giren alrededor de él, y si es creyente llevará esta actitud a los hermanos de la iglesia.

F. Pensamiento catastrófico

El depresivo piensa en el futuro, viéndolo totalmente como el presente: catastrófico, así se condiciona, sacando conclusiones apresuradas y negativas sin que existan hechos definidos que fundamenten su conclusión. Esta actitud está ligada a la constante exageración de las cosas que le suceden.

Estas son las actitudes mentales más frecuentes en los depresivos, las cuales podemos analizar a la luz de la Biblia. Mostrarle cómo nuestros pensamientos son muchas veces mentiras de nuestra mente y cómo todo esto genera sentimientos acorde a lo que pensamos. Cómo interpretamos la realidad y bajo qué lentes lo hacemos puede ser un tema a desarrollar, analizando juntos, cómo los hombres de Dios interpretaron su propia realidad.

Cómo es Dios y de qué manera actúa son pasos importantes para ir analizando, ya que el depresivo posee muchos fantasmas sobre Dios que le llevan a distorsionar la vida espiritual.

El perdón, la culpa, el pecado y la ira son temas que al ser conversados deben ser vistos a la luz de la Palabra. De más está decir que estos estudios pueden ser una simple referencia de algún texto en particular y no grandes exposiciones teológicas y doctrinales.

La marcación debe ser «hombro a hombro» y el apoyo dado por el consejero debe ser total. Una buena ayuda es presentarle al sujeto alguien que pueda acompañarlo y discipularlo, siendo de ayuda espiritual y contención emocional.

Capítulo **11**

EL
SUICIDIO

1. INTRODUCCIÓN GENERAL

La palabra suicidio viene del latín y está compuesta por *sui*, sí mismo y *cidium*, muerte, del verbo *coedere*, ceder, matar. Etimológicamente significa «darse muerte a sí mismo». En la literatura fue introducido el término por el abate Des Fontaines, en 1737.

El suicidio ocupa el cuarto lugar de mortandad en el mundo, siendo realmente algo que debe preocuparnos como consejeros.

Según la O.M.S. (Organización Mundial de la Salud), existen en el mundo 9.000 intentos diarios de suicidio, de los cuales el 20% aproximadamente se realiza con éxito.

El suicidio nace con el mismo origen del hombre, cuando éste descubre que además de matar a los animales puede darse a sí mismo la muerte.

El suicidio es considerado hoy como un tema inquietante, ya que su misma presencia es generadora de angustias y rechazos, seguramente por conectarnos con nuestra propia finitud, con lo inexplicable, con la muerte.

Ya desde la misma antigüedad, se declaró al suicidio como un acto inspirado por la posesión diabólica. A los familiares de los suicidas se los rechazaba, considerándolos personas no gratas.

El suicidio ha sido tema de muchas interpretaciones, desde el Corán mismo, con su directa condena, hasta los filósofos de Grecia y Roma que lo recomendaban como la salida regia al sufrimiento, pasando por San Agustín, que lo veía como un crimen digno de condena.

En el año 542, en el concilio de Gales, se lo declaró como un acto inspirado por posesión diabólica y, a partir de allí a los familiares de los suicidas se los rechazaba y se les confiscaban los bienes enterrando al difunto en los caminos como actitud de repugnancia. El concilio de Brage, en el 563, negó los ritos religiosos a los suicidas, y a los que lo intentaban se los excluía de la comunión de la Iglesia.

En el siglo XIII, Tomás de Aquino se refirió al suicidio como algo despreciable a los ojos de Dios, cuando indicó que el mandamiento «No matarás» se refería no sólo al homicidio sino también al suicidio.

En el siglo XIX aparece el enfoque psiquiátrico relacionando el suicidio con la alienación. Después, en el siglo XX, el suicidio pasa a ser un tema de investigación para psiquiatras y psicoanalistas, cuyas explicaciones relacionan el suicidio con la estructura familiar y psicológica de la propia persona.

El suicidio levanta muchos interrogantes, tanto de tipo filosófico como teológico, y despierta y moviliza los sentimientos más profundos del hombre, de ahí que aún en el día de hoy el tema siga siendo tabú.

Como consejeros de Jesucristo no podemos escapar a esta realidad presente y la misma condición humana actual nos obliga a capacitarnos para saber cómo abordar estos casos desde una perspectiva bíblica y profesional.

Seguimos creyendo que la fe en Cristo es el comienzo para una vida con sentido y que las herramientas que la Palabra ofrece, son la esperanza más real que existe en este mundo para el ser humano.

El famoso psicólogo William James, presa de constantes depresiones e ideas de suicidio, creía que la fe religiosa era la defensa más poderosa contra éstas.

Es importante que manejemos algunos conceptos muy importantes.

El suicidio no debe ser confundido con el intento suicida.

El Acto suicida: se refiere al acto fatal.

El Intento suicida: se refiere a cualquier intención autodestructiva, y con esto aludimos al impulso que ciertos sujetos tienen a correr riesgos, desafiar el destino, buscar peligros, etc.

El acto suicida puede ser:
  Consumado —se produce la muerte
  Frustrado —se frustra tal acto

El intento suicida puede ser:
  Directo —actos violentos, por ejemplo.
  Indirecto —actos con los cuales desafía a la muerte (son actos que generalmente se realizan inconscientemente, como por ejemplo, constantes accidentes, equivocaciones fatales, etc.

Scheneidman hace una clasificación de acuerdo con la orientación hacia la muerte, distinguiendo cuatro categorías suicidas:

1. «Los buscadores de la muerte»: aquellos que desean morir.
2. «Los iniciadores de la muerte»: aquellos que matándose anticipan la muerte natural, sabiendo que ésta les ocurrirá pronto.
3. «Los que ignoran la muerte»: aquellos que no creen que la terminación física sea el fin de su existencia
4. «Los desafiantes de la muerte»: aquellos que arriesgan la vida.

2. FACTORES DESENCADENANTES DEL SUICIDIO

Anteriormente dijimos que el suicidio existe desde la misma antigüedad sin importar los aspecto sociales, culturales y religiosos. Pero lo que sí varía son los factores que lo desencadenan, los motivos, los medios y las significaciones que suscita.

Hay básicamente tres tipos de desencadenantes:

A. Sociales – B. Psicológicos – C. Espirituales

Analicemos cada uno de ellos:

A. Sociales

El sociólogo E. Durkeim escribe y desarrolla de un modo científico los factores sociales más importantes en el suicidio. En su monografía (1897) describe tres tipos de suicidas: el egoísta, el altruista y el anómico. De los tantos *factores* que podríamos considerar, citamos los más importantes tanto por su frecuencia como también por ser los más arraigados en nuestra sociedad.

–Crisis de valores éticos y morales
–Crisis y vaciamiento de la religión
–Aislamiento y soledad
–Consumismo y competencia
–Hedonismo constante
–Agresividad del sistema
–Crisis económica (trabajo, vivienda, etc.)
–Etc.

A pesar de que el suicidio es un fenómeno psicológico, entre los factores que influyen sobre él están los factores sociales. Éstos inciden ampliamente sobre el ser humano; pero creemos que ninguno de los anteriormente citados justifica en ningún sujeto, el acto suicida.

Como consejeros debemos saber cuáles son los desencadenantes más frecuentes.

B. Psicológicos

En 1910 se realizó en Viena un Simposio sobre el suicidio en los escolares, se destacaron allí los siguientes conceptos:

«Nadie se mata sin que su muerte sea deseada por otra persona»
«Nadie se mata excepto aquel que también quiere matar a otros»
«Aquel que se mata es aquel que ha abandonado la esperanza de ser amado por otro»

Un conocido psicoanalista llamado O. Fenichel, en su libro *Teoría psicoanalítica de las neurosis*, dice que las causas más frecuentes del suicidio es que la persona es presa de un super-yo (o conciencia moral) sádico y la necesidad de librarse a cualquier precio de una insoportable tensión de culpa.

Analizaremos más esto en profundidad en el punto siete respecto a la etiología. Tengamos en cuenta algunos otros aspectos:

–*Edad:* En los niños, el suicidio se da con poca frecuencia. Los que cometen tal acto son los hiperemotivos y los hiperimpulsivos. Muchos de ellos son niños con profundas alteraciones psicológicas y familias deshechas. En la adolescencia se dan los *intentos suicidas* con más frecuencia que los actos. La crisis que viven los adolescentes, más el flagelo de las drogas, el alcohol y los hogares deshechos, lleva a un aumento cada vez mayor, especialmente en las mujeres.

En la vejez, los cambios de vida tanto a nivel familiar como laboral, son los desencadenantes más fuertes. No nos olvidemos que los ancianos a menudo están tristes, solos y angustiados. Una pobre jubilación, el desprecio de la sociedad por la « clase pasiva», conflictos de vivienda, familiares, etc., hacen que gran parte del sentido de la vida se pierda.

–*Sexo:* Los mayores intentos predominan en las mujeres mientras que el acto en los hombres.

–*Profesión:* Puede ser de cualquier tipo. Las estadísticas nos señalan un aumento en los profesionales, especialmente en los médicos y en los psiquiatras.

–*Herencia:* No existe herencia genética en el suicidio; lo que se hereda es la depresión de tipo endógena, la maniacodepresiva y gran parte de la agresividad como componente sobresaliente de la personalidad.

–*Métodos:* Son variados y de todo tipo, predominando los violentos en los hombres como el ahorcamiento, revólveres, instrumentos cortantes, etc. En las mujeres predominan los no violentos como el envenenamiento, el gas, pastillas, etc.

–*Tiempo:* Predominan los suicidios en primavera y en las fiestas, especialmente en las de Navidad y Año Nuevo. La iglesia debería tener actividades en estas fechas para aquellos que están solos (o no) y contar con hermanos dispuestos a ser de contención a mucha gente que busca el suicidio como escape final.

Los fines de semana son igualmente los días elegidos para realizar el acto suicida, especialmente el domingo al atardecer.

Las vacaciones también son época frecuente para llevar a cabo el acto suicida.

C. Espirituales

Entre los múltiples que podríamos citar, los siguientes nos parecen los más importantes:

–El vacío existencial
–Angustia espiritual
–Culpa real (pecado, teológicamente hablando)
–Soledad
–Miedos
–Rigidez y fundamentalismo cúltico y doctrinal
–Etc.

3. EL SUICIDIO EN LAS DIFERENTES ESTRUCTURAS DE PERSONALIDAD

Casi todos los autores más respetados que tratan el tema, nos dicen que la tasa de suicidios aumenta entre los enfermos mentales.

La alteración más compleja que conocemos es la llamada psicosis; en ésta se da la pérdida de contacto con la realidad y la falta de conciencia de enfermedad, esto hace que se transforme en un trastorno mental grave y difícil.

Dentro del campo de las psicosis, predomina la esquizofrenia.

A. Esquizofrenia

Hay aquí:

–Alucinaciones acústicas de contenido tanático (por ejemplo, escucha voces que le ordenan matarse).
–Delirio mesiánico (creer que es el salvador del mundo, por el cual debe sacrificarse).
–Alucinaciones cenestésicas (cree que puede volar, etc.).
–Vivencia del fin del mundo (todo se acaba, mejor morir).
–Compulsión suicida.

–Ataques depresivos profundos.
–Delirio de sacrificio.
–Delirio místico.
Estas que acabamos de enumerar son las características más importantes que llevan al esquizofrénico al suicidio.
La medicación y pronta hospitalización, deben ser los pasos a seguir frente a un sujeto con algunas de estas características.

B. Toxicomanía/Alcoholismo
Se da con frecuencia el intento suicida, ya que en estos casos predomina el estado depresivo.

C. Paranoia
Se da en situaciones donde el sujeto se desestructura psíquicamente y cae en estado profundo de angustia y depresión, o de celos, con componentes de tremenda agresividad (cf. capítulo de Paranoia).

D. Neurosis
Aquí predominan las «llamadas de auxilio» y el «suicidio chantaje» con el cual el sujeto intenta manejar su entorno. Algunos suicidios se concretan, pero se dan más los intentos y las ideas suicidas.

–*Neurosis Fóbica:* Predominan ideas de muerte, fobias, etc.
–*Neurosis Obsesiva:* Predominan las ideas obsesivas compulsivas y actos autodestructivos leves.
–*Neurosis Histérica:* Predominan los intentos suicidas generalmente como llamadas de atención para que le entreguen afecto o para manipular su entorno. Si se produce el suicidio, es generalmente por equivocación (cf. capítulo de Histeria).

E. Psicopatías
Hay intentos y actos suicidas. El gran montante de agresividad que estos sujetos manejan contra el mundo externo, es volcado muchas veces contra sí mismos (cf. capítulo de Psicopatía).

4. CARACTERÍSTICAS DEL PRESUICIDA

Muchos de los que se suicidan han dado múltiples avisos, otros no.

Es importante poder saber cuándo un sujeto posee una tendencia al suicidio, pero no la verbaliza. Damos aquí algunas señales:

–Deseo de muerte y fantasías autodestructivas.

–Incapacidad de descarga (inhibición de la angustia).

–Angostamiento de la vida psico-socio-espiritual.

–Múltiples accidentes.

–Fantasías de vulnerabilidad y omnipotencia (jugar con la vida, «a mí no me pasará nada», etc.).

–Frases constantes como «la vida no tiene ningún sentido», «ayúdame», «muéstrame algo por la cual vivir», «para mí ya no vale la pena vivir», etc.

–Comportamiento impulsivo.

–Enfermedades graves generadas por el mismo sujeto, como automutilaciones.

–Amenazas de suicidio.

–Introversión acentuada.

Todos estos factores deben ser tenidos muy en cuenta por el consejero, ya que estas características nos hablan de alguien que está buscando el suicidio en una forma lenta y silenciosa.

5. EL SUICIDIO CHANTAJE

Dijimos que todo suicidio debía ser considerado como algo real, y no menospreciarlo, o burlarse.

Existe un tipo de suicidio llamado suicidio chantaje, donde lo que se busca es manipular y extorsionar al grupo familiar más cercano. Éste debe ser tratado de otra manera que el suicidio real.

¿Cómo podemos distinguir un intento suicida real de un suicidio chantaje?

Damos algunas de las características que delatan al intento suicida chantaje. Igualmente no debemos menospreciarlo o tenerlo en menos.

Generalmente las personas dan un aviso de su intento suicida y lo manifiestan así:

–No es espontáneo al verbalizar su idea de suicidio (da la sensación de que responde a un libreto estudiado de memoria).

–Su ritmo al hablar es lento, acompañado a veces con lapsus

–Mira poco y nada a su interlocutor.

–Su manifestación es grupal (lo dice a varias personas).

A veces estas personas (especialmente mujeres de edad avanzada, dominantes y controladoras) se realizan algún tipo de daño físico como para darle más énfasis a su idea de suicidio y que ésta no sea menospreciada.

La finalidad de tal suicidio chantaje, es cambiar algo, sea por ejemplo que la familia actúe en otra forma, o que su hija\o no se independice de ella, que la dejen ser la dueña del territorio familiar, etc.

El motivo de que utilice el suicidio para chantajear a quienes le rodean es debido a que éste es el arma más poderosa para generar culpa; podríamos ejemplificarlo de la siguiente manera:

«Si no haces o me das lo que quiero, tú serás el responsable de este terrible acto que voy a realizar fuera de mi voluntad y con el cual voy a sufrir mucho, pero tú muchísimo más.»

Éste es el mensaje inconsciente. En estos sujetos predomina una estructura de personalidad totalmente neurótica, en su mayoría con rasgos histéricos.

Veamos algunas otras particularidades del suicidio en general.

1) *El pacto Suicida*
Aquí se produce un convenio entre dos personas, de los cuales uno se suicida, y luego el otro, esto realizado por mutuo acuerdo.

2) *Suicidio Grupal*
Más de dos personas se suicidan de mutuo acuerdo, todas bajo una psicosis colectiva, realizando tal acto con alguna finalidad política o religiosa como el conocido caso del «reverendo» Jim Jones.

3. *Suicidio Simulado*
El sujeto trata de hacer parecer su intento suicida como un accidente.

6. Mitos del Suicidio

La ansiedad y angustia que el suicidio despierta en todo ser humano, lleva muchas veces a considerárselo como un tema tabú. De hecho algunas encuestas realizadas a familiares directos de suicidas, demuestra que existe un silencio por parte de toda la familia y una negativa a tratar el tema entre los mismos.

En nuestras iglesias el tema de la muerte debe ser discutido y elaborado sin ningún tipo de interferencias o racionalización. El creyente debe estar preparado tanto para su propia muerte como para la del otro.

En nuestro próximo capítulo analizaremos el tema del duelo tanto desde la perspectiva psicológica como teológica.

Pensando nuevamente en el suicidio, se han levantado una serie de mitos alrededor de él que es necesario que todo consejero conozca y tenga bien claro.

Deseamos clarificar brevemente algunos de los mitos tejidos por creyentes alrededor del suicidio;

A. Un creyente no se suicida

Falso. De hecho la experiencia y la realidad nos muestra todo lo contrario. Necesitamos ver que cuando las crisis aparecen, lo espiritual se debilita en muchos creyentes, recurriendo al suicidio como escape a tal situación.

La posibilidad de que un creyente se suicide existe, no porque Cristo falle, o no tenga poder, sino porque el hombre falla.

B. El suicidio es producto de la posesión diabólica

Falso. Muchos creyentes frente a ciertos síntomas por demás llamativos en algún sujeto, no dudan en diagnosticar rápidamente la posesión de algún demonio.

Muchos sostienen que el síntoma por excelencia que revela la posesión demoníaca son las ideas de suicidio. Creemos por todo lo explicado en este capítulo que esto es falso.

Recientemente nos llegó a la mano una carta, aludiendo a esta interpretación, en la que el demonio teje alrededor de la víctima un campo de energía en la cabeza del sujeto, alentándolo al suicidio.

Éstas, como tantas otras interpretaciones y diagnósticos rápidos y superficiales, lo único que han mostrado la mayoría de las veces es lo profundo de los conflictos psicológicos y espirituales que un creyente puede tener con la posesión. Nos parece, que el ver demonios por todos lados y en todos los casos de suicidio, expresan una negación a admitir que muchas de las veces es el mismo hombre quien traza su destino, recurriendo al suicidio por su *propia decisión y voluntad.*

Creemos en la posesión demoníaca, pero no creemos en modo alguno que cada suicidio sea la acción directa del demonio. El confirmar la hipótesis diagnóstica de posesión debe ser algo realizado con mucho cuidado y no en forma rápida.

C. Todo depresivo termina suicidándose

Falso. No todo depresivo termina en el acto de suicidio. Sí todo depresivo es un suicida en potencia, pero la distancia de esta afirmación a la anterior es grande.

Muchas depresiones especialmente la de tipo endógena son de peligro y merecen un cuidado especial, pero no todo depresivo termina en el suicidio.

D. Las personas que hablan del suicidio no se suicidan

Falso. De hecho muchas personas lo manifiestan verbalmente, pero otras no. Es verdad que en ocasiones responde a algún tipo de chantaje o amenaza, pero muchas veces el suicida manifiesta verbalmente o no su intención de matarse. El 80% de los suicidas según nos dicen las estadísticas han dado indicios claros de que iban a quitarse la vida.

Por eso toda manifestación de suicidio debe ser tomada en forma seria por el consejero, y jamás menospreciarla.

E. La persona que intentó suicidarse, estará siempre con la posibilidad a que lo vuelva a intentar

Falso. La posibilidad de suicidio en sujetos con antecedentes depende de muchos factores.

Hemos conocido a ex suicidas que han resuelto su problemática y están viviendo hoy su vida al máximo.

El sujeto que ha intentado suicidarse en algún momento de su vida, no tiene por qué ser un suicida eterno, ya que si ha resuelto correctamente su problemática, no recurrirá más a esta alternativa.

F. El suicidio se hereda

Falso. No se ha comprobado ningún aspecto hereditario del suicidio. Sí en referencia a la depresión endógena y la cíclica en las que se da este componente hereditario.

Se ha dicho que la tendencia al suicidio aumenta en sujetos con antecedentes de familiares suicidas, pero esto no es exacto.

Caso de darse, es debido a factores psicológicos, sociales, familiares, etc. En una palabra, no se ha comprobado una transmisión hereditaria como causante del suicidio.

G. Un mejoramiento rápido de la persona después del intento suicida o de una depresión profunda significa que el sujeto se ha curado

Falso. Ciertos sujetos con intentos suicidas, manifiestan «de golpe» una tranquilidad y una mejoría, pero ¡cuidado!, ya que esto puede estar indicando que la decisión ya está tomada y decidida. La mejoría rápida es una posible señal de que tenga decidida ya su muerte.

Como consejeros no apuntamos a que el sujeto se «sienta bien» sino a que con el tiempo pueda ir resolviendo toda su conflictiva interna y pueda ir reestructurando su personalidad tanto a nivel espiritual como psicológico.

H. Cierto tipo de personas no se suicidan

Falso. Las estadísticas nos muestran que desde el sujeto más pobre, al más rico, del más joven al más viejo, del más ateo al más religioso pueden suicidarse, la posibilidad está en todo ser humano.

I. Los que se suicidan es porque han perdido la razón

Falso. El acto suicida es en cierto aspecto un acto psicótico, límite, pero no siempre.

Muchos suicidas tienen la motivación y finalidad de *vengarse de alguien,* y encuentran que el suicidio es la actitud más poderosa para lograr tal fin; aquí la razón es la que planea el suicidio.

7. Etiología

Llegamos a un punto importante e interesante, dado que existen muchas teorías sobre la génesis del suicidio. Desarrollamos a continuación una de las más importantes, y que nos es de suma utilidad para la praxis pastoral.

Decimos que el acto suicida corresponde a múltiples factores, interviniendo aspectos psicológicos y espirituales.

Sería importante distinguir tres conceptos:

–El deseo de matarse: corresponde a una agresividad contra sí mismo.

–El deseo de morir: corresponde a un deseo de escapar, de huir de una situación

–El deseo de ser matado: corresponde a sentimientos profundos de culpa.

Freud nos dice que en el suicida existen impulsos agresivos que se dirigen contra sí mismo, contra un objeto internalizado al que anteriormente amaba y ahora odia.

El sujeto percibe una situación del mundo externo que le genera agresión; el sujeto a la vez se encuentra imposibilitado de descargar la agresividad contra el objeto, situación o persona que le provoca. Frente a esta imposibilidad de descarga, la agresividad se dirige contra sí mismo.

Un ejemplo claro de lo dicho está en la historia de aquella muchacha de 16 años que el rey Carlos VIII de Francia hizo traer para pasar junto a ella toda la noche. Al día siguiente, la joven, asqueada por la horrible noche, fue y se suicidó. Este suicidio que la muchacha cometió, significa el «deseo de matar al rey» y su imposibilidad de lograrlo.

Observemos estas viñetas:

En la primera escena, el sujeto mira con dolor a su esposa, ya que ésta es la causante de su sufrimiento. Frente a esto, en el siguiente cuadro, decide quitarse la vida (dirige la agresividad que su mujer le despierta contra sí mismo). En el tercer cuadro, el sujeto se detiene a meditar, dándose cuenta que no es necesario matarse, sino matarla, cosa que lleva a efecto, tal como vemos en la última de las escenas.

Este chiste produce risa, ya que vemos en él claramente la agresividad dirigida contra el objeto que la provoca, en lugar de dirigirla contra sí mismo.

El suicidio se transforma en una salida mágica de resurrección, como recurso frente a la invalidez en la que se encuentra inmerso.

Lo explicado anteriormente, no representa la totalidad de la génesis del suicidio.

Existe otra teoría de igual importancia que explica también la génesis del suicidio, en la que el sujeto al perder un objeto amado, se identifica con éste deseando recuperarlo. Frente a la imposibilidad, viene el suicidio (*perdiéndose* el sujeto en el objeto).

Ángel Garma, en su libro *Sadismo y masoquismo en la conducta humana,* lo bosqueja claramente.

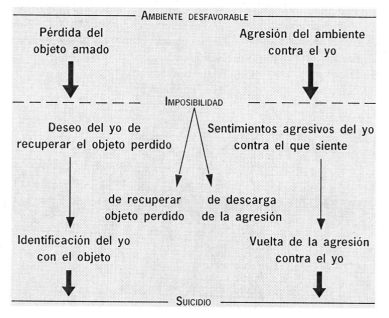

En lo que se refiere a las características de personalidad, estos sujetos tienen en su mayoría una personalidad totalmente rígida proviniendo de un sistema familiar severo y autoritario.

Tanto la pobreza afectiva y las represiones de parte afectiva de su vida son una constante en el vivir de estos sujetos. Su yo es débil y poco estructurado. Existe una intolerancia a la frustración y a la lucha, ya que su yo carece de fuerzas para enfrentar las crisis tanto psicológicas como espirituales.

La culpa internalizada aumenta sus ansiedades paranoides (persecutorias) y actitudes agresivas.

En otros sujetos se pueden observar vivencias tanáticas (de muerte) las cuales conducen, la mayoría de las veces, a tener conductas inapropiadas frente a ciertas situaciones.

En cuanto a la familia, vemos que pueden haber existido constantes castigos físicos y verbales. También dificultades de tipo social (injusticias, engaños, etc.). Todo esto aumenta la agresividad y la culpa, sintiendo en su interior el ser merecedor de tales castigos. Podríamos expresarlo con la frase «Debo ser malo por lo que siento, merezco ser castigado»; que es el razonamiento consciente o inconsciente.

Los niños que están carentes de amor, que son rechazados, que son víctimas de la agresión parental de los límites o la disciplina patológica, han estructurado un yo débil que no les permitirá enfrentar con valentía la vida.

Muchos niños cargan hoy con los miedos y conflictos que su núcleo familiar tuvo, como por ejemplo el creer que la vida es solamente un *deber* que hay que cumplir al pie de la letra, o que la vida es peligrosa y difícil.

Algunos autores sostienen que el suicidio es provocado por la falta de amor o un hogar deshecho, pero no todo el que no tuvo suficiente amor recurrirá al suicidio como única alternativa.

Como consejeros cuando nos enfrentamos a un sujeto con tendencia suicida, debemos tener en cuenta los múltiples factores de personalidad; psicológicos, espirituales y sociales.

M. Abadi señala en el libro *La fascinación de la muerte* seis características centrales del suicidio:

1. Es una actuación psicótica.

2. Es la resultante de ciertos mecanismos de defensa del yo frente a determinados peligros.

3. Supone la existencia de ansiedades persecutorias en la persona.
4. El acto suicida tiene un valor mágico, una muerte que asegure su supervivencia.
5. Supone una regresión a la posición esquizo-paranoide.
6. Hay una exacerbación de los mecanismos masoquistas.

Hemos tratado de ser lo más sencillos en la explicación de la génesis del suicidio.

Otro aspecto dentro de la etiología a tener en cuenta es la significación de la muerte para el suicida. Según Bromberg y Schilder la muerte puede tener los siguientes significados:

1. Huida de una situación intolerable
2. Método para forzar a otros a dar más amor
3. Equivalente a la unión sexual en el coito
4. Búsqueda de mayor perfección narcisista
5. Satisfacción a las tendencias masoquistas (autocastigo)

Por otro lado Granel y Yampey, en su artículo *Carácter depresivo, accidentes y suicidios*, enumeran una serie de fantasías inconscientes que aparecen como deseos ante la muerte:

1. Un deseo de evasión, de escapar, de dormir
2. Un deseo de renacer, de comenzar una nueva vida
3. Un deseo de venganza, de control hostil
4. Un deseo de aniquilación, desintegración
5. Un deseo de castigo, de sacrificio expiatorio
6. Un deseo de reconquista, de honor, de prestigio
7. Un deseo de reunión erótica con un objeto amado
8. Un deseo de liberación, de paz, de nirvana, de dicha
9. Un deseo de conmover a otros

8. EJEMPLOS BÍBLICOS

La Palabra nos muestra seis ejemplos de suicidas, cada uno de los cuales analizaremos brevemente.

A. Antiguo Testamento
Vemos 5 casos, que se encuentran todos en un contexto de guerra.

1) *Abimelec* (Jueces 9:54)
Según el texto, Abimelec se acerca para prender fuego a la torre. Desde arriba una mujer lanza sobre su cabeza la piedra superior de un molino (Dt. 24:6) y le fractura el cráneo (2 S. 11:21) y para evitar la vergüenza de morir en manos de una mujer, le pide a su escudero que lo mate.
En esta situación de guerra, predomina el espíritu combativo, frente a la alternativa de la deshonra.

2) *Saúl y su escudero* (1 Samuel 31:4-51)
Los enemigos filisteos lo hieren en la cadera y frente al temor de las burlas que le vendrían si cayese vivo en manos de su enemigo, le pide al escudero que lo mate, ya que no quiere ser él mismo quien se dé muerte.
La vida y la muerte de Saúl fueron idénticas, ambas una ruina, su peor espada fue él mismo.
David, más tarde, llevará los huesos de Saúl al sepulcro de su padre Quis (2 S. 21:12-14) terminando Saúl su vida donde la había comenzado: en Yabes de Gallad.

3) *Ahitofel* (2 Samuel 17:23)
Nuevamente en contexto de guerra. Allí Ahitofel, frente a una situación perdida, se ahorca. Lo hace en un momento límite y de desesperación.

4) *Zimri* (1 Reyes 16:18)
En otro contexto de guerra, al ver el golpe de estado, las tropas proclaman rey a Omri, yendo hacia la capital. Zimri puso fuego al palacio y se suicidó quemándose en él.

5) *Sansón* (Jueces 16:30)
Sansón, luego de ser el objeto de diversión de sus enemigos, fue colocado entre las columnas, y pidiendo a su Dios por fuerzas decide morir él junto con sus enemigos los filisteos, causando más muertos al morir que los que había matado en vida.

B. Nuevo Testamento

Solamente tenemos un caso, que es por demás ilustrativo.

1) *Judas* (Mateo 27:5)

Llamado el *traidor*, el ladrón. Al vender a Jesús y ver lo que el Sanedrín con su odio iba a hacer, se arrepiente y entrega el dinero al templo; pero al *ser precio de sangre*, no se puede utilizar para el culto y compran un terreno para los forasteros que muriesen en Jerusalén (Hch. 1:19). Judas, preso de su angustia y culpa por vender a Jesús, decide quitarse la vida a través de la horca.

9. Los tres estadios del Suicidio

Dice un autor que existen tres fases por las que atraviesa casi todo suicida:

A. Consideración de la posibilidad

La idea del suicidio aparece como una alternativa, como un escape; generalmente como una idea fugaz que viene a la mente en varias ocasiones.

B. Ambivalencia

Aquí ya se piensa en los pros y en los contras de tal idea; busca ayuda y contención; la posibilidad de suicidio se acentúa enormemente.

C. Decisión

Aquí ya prepara el cómo, se siente *tranquilo y sereno,* ya que ha tomado la decisión.

El suicida no quiere matarse, lo que desea es matar la situación que lo aqueja; al no poder hacerlo decide matarse, es el medio por el cual *cambia de vida.*

En otras oportunidades no es matar una situación, sino a una persona; aquí el suicidio es realizado como venganza para generar culpa y dolor.

El Dr. Pichón Riviere, conocedor de la problemática suicida, le hacía la siguiente pregunta a un sujeto que tenía la intención de suicidarse: «¿A quién quiere matar usted?», mostrando a través de esta pregunta las verdaderas intenciones del sujeto de querer matar una situación que lo aquejaba.

10. Consideraciones Generales para la Entrevista Pastoral

A. Cuidado con la ansiedad

Orientar a sujetos que han tenido intentos o ideas de suicidio y lo verbalizan, generan y movilizan ansiedades y miedos en el consejero que no está capacitado para aconsejar en tales situaciones.

Si orientamos al sujeto con miedo y ansiedad, pensando por ejemplo: «a ver si meto la pata y ...», no podremos manejarnos objetivamente, lo cual es requisito indispensable para trabajar con estos sujetos.

La ansiedad nos lleva a actuar en forma rápida y acelerada, por miedo a que el sujeto se quite la vida. Esto muchas veces nos hace pensar; «debo actuar rápido y ayudar a que no se mate, tratando de quitar todo pensamiento suicida». Entonces, muchos consejeros caen en las típicas frases tales como: «¡no pienses en eso!», «la vida es hermosa», y otras tantas que, más que ayudar al otro, las repetimos para tratar de calmarnos a nosotros mismos. Estas y otras expresiones similares no tienen ningún valor terapéutico; lo único que hacen es entorpecer el diálogo y la tarea pastoral.

El consejero debe tener claro y elaborado su propia muerte, ya que de lo contrario el tema despierta una ansiedad difícil de controlar.

El elemento indispensable es entonces la tranquilidad al tocar este tema con el sujeto; esta tranquilidad no quiere decir superficialidad o no considerar el suicidio como grave.

Es importante saber que la vida de esta persona no está bajo nuestra responsabilidad.

El excelente libro de Paul Pretzel *Understanding and counseling the suicidal person* (Entendiendo y aconsejando a la persona suicida), sostiene que los conflictos que pueden surgir en el consejero que desea ayudar a los suicidas son:

1. Ansiedad incontrolable
2. Agresividad frente a las amenazas de suicidio por parte del aconsejado
3. Negación de los intentos suicidas del sujeto
4. Miedo que inmoviliza, por sentir que la vida de la persona depende de nosotros.
5. Racionalización y descalificación de lo que la persona plantea

B. Tener una actitud exploratoria

Con esto estamos pensando en que antes de hablar y asesorar o aconsejar, debemos saber escuchar y preguntar. Es muy difícil escuchar su desesperanza sin intentar taparla maniacamente con consejos, versículos, etc.

Dejar que se exprese es fundamental; los familiares de los suicidas no hablan del tema con él. La gente se asusta; entonces, ¿con quién o a quién va a expresarle sus ideas y temores?

El suicida necesita hablar y expresarse, necesitamos buscar esto con tacto.

El decirle frases como las citadas anteriormente, o hablar nosotros constantemente, entorpece la labor, logrando que el sujeto se encierre en sí mismo.

El tema del suicidio no debe ser un tema tabú en el aconsejamiento. Supongamos que estamos asistiendo pastoralmente a un sujeto que tiene ideas suicidas, podemos indagar a través de diversas preguntas.

–¿Ha pensado en el suicidio?

Puede contestar de cuatro formas:

a) Sí
b) No
c) Evasión
d) Silencio

Las últimas dos debe considerarse como un sí, y ante la segunda respuesta considerar si no es una mentira. Si nuestro aconsejado nos hace prometer que no digamos nada, debemos asegurarle que estamos para ayudarle, que le amamos y que jamás haríamos nada para perjudicarle y dañarle (si prometemos que no diremos nada corremos un riesgo que no debemos asumir, además del error estratégico-pastoral).

Si contesta *no*, podemos preguntar:
–¿Por qué? ¿Por qué quiere vivir?

Éstos son ejemplos de interrogantes que ayudan a que el sujeto se exprese y a la vez nos ayudan a conocer lo que éste piensa.

Si el sujeto contesta con evasión (cambiando de tema por ejemplo) o con silencio, podemos continuar de la siguiente manera:

–No es malo expresar lo que sentimos.

–Cuando escondemos lo que sentimos se nos hace más difícil poder resolverlo...

–¿En qué piensas...?

Si el sujeto contesta *sí*, podemos hacer estas preguntas:

–¿Por qué?

–¿Cómo?

Aquí tenemos las dos preguntas más importantes que deben ser realizadas con firmeza y calma por parte del consejero; con la primera vemos el desencadenante, la situación que quiere matar, y podemos tener identificado claramente el problema. Entonces podemos ver:
a) Qué le molesta específicamente.
b) Qué ha hecho para tratar de cambiar la situación.
c) Por cuánto tiempo se ha sentido de esta manera.

Al ir obteniendo estos datos (aquí las preguntas exploratorias son muy importantes), se los vamos devolviendo a través de la técnica de *espejo*, esto es, repetir con otras palabras lo que él nos va diciendo, por ejemplo: «es decir que tu problema es éste y éste; tú te sientes así por esto», etc.

Con la devolución en espejo aumenta el *rapport* y hacemos que el sujeto se exprese con libertad total sin miedo ya que descubre que está siendo comprendido.

En la segunda pregunta del cómo, vemos:
a) Si hubo antecedentes de conductas suicidas.
b) El *plan* de suicidio (cómo ha pensado hacerlo, etc.).
c) Evaluamos el riesgo (al decirnos el sujeto el método, vemos los riesgos, el estadio en el que se encuentra, etc.).

A partir de aquí nos proponemos un plan de trabajo. Si el sujeto no ha decidido en forma imperativa quitarse la vida, nuestro abordaje será más profundo y exploratorio, como por ejemplo sus intentos anteriores de suicidio (si los hubo) características de su familia, etc.

Si el sujeto ha decidido que se va a matar ya (tercer estadio) el plan a seguir ha de ser urgente. Si lo hará con un revólver, debemos averiguar si lo tiene, dónde, y si está cargado. Acompañarlo para que saque las balas, o nos deje el revólver, etc. Si es con pastillas, que al llegar a su casa las tire en el baño. Nuestro objetivo entonces es que con cuidado desactivemos los riesgos para entonces pedirle que se comprometa con la pastoral mostrándole que hay varias alternativas posibles.

Como consejeros debemos tener claramente establecido en cuál de los tres estadios se encuentra el sujeto.

Luego del *rapport* establecido, hablaremos claramente y con frases *positivas*, como por ejemplo:

«Hiciste bien en decírmelo», «existe una solución posible», «aún hay esperanza, busquémosla juntos esta vez».

Así hablamos con tranquilidad y profunda autoridad, mostrando que si puede soportar este tiempo de prueba, la pena pasará, confortándolo con que el suicidio es una solución irreversible a un problema temporal, teniendo en cuenta que otras personas también comparten su problema.

C. Tener una pastoral «hombro a hombro»

La tarea pastoral en casos de suicidas, exige un servicio sin pausas ni descuidos, especialmente frente a la tensión y ansiedad que estos casos despiertan en el consejero.

Debemos evitar todo lo que pueda implicar frustración para el sujeto, especialmente en relación con los días y horarios de encuentros, ya que éstos son interpretados por el sujeto como nuevas frustraciones y abandonos difíciles de tolerar.

Cuando estos sujetos descubren que la tarea pastoral es «hombro a hombro», alivia su ansiedad y brinda un canal para el diálogo fecundo. Recordemos que junto con la pastoral damos por sentado que el aconsejado se encuentra bajo tratamiento psiquiátrico.

11. El uso de la Biblia en la Pastoral

Suponiendo que el sujeto a quien orientamos tiene ideas de suicidio, intentos pasados, etc. (recuerde que damos por sentado que el tal está en tratamiento psicológico paralelamente), podemos elaborar una serie de estudios apuntando a estructurar su yo, dando elementos espirituales, recursos con los cuales él pueda contar en sus momentos de crisis.

El fortalecimiento de su autoestima es el primer paso que debemos lograr.

Los casos extremos por los que atravesó el apóstol Pablo y otros, pueden darnos elementos y recursos espirituales. La tarea pastoral toma aquí el camino de ayudar al sujeto a trazar y elaborar un *proyecto de vida*. Así debemos descubrir sus capacidades, y estimular sus motivaciones e intereses en función de este proyecto.

Las tareas sencillas y breves ayudarán al sujeto a salir de su pasividad; además, el cumplimiento de las mismas, le proporcionarán gratificación a su yo, al tiempo que le permitirán asumir gradualmente su responsabilidad.

El sujeto no debe estar aislado; como consejeros debemos arrimarlo hacia algún hermano que le acompañe con afecto y amistad, que le ayude a mantenerlo alejado de toda actitud que pueda resultar autodestructiva (como por ejemplo, anorexia, automutilaciones, exigencias inalcanzables, etc.).

Este hermano paulatinamente acompañará al sujeto a ampliar su mundo psicosocial, a la vez será un acompañante espiritual que pueda ser un modelo de identificación para el sujeto.

Darle una familia; esto puede ser posible a través de la vida de iglesia, ya que creemos firmemente en que la misma puede ser una comunidad terapéutica y sanadora.

La pastoral no termina en una entrevista; en estos casos debemos seguir de cerca al sujeto junto con sus adelantos.

Mantener en constante oración al sujeto y a la familia hará que los resultados finales estén en manos del Señor.

La función pastoral no es hacer psicoterapia, sino otorgar recursos bíblicos que enseñen cómo vivir.

Carlos, un hermano de mi iglesia que vivió variadas experiencias críticas, al aceptar a Cristo como su Señor volcó sobre el papel (con la ayuda de su esposa) la manera en que él sentía cómo Dios le veía; y poniendo de protagonista a Dios expresa lo siguiente:

Amado Hijo:

Tú, que eres un ser humano, eres mi milagro. Eres fuerte, capaz, inteligente, lleno de dones y talentos, a tal punto, que puedes contarlos y entusiasmarte con ellos.

Reconócete. Encuéntrate. Acéptate. Anímate y piensa que desde este mismo instante puedes cambiar tu vida para bien, si te lo propones y te llenas de entusiasmo para ello. Y sobre todo, si llegaras a darte cuenta de toda la felicidad que puedes obtener con sólo desearlo. Eres mi creación más grande. Eres mi milagro. No temas comenzar una nueva vida. No te lamentes nunca. No te quejes. No te atormentes. No te deprimas. ¿Cómo puedes temer, si eres el milagro? Estás dotado de poderes desconocidos para todas las criaturas del universo. Eres único. Nadie igual a ti, por lo tanto sólo en ti está el camino de la felicidad, que si bien es arduo, tú puedes enfrentarlo y seguir adelante, hasta el fin, simplemente... porque eres libre.

En ti está el poder de no atarte a las cosas materiales; éstas no hacen a la felicidad. Te hice casi perfecto, para que aprovecharas tu capacidad y no para que te destruyas con banalidades cotidianas.

Te di el poder de pensar, de amar, de reír, de imaginar, de crear, de determinar... hasta de hablar. Te di el poder de orar... y te situé por encima de los ángeles cuando te di el poder de elección. Te di el dominio de elegir tu propio destino usando tu voluntad. ¿Qué has hecho de estas tremendas fuerzas que te di? Pero no importa, de hoy en adelante, olvida el pasado usando sabiamente ese poder de elección.

Elige el amar en lugar de odiar, el reír en lugar de llorar, el crear en lugar de destruir, el alabar en lugar de criticar; elige dar en lugar de quitar o robar, crecer en lugar de consumirte, bendecir en lugar de blasfemar... y finalmente elige vivir en lugar de morir.

Aprende a sentir mi presencia en cada acto de tu vida. Crece un poco más en el optimismo y en la esperanza. Deja atrás los miedos y los sentimientos de derrota. Yo estoy a tu lado siempre. Llámame. Búscame. Acuérdate de mí. Vivo en ti desde siempre y siempre te estoy esperando para amarte si has de venir hacia mí algún día... Yo deseo que sea hoy... en este momento. Cada instante que vivas sin mí, es un instante infinito que pierdes de felicidad y paz.

Trata de volverte niño, simple, inocente, generoso, dador, con capacidad de asombro y capacidad para conmoverte ante la maravilla de sentirte humano... porque podrás conocer mi amor, podrás conmoverte hasta sentir lo que es una lágrima y podrás comprender al doliente.

No olvides que eres mi milagro. Que te quiero feliz con misericordia y piedad, para que este mundo que transitas pueda acostumbrarse a reír siempre que tú aprendas *a* reír... y si eres mi milagro, entonces usa tus dones y cambia tu vida, contagiando esperanza, optimismo y bondad sin temor, porque siempre... siempre estoy a tu lado.

Dios

Capítulo 12

EL ESTRÉS

1. Introducción General

A. Definición

El término *estrés* fue tomado de la ingeniería por el Dr. Hans Selye, entre los años 1936-1956. Éste consideraba al estrés como una respuesta no específica del organismo a toda demanda posible.

La palabra *estrés*, en física, designa una fuerza que actúa sobre un objeto y que al rebasar una determinada medida, conduce a la deformación o destrucción de ese objeto o sistema.

Este término, llevándolo al campo de la vida emocional, significa que ciertos estímulos o demandas generan en el ser humano un efecto o una respuesta.

Grafiquémoslo:

ESTÍMULO ► HOMBRE ► RESPUESTA

A lo largo de la vida vamos recibiendo en el área mental, espiritual y física constantes estímulos del mundo externo y del mundo interno que actúan sobre nosotros, que producen una serie de reacciones. Estas demandas o estímulos pueden ser de cualquier tipo, y los vamos a llamar «factores estresantes».

Por ejemplo: recibimos una mala noticia (es un estímulo), nosotros reaccionamos frente a ésta con angustia, con miedo, etc. (respuestas frente al estímulo).

Las respuestas dependen del valor que tenga para nosotros este estímulo, por ejemplo: si llega una carta con una mala noticia de un familiar a quien aprecio, la respuesta va a ser de acuerdo a esa relación con esta persona; pero si la carta es de alguien con quien no poseo un vínculo afectivo, la respuesta va a ser diferente.

La respuesta va a ser entonces acorde al valor que el estímulo posea para *cada uno*. Al ser nuestras reacciones variadas, lo que para algunos será un motivo de estrés, para otros no lo será.

Por otro lado, no es lo mismo un estímulo estresante que varios estímulos a la vez; el primero producirá una respuesta, mientras que el segundo varias.

Estos factores estresantes pueden ser de varios tipos: físicos, psíquicos, espirituales, familiares, laborales, etc.

Nombremos con más detalle algunos de estos.

2. FACTORES ESTRESANTES

A. *Psicológicos*
Entre los factores estresantes a nivel psicológico podemos mencionar: miedos, enfermedad, muerte, pesadillas, conflictos internos, etc.

Entre los factores más frecuentes en los países industrializados, podríamos enumerar el exceso de trabajo y de responsabilidades a nivel laboral, el malestar producido por lo que uno realiza (especialmente en lo laboral, ya que en la mayoría de los casos se trabaja no de acuerdo a lo que uno desea o le gusta, sino «en el trabajo que se consigue»). Las presiones generadas por el tiempo para realizar algún trabajo, inestabilidad familiar, laboral, económico, etc.

B. *Sociales*
Dentro de este punto podemos nombrar: aumento de población, emigración, tecnología avanzada, crisis económica, problemas laborales, etc.

C. Espirituales

Aquí predominan las ideas de tipo ortodoxo, el fanatismo, la rigidez cúltica, exigencias, conflictos con hermanos de la iglesia, etc.

Fijémonos que estos estímulos o factores estresantes son de la naturaleza más variada. En realidad, cualquier estímulo que viene del mundo externo o de nuestro propio mundo interno genera una respuesta en nosotros.

Existen otros estímulos estresantes como aquellos que provienen de la naturaleza: tales como la presión atmosférica, la humedad, los ruidos, el calor. Hay también estímulos químicos, como los gases, vapores, oxígenos, olores. Estímulos bioquímicos: el hambre, la sed, deficiencias en la alimentación, etc.

La respuesta a los estímulos estresantes son siempre de orden fisiológico actuando conjuntamente sobre lo emocional y lo espiritual.

La tensión es parte de la vida, y no debe ser considerada como algo negativo, ni destructivo, sino imprescindible para vivir. A lo largo de nuestra vida los períodos de calma, tensión y crisis son una constante.

La Palabra nos enseña que no debemos evitar el sufrir tensión, sino aprender a manejarla y a utilizarla en beneficio y en crecimiento de nuestras vidas.

Podemos comparar al estrés con las cuerdas de un violín. Estas necesitan estar bien ajustadas para emitir sonidos armónicos. Si las cuerdas están flojas esto será imposible; igualmente si las cuerdas están muy tensas. La vida de cada ser humano debe poseer una tensión adecuada que le permita vivir en forma armónica; cuando esto no es así, las dificultades son mayores. Esta tensión básica que necesitamos nos ayuda a tener empuje e iniciativa.

El Dr. Selye, el investigador principal de este desequilibrio llamado estrés, lo clasificó en dos tipos; uno malo y uno bueno.

El bueno, al que llamó *Eustress*, hacía referencia a la tensión básica que necesitamos. Al malo lo llamó *Distress*, refiriéndose a la tensión excesiva.

Los estímulos estresantes no son solamente las malas noticias, los conflictos, etc., también son factores estresantes las buenas noticias, como por ejemplo una muy esperada por nosotros y que al recibirla genera una respuesta agradable y una fuerte emoción a la cual no estamos habituados. De este modo, una noticia agradable como una que no lo es, produce una respuesta en nosotros.

3. Síndrome general de adaptación (S.G.A.)

El Dr. Han Selye elaboró lo que denominó el «síndrome general de adaptación» que son aquellas modificaciones que el organismo genera para poder adaptarse a las diferentes circunstancias. Esta capacidad adaptativa difiere de persona en persona, y es mucho más fuerte la adaptación, cuando existen elementos o componentes espirituales en el sujeto.

Lo llamó *síndrome* porque es un conjunto de signos y síntomas, y de *adaptación* porque hay una modificación del organismo que actúa frente a los factores estresantes.

Este síndrome tiene tres fases:

a) reacción de alarma
b) adaptación
c) agotamiento

Expliquémoslo con un ejemplo. Supongamos que en un mismo momento un sujeto de 30 años recibe los siguientes factores estresantes: lo echan de su trabajo y tiene deudas importantes que pagar. Entonces comienza la búsqueda de un nuevo trabajo por medio del cual pueda conseguir dinero para pagar estas deudas. Sus sentimientos son de tristeza y rabia a la vez, ya que lo han despedido de su trabajo anterior de una forma injusta e ingrata. Debido a esta trágica situación enferma y debe permanecer en cama durante varias semanas y mientras se encuentra en la cama piensa que, justamente en pocos días, vence el contrato de alquiler y lo debe pagar.

Observemos que en un breve lapso de tiempo ha sufrido demandas fuertes y no ha tenido tiempo de «acomodarse» a cada nueva situación.

Frente a cada estímulo estresante su organismo tuvo que echar mano a la energía de reserva para seguir adelante, logrando así adaptarse a estos nuevos estímulos que fueron surgiendo en estos meses.

Una vez que el sujeto pasó la fase de alarma y la fase de adaptación, comienza luego de un tiempo a sentirse *raro,* la preocupación aumenta, logró superar todas estas dificultades, pero ingresa a la tercera fase, la de agotamiento.

Veámoslo mediante el siguiente gráfico:

Alarma

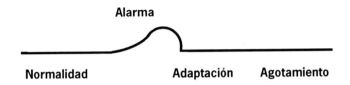

Normalidad　　　　　　**Adaptación**　　　**Agotamiento**

Generalmente, las personas reciben constantes estímulos estresantes, en los que el cuerpo logra ir adaptándose y al haber superado todos estos inconvenientes, transcurrido un breve lapso de tiempo, cuando ya ha pasado la tormenta y los factores estresantes no están más, entonces entran en un estado de agotamiento sin saber por qué les sucede. El cuerpo se permite expresar su cansancio no en medio de la tormenta, sino cuando ya ha pasado la misma.

Retrocediendo varios meses encontramos los factores estresantes causantes de la tercera fase del síndrome general de adaptación: el agotamiento.

Un ejemplo bíblico muy claro es la historia de Job, que recibió numerosos estímulos estresantes en forma continuada y sin tener pausa como para lograr una adaptación normal (Job 1, 2).

Uno de los ejemplos más importantes es Jesucristo; viendo en Él a una persona que constantemente recibe estímulos estresantes del mundo externo de gran intensidad. Jesús aplicó dos aspectos fundamentales para no caer en un estrés. Primero, frente a cada problema y cada tarea vemos a un Jesús que intercala períodos de descanso breves. Segundo, a la vez vemos un Jesús que encuentra una distracción, es decir un alejamiento de los estímulos; o sea, hacer algo diferente a lo que venía haciendo.

4. LA PERSONALIDAD TIPO «A»

¿Podríamos hablar de una estructura de personalidad estresada? Algunos autores lo afirman llamándola «personalidad de tipo A».

Compartimos esta clasificación, ya que entendemos que existe una estructura de personalidad de tipo A.

Analicemos detenidamente sus características.

A. Competitividad

Son personas que no pueden vivir sin competir. El factor de triunfar está siempre presente, compiten en su trabajo, compiten con su familia, y con sus amigos; toda situación es motivo de competencia.

B. Aceleración

Con esto queremos decir que este tipo de personas generalmente vive acelerada o «contrarreloj»; vemos en ellas una sensación de urgencia para realizar todas las cosas, como si una ansiedad los invadiera y tuviesen que realizar todo rápidamente. Esto lo vemos claramente en algunos líderes cristianos quienes al predicar o dirigir una reunión, automáticamente se aceleran, son verborrágicos, moviéndose de un lado al otro, y actuando como si el día se les acortase.

Son personas que quieren todo ya, sin tener que esperar un momento.

C. Ambición

La ambición, generalmente desmedida, lleva a esta persona a los otros dos puntos que antes mencionamos. La ambición de tener bienes materiales, confort, de lograr un estatus; la ambición y el deseo intenso de lograr ciertas cosas que lo privilegien a nivel familiar y social, le hacen ambicionar cada vez más.

D. Preocupación exagerada

Todas las cosas que suceden son motivo de preocupación, todo es motivo de reflexión y de sumo cuidado. Así se preocupa por lo que pueda pasar en su trabajo, en su familia, está preocupado por si alcanzará el dinero y es esta preocupación la que le invade de tal forma que abarca a todas las áreas de su vida.

E. Actitud mental negativa

Está relacionada con la preocupación. La personalidad de «tipo A» no disfruta de nada, ¿por qué? No tiene tiempo libre. Son seres que constantemente pasan «de una cosa a otra»; sus frases favoritas son: *no tengo tiempo, no me alcanza el tiempo...*

Si son creyentes viven en la iglesia presas de reuniones y actividades que les llevan a trabajar más y más. La personalidad del tipo A es un excelente trabajador, pero desmedido con lo que debe rendir. La actitud mental negativa invade muchas de sus áreas teniendo siempre la insatisfacción porque algo le *está faltando*.

La personalidad «tipo A», dijimos, siempre está haciendo algo; al tomar vacaciones no puede desconectarse y por lo general están cargadas de un gran montante de agresividad y explotan por dentro frente a situaciones que viven, sea de su familia, de su trabajo o del mundo externo.

Así nace este *estilo de vida*, estas ansias de superación, de trabajo, de preocupación, de competitividad, que hacen que el sujeto elabore un estilo de vida estresante.

¿Por qué la persona es así? Esto surge de múltiples factores sociales; la sociedad hedonista y gratificante en la cual vivimos que proclama que para ser feliz el hombre necesita tener un status para lograr poseer bienes materiales que le otorgarán confort y seguridad. Esto hace que el sujeto entre en un estado de vida totalmente antibíblico y antinatural.

Por otro lado, creemos firmemente que la personalidad de «tipo A» es un problema básicamente espiritual.

¿Por qué? Jesús habló de estos factores en la parábola del sembrador en el evangelio de Marcos. Jesucristo nos habla de un tipo de persona en el símil con la semilla que cae entre los espinos. Dice Marcos 4:19:

«Pero los afanes de este siglo, y el engaño de las riquezas, y las codicias de otras cosas, entran y ahogan la Palabra, y se hace infructuosa.»

Este pasaje es muy interesante. Analicémoslo.

1) *Los afanes de este siglo*
La palabra *afán* en griego significa *preocupación, ansiedad*. Es la persona que constantemente está pensando en «qué va a pasar» en su familia, en lo económico, etc.; y este «pensar demasiado» le lleva a acelerarse y preocuparse, olvidándose así de la presencia protectora de Dios (cf. Lc. 12:22-31; Mt. 6:25-34).

2) *El engaño de las riquezas*
La palabra *engaño* en el griego significa: *engañar, seducir*. Aquello que da una falsa impresión (cf. Ef. 4:22; Col. 2:8; He. 3:13). El engaño de las

riquezas consiste justamente en hacer creer al sujeto que todo se puede «hacer» y «ser» con el mismo.

3) Las codicias de otras cosas

La palabra codicia significa un «intenso deseo», «fijar la pasión sobre algo». Es la búsqueda del placer que hace que el hombre se olvide de Dios. En el evangelio de Lucas 8:4-15, el versículo 14 agrega a éstos los placeres de la vida.

Frente a lo analizado podemos preguntarnos si juntamente con la influencia que el mundo, o sistema de valores ejerce sobre nosotros, también del mismo hombre no nace esta necesidad desmesurada y ambiciosa de tener y de ser a nivel social.

Miremos algunos pasajes relacionados con estos rasgos que hacen a la personalidad de «tipo A».

Sabemos que esta configuración de características que hemos nombrado dan como resultado el estilo de personalidad de «tipo A». De alguna forma todos tenemos algunos de estos rasgos, y debemos luchar para crecer y superarnos.

Es interesante lo que la Biblia dice al respecto a esto, damos una serie de textos que son muy útiles para la pastoral:

–Ansiedad: 1 Pedro 5:7; 2 Corintios 11:28; Lucas 21:34; Proverbios 12:25; 14:30; Mateo 6:25-33; Efesios 4:6-7.

–Preocupación: Marcos 10:19; Lucas 10:40; Lucas 12:22-31; 21:34; Marcos 13:11; Mateo 6:25-34; Filipenses 4:19; Salmos 11:11-12.

–Ambición: Gálatas 5:16-17, 24; Lucas 15:16; 1 Timoteo 3:1; Lucas 22:15; Filipenses 2:26; 1 Pedro 1:14; Tito 2:12.

–Placer: 1 Timoteo 5:6; 6:10; Mateo 6:24.

Ofrecemos a continuación dos escalas de evaluación extraídas del libro de nuestro querido amigo y maestro el Dr. Juan Carlos Kusnetzoff *Estrés y sexualidad*. Ambos tests son de gran ayuda para la praxis pastoral.

El primero evalúa si la persona es susceptible a padecer estrés o no. Se trata de la capacidad que la persona posee para hacer frente a los acontecimientos existentes en el medio ambiente.

La persona debe contestar sencillamente «sí» o «no» a cada pregunta y registrar las respuestas en un papel.

Escala de vulnerabilidad/estabilidad básica

1) ¿Tienes la sensación de estar en constante estado de tensión, de no poder relajarte?

2) ¿Tienes la sensación de estar fatigado o cansado. El sueño no actúa como reparador natural?

3) ¿Tienes la sensación de no tener suficiente impulso para iniciar o finalizar las tareas?

4) ¿Tienes problemas de sueño: dificultad en conciliarlo, despertarte durante la noche, dormir pocas horas, tener somnolencia durante el día?

5) ¿Eres muy susceptible. Te sientes herido con facilidad?

6) ¿Estás preocupado siempre por algo? Cuando no lo estás, ¿te preocupas por no estarlo?

7) ¿Tienes aumentada la preocupación por los procesos fisiológicos corporales, particularmente los cardíacos, los respiratorios y los digestivos?

8) ¿Tienes reacciones de rabia o ansiedad o depresión desproporcionados a los estímulos que los provocan?

9) ¿Crees frente a cualquier cosa, que sucederá «lo peor». Pensamientos «negros» o pesimistas?

10) ¿Tienes problemas a la hora de concentrarte o distraerte con facilidad en el trabajo o en las tareas cotidianas?

11) ¿Titubeas en demasía, demoras mucho tiempo en tomar decisiones y cuando consigues tomarlas, estás muy inseguro por ello?

12) ¿Te sientes víctima de las circunstancias, consideras que no tienes suerte en nada?

Atribuya un punto por cada respuesta afirmativa. Si reúne 6 o más puntos el porcentaje es muy alto e indica que el estrés puede sobrevenir. Cuidado.

La próxima escala en combinación con la anterior nos dará una manera aproximada de evaluar la certeza o no de estar propensos al estrés. Se toma igual que la anterior.

Escala de acontecimientos vitales estresantes de la vida cotidiana

1) ¿Tienes mucho trabajo y no puedes terminarlo. La «solución» encontrada es trabajar en casa, fuera de hora, por las noches o los fines de semana?

2) ¿Trabajas con personas inestables, de poca confianza, impredecibles de carácter?

3) ¿Tienes poco o nada de tiempo de descanso durante el día, ni siquiera media hora?

4) ¿Asumes responsabilidades sobre las que no tienes control alguno?

5) ¿Trabajas bajo la «presión» del reloj?

6) ¿Tienes marido o esposa que no se lleva bien con tus colegas, o compañeros de trabajo, o amigos y sus respectivos cónyuges?

7) ¿Estás demasiado tiempo fuera de casa?

8) ¿Te cuesta disfrutar de tu propio empleo o trabajo?

9) ¿Tienes fuertes problemas económicos: no llegar a fin de mes, estar endeudado, tener hipotecas?

10) ¿Tienes la carencia de tiempo para dedicarte a actividades recreativas: deportes, *hobbies*, etc.?

11) ¿Tienes dificultades en llevarte bien con tu cónyuge?

12) ¿Tienes problemas con tus hijos?

13) ¿Tienes poco «futuro» en la actividad laboral: desempleo, promoción bloqueada o insuficiente, amenazas de despido frecuentes?

14) ¿Tienes un empleo donde no eres aprovechada lo suficiente –o directamente no se utilizan tus propias habilidades?

Atribuya un punto a cada respuesta afirmativa. Si reúne 5 o más puntos tiene condiciones actuales que pueden hacerlo propenso al estrés. Usted se encuentra rodeado de estímulos estresantes. Cuidado.

Estas escalas evalúan de acuerdo a la cantidad de respuestas positivas, nuestra cercanía o no al estrés.

También disponemos de la Escala de Holmes-Rahe para la evaluación que puedan haber provocado las situaciones de estrés. Cada acontecimiento tiene una serie de puntos indicando así la importancia para la vida de la persona.

La vemos aquí con los correspondientes cambios que nos hemos atrevido a realizar adaptándola a nuestra realidad latinoamericana.

Test de estrés (Tensión) HOLMES-RAHE

En los últimos doce meses, ¿cuáles han sido las cosas que le han sucedido entre las enumeradas a continuación?

Suceso	Puntos	Suceso	Puntos
MUERTE DE UN CÓNYUGE	100	UN HIJO DEJA EL HOGAR	29
DIVORCIO	73	PROBLEMAS (SUEGROS, CUÑADOS)	29
PÉRDIDA DEL EMPLEO	65	SUCESO O ÉXITO PERSONAL	28
RECLUSIÓN EN LA CÁRCEL	63	CÓNYUGE EMPIEZA TRABAJO	26
MUERTE DE FAMILIAR CERCANO	63	MULTA O INFRACCIÓN MENOR A LEY	26
LESIÓN-ENFERMEDAD PROPIA	53	CAMBIO CONDICIONES DE VIDA	25
JUBILACIÓN O RETIRO	50	REVISIÓN HÁBITOS PERSONALES	24
SEPARACIÓN MATRIMONIAL	47	PROBLEMAS CON EL JEFE	23
RECONCILIACIÓN MATRIMONIAL	45	CAMBIO RESPONS. EN TRABAJO	20
MATRIMONIO	45	CAMBIO RESIDENCIA	20
CAMBIO SITUACIÓN FINANCIERA	44	CAMBIO DE ESCUELA	20
EMBARAZO	40	CAMBIO HÁBITOS DE RECREO	19
DIFICULTADES SEXUALES	39	CAMBIO ACTITUD EN IGLESIA	19
AUMENTO DE FAMILIA	39	CAMBIO DE ACTITUDES SOCIALES	18
REAJUSTES EN LOS NEGOCIOS	39	HIPOTECA-PRÉSTAMO POCO VALOR	18
CAMBIO EN SALUD DE FAMILIAR	38	CAMBIO HÁBITOS DE DORMIR	16
MUERTE DE UN ÍNTIMO	37	CAMBIO RELACIONES FAMILIARES	15
AUMENTO DISCUSIONES MATRIMONIALES	35	CAMBIO HÁBITOS DE COMER	15
HIPOTECA-PRÉSTAMO IMPORTANTE	31	VACACIONES	13
FALLO EN PAGO PRÉSTAMO	30	TEMPORADA DE NAVIDAD	12
CAMBIO CONDICIONES HORAS TRABAJO	29	COMIENZO O FIN ESTUDIO	11

Según estos autores si la suma de puntos son inferiores a los 150 puntos, es poco probable la enfermedad del estrés o la depresión por agotamiento. Si la puntuación se encuentra entre los 150 y 300 puntos, la enfermedad del estrés se encuentra entre el 50% de probabilidad. Y si la suma de puntos supera los 300 puntos el riesgo al estrés es del 80%.

5. EL USO DE LA BIBLIA EN LA PASTORAL

Hemos analizado en forma muy sencilla y sintética las características más sobresalientes del estrés. Como consejeros podemos estar orientando a un sujeto que se encuentre en riesgo de caer en estrés, o a alguien que haya atravesado esta situación.

Proporcionamos una serie de pautas a tener en cuenta para ser estudiadas a la luz de la Palabra y para que éstas generen un cambio en el estilo de vida.

El objetivo es dar pautas bíblicas para que el sujeto cambie su manera de actuar y de reaccionar frente a ciertos estímulos y frente a su estilo de vida.

Si orientamos a un sujeto que está siendo bombardeado por factores estresantes de alta envergadura debemos analizar y sugerir los siguientes ítems a tener en cuenta:

1) *El descanso*
El poder tomarse «un ratito» de tiempo libre. El planificar algún día de descanso para cambiar de ritmo y actividades. También el «no hacer nada» es importante. Algunos líderes dicen con orgullo: «visité a 10 miembros», «fui a tres reuniones el domingo», pensando que esto es lo que Dios quiere.

Es la impaciencia la que nos lleva la mayoría de las veces a no saber planificar el día y a no incluir el descanso como parte necesaria para la salud.

2) *Decir «no» sin sentir culpa*
Pareciera que decir «no», muchas veces es mala palabra.

Estamos acostumbrados a decir «sí» a todo, llegando en ocasiones a abarcar más de lo que nuestras fuerzas pueden. Muchos autores sostienen que detrás de la personalidad estresada, se encuentra una persona con poca y nada autoestima. Esto le lleva a decir a todo que «sí, cómo no», siendo éste el medio para agradar y ser aceptado por los demás, lo cual fortalece su autoestima, sin importarles que este «método de autoestima» le lleve directamente al estrés.

3) *Disfrutar el placer*
También relacionado con el punto anterior, muchos creen que el placer es «pecaminoso», perdiendo de vista el aspecto positivo de poder disfrutar lo que se hace, de buscar experiencias placenteras y gratificantes. Igual que muchos consideran el humor como una pérdida de tiempo ya que la vida, sostiene, «es algo serio». Esta falta de humor en todas las áreas de

la vida les lleva a tener estallidos de bronca y mal genio las más de las veces.

Muchas veces interpretan la vida desde una postura masoquista e irrealista, perdiendo de vista que el gozo cristiano es una experiencia de placer, de humor y de alegría.

4) *El relajarse*
Aquí los ejercicios corporales, gimnasia, etc., le dan más vigor a nuestra actividad y a nuestra vida.
El ritmo sedentario que muchas veces llevamos afecta enormemente a nuestro diario vivir.

5) *Saber hacer pausas*
El permitirse una distracción, un alto, una pausa, nos ayuda a lograr un equilibrio saludable. O incluso un cambio de actividades. Muchos creyentes trabajan en un ministerio durante años sin preguntarse si Dios no los estará llamando a un cambio, a una pausa. Somos testigos a nivel profesional y pastoral de muchos siervos de nuestras congregaciones que por años trabajaron sirviendo en el mismo ministerio con cansancio y esfuerzo ya que «si no quién lo haría», terminándolo con hastío y frustración por no saber justamente parar y hacer una pausa.
La rigidez de muchas personas les lleva al perfeccionismo y a la impaciencia, considerando las pausas como algo sin sentido y sin valor.

6) *Metas realistas*
No asumir tareas donde la «presión» está más allá de nuestra capacidad y/o tiempo disponible. El saber *qué y hasta dónde* podemos llegar nos permite *rendir* mucho más.
Muchas veces es la competencia internalizada, la que lleva a poner metas que nada tienen que ver con las necesidades verdaderas que se tienen. Aquellos que se pasan comparando con lo que los otros tienen a nivel económico, laboral, social, etc., no viven felices ya que su vida se torna entonces en una constante tensión.

7) *Delegar lo delegable*
El poder hace una cosa por vez, el saber que hay tareas que podemos delegar o compartir con otros, el reconocer que no podemos hacer todo.

Es el sentimiento de omnipotencia inconsciente el que muchas veces lleva la racionalización de decir «si no lo hago yo, se hará mal». Asumiendo así tareas que no se debieran realizar, o que se podría delegar perfectamente. A veces la misma persona se involucra en «ayudar» a sus semejantes perdiendo de vista que la ayuda que da no le corresponde. En este sentido podríamos compartir un texto que ha sido de mucha ayuda en la pastoral al estresado. Se trata de Gálatas 6:2 y 5. Después que la persona los lee en voz alta, le preguntamos por la aparente contradicción, ya que en el v. 2 habla de «llevar las cargas con otros», pero en el v. 5 se habla de «llevar cada uno su propia carga». Luego de dialogar sobre esto, le señalo la riqueza del idioma griego en el cual el Nuevo Testamento fue escrito. Cuando el apóstol Pablo habla en el v. 2 de «carga» utiliza (baros) una palabra en griego que se refería «a las cargas de gran peso», a algo gravoso, algo que oprime física y emocionalmente. Aquí el apóstol sugiere que pongamos nuestro hombro para que juntamente con la persona que la sufre le ayudemos a llevarla.

Pero en el v. 5 utiliza otra palabra (fortion) que se refiere no a una carga pesada, sino a algo transportado, algo «ligero». Correctamente señala W. E. Vine en su Diccionario expositivo de palabras del Nuevo Testamento, que esto es algo que tiene que ser llevado. No recordamos dónde leímos que esta palabra se usaba para referirse al «peso de una mochila».

Entonces el apóstol nos dice que cuando las cargas son difíciles debemos compartirlas con otros y ayudarles. Pero que existe una carga que nadie debe llevar, es «la mochila de cada uno», es lo que uno debe llevar solo, es lo que uno puede hacer solo. Es la propia responsabilidad.

Entonces le preguntamos cuántos «pesos pesados» ha ayudado a llevar, y cuántas «mochilas» que no le correspondían está llevando sobre sus espaldas, ya que dichas «mochilas» terminan pesando más que todo.

Así la persona las enumera tomando conciencia que ha llevado cosas sobre sus hombros que las otras personas podían y debían llevar, «favores» pedidos por otros que mostraban comodidad y falta de responsabilidad de muchos, frente a la vida. Luego lo confrontamos para «patear» estas mochilas que no son suyas para aprender a llevar solamente la suya propia (con la cual alcanza y sobra).

8) Clarificar los objetivos

¿Qué quiero? ¿A dónde voy? ¿Qué es lo más importante en mi vida? Revisar las prioridades y objetivos nos ayuda a saber qué camino tomar.

Las más de las veces el estresado se involucra en muchas actividades sin darse cuanta, esto lo confunde haciéndole creer con el tiempo que en todo lo que está involucrado es necesario para su felicidad, de ahí que el consejero debe ayudar a clarificar por orden de importancia sus verdaderas necesidades.

9) *Aprender a responder correctamente a los factores estresantes*
No *aguantarse, tragar* y explotar por dentro, sino responder e interpretar los estímulos como Cristo lo haría.

Aquí es importante señalar que existen únicamente dos formas de combatir el estrés. En primer lugar la persona debe intentar *cambiar* las situaciones que lo aquejan, sea trabajo, barrio, ciertos amigos, etc.

En segundo lugar la persona debe *cambiar su* interpretación de la realidad y hacerlo desde Cristo, mirar las cosas y al mundo del mismo modo que Cristo lo haría; aquí el texto de Filipenses 1:12-26 es espléndido, ya que muestra al apóstol Pablo interpretando su ambiente y situación (vv. 12-14), a la gente (vv. 15-18) y a su misma finitud y muerte (vv. 19-26) como Cristo lo haría. Pablo no cae en estrés o depresión ya que interpreta su mundo desde la misma mente de Cristo y no desde sí mismo (Santiago 1:2, 3; 1 Corintios 2:16; 2 Corintios 11:24-28; 4:8-12).

10) *Vivir un día por vez*
Paso a paso, para que la ansiedad y preocupación desaparezcan y todo resulte en mayor beneficio. No a la ansiedad.

Muchas personas viven en un pasado que pasó o en un futuro que no vino. Se le debe ayudar a la persona a que viva «el aquí y el ahora» como si fuesen los últimos momentos de la vida. Esto es, enseñarle que cuando la persona coma, ¡que coma!; cuando duerma, ¡que duerma!; cuando alabe, ¡que alabe!; cuando ame, ¡que ame! disfrutando ese momento con intensidad.

Es verdad que muchos estresados no pueden lograr esto, de ahí que sea importante enseñarles que debe hacer *una cosa a la vez*. Que no almuerce y mire T.V., o que hable del trabajo y juegue con sus hijos, etc. Este aceleramiento debe ser considerado y manejado por la persona en forma racional y consciente. Generalmente estas personas almuerzan, se afeitan, se visten, hablan, caminan con una «urgencia» y rapidez perjudicial para toda su vida. Así podríamos seguir nombrando muchas cosas que la persona puede mencionar para tenerlas en cuenta y combatirlas en un plan conjunto de trabajo.

11) *Revisar el sistema de prioridades*
A la luz de lo que Dios quiere de mí, desde mi familia, el trabajo, iglesia, pasando por todas las áreas de la vida. Mirar más allá de lo inmediato y lo temporal.

12) *Servir y amar a los demás*
El darnos, compartir, ayudar, servir, hace que la vida cobre significado. Muchas personas caen en el estrés y la depresión porque han vivido la vida desde sí mismas y para sí. Cuando se mira «hacia afuera» entonces la vida comienza a tener más significado, ya que de alguna manera lo que recordaremos durante toda la eternidad son estas experiencias en las que fuimos de bendición para otros.

13) *Tener actividades recreativas*
De cualquier tipo, desde una caminata hasta vacaciones. Es un magnífico medio para romper la rutina.
El estrés es causante de la presión arterial elevada, las cefaleas y de gran parte de las enfermedades del corazón. El que la persona tenga en claro esto e «imagine» cómo sería su vida sufriendo, es muchas veces provechoso para que tome conciencia de dónde se dirige.

14) *Conocer las consecuencias de la «rapidez», ambición y ansiedad*
La persona debe tomar conciencia de que está en un ritmo estresante y una vida de «urgencia». Debe tener en claro a dónde le llevará esto tanto a nivel físico como emocional y espiritual. La persona debe meditar en las causas que le llevan a vivir con rapidez y que las consecuencias más funestas serán el estrés y el «olvidarse» de Dios.
Estos son algunos de los temas que sugerimos que podrían ser de beneficio al ser estudiados pastoralmente.
La Palabra contiene principios y consejos claros que, bien entendidos, transforman la personalidad «tipo A», cambiando sus pautas y su estilo de vida por uno diferente y superior: el estilo de vida de Dios.
La pastoral puede comenzar en forma lenta con unos momentos de oración y meditación que ayuden a «desacelerarse» y luego terminar la

pastoral leyendo con voz lenta y clara estas hermosas palabras de autor desconocido:

Disminuye mi velocidad, Señor

Disminuye mi velocidad, Señor.
Modera los latidos de mi corazón, tranquilizando mi mente.
Afirma mis pasos acelerados con una visión del alcance de lo eterno.
Dame, en medio de la confusión del día, la calma de los montes.
Quebranta y reduce la tensión de mis nervios y músculos con la música tranquila de las corrientes melodiosas que viven en mis recuerdos.

Enséñame el arte de las cosas pequeñas: a detenerme para mirar una flor, charlar con un amigo, acariciar un perro, sonreír a un niño, leer unas pocas líneas de un buen libro.

Disminuye mi velocidad, Señor, e inspírame para que eche raíces profundas en los valores perdurables de la vida, para que pueda crecer hacia mi mayor destino.

Recuérdame cada día que la carrera no es de los veloces, que hay algo más en la vida que incrementar la rapidez.

Haz que mire al roble gigantesco y sepa que se ha hecho tan robusto y tan grande porque ha crecido bien y lentamente.

Capítulo 13

ENFERMOS TERMINALES

1. Reacciones frente a la muerte

La muerte siempre ha producido en el hombre una serie de reacciones, a veces conscientes, a veces inconscientes. Estas reacciones son especialmente de tipo emocional; algunas de éstas son las que describiremos en esta ficha.

De todos los seres vivos, el hombre es el único que sabe que ha de morir; este «ser-para-la-muerte» es una de las experiencias más difíciles que el hombre debe afrontar.

No importa el sexo, raza o posición social, todos somos golpeados y confrontados con nuestra finitud.

Existen tres afirmaciones invariables atribuidas a la muerte. Éstas son, la muerte como un hecho:

–Universal
–Inevitable
–Igualitario

En la Biblia encontramos un pasaje en Hebreos 9:27 que reafirma estos aspectos:

Está establecido que todos mueran una vez y después el juicio. Nacemos sin nada y morimos sin llevarnos nada. La muerte física es la última herida que nos muestra nuestra finitud, fragilidad y miseria. Bien dijo el físico Pascal:

«Se vive solo, se muere solo, los demás nada pueden hacer.»

Las causas principales de muerte hoy son muy distintas a las de principios de siglo. Antiguamente, las enfermedades infecciosas como la tuberculosis, neumonías, etc., eran enfermedades temibles; en la actualidad, las causas principales son los trastornos cardiovasculares, el cáncer, accidentes de tránsito, SIDA, etc. Gracias a los adelantos científicos, la muerte llega hoy más tarde y en forma más lenta; se muere en casa mucho menos que antes, y se cuentan con recursos que alivian los dolores corporales. Pero a pesar de todo esto la muerte llega a todos y constituye una de las experiencias más dolorosas por la que un ser humano pueda pasar. No sólo por sufrirla, sino por ser testigo de ella.

Cuando hablamos de este tema reaccionamos con las más variadas emociones. A veces con evasivas: «Mejor hablar de otros temas», «¿Por qué hablar de tal aspecto?»; en ocasiones con negación: Viviendo como si la muerte no existiera; negando bajo todo aspecto la muerte diciendo que hablar de la vida es mucho mejor, «edifica más»; otras veces con la pérdida de contacto con aquello o aquellos que nos recuerdan nuestra propia finitud, como por ejemplo los ancianos, ciertos lugares, etc.

Otras veces reaccionamos con miedo al cómo, cuándo, por qué, etc. Básicamente, el hombre teme dos aspectos de la muerte:

1) El cómo
2) El después

1) El *cómo* morir es algo temido por todos. De alguna manera nos gustaría morir durmiendo, en una cómoda silla, sin sentir absolutamente nada y abrir nuestros ojos en la presencia de Dios (o en «la nada», como muchos creen).

El sufrir, el dolor nos genera miedo. Un miedo absolutamente normal, ya que no está relacionado con la fobia o la angustia a la muerte (este último está relacionado con la estructura neurótica).

2) El *después* tiene que ver con la eternidad, con el encuentro con Dios. El tener resuelto este aspecto hace que el miedo al cómo disminuya, siendo la muerte vista y encarada desde otra perspectiva (2 Ti. 4:6-8).

En 1 Corintios 15:50-58 Pablo habla de la destrucción final de la muerte, ésta tiene su aguijón –que es el pecado–, el cual hiere mortalmente. Cristo ha venido y ha quitado este aguijón mortal trayendo la vida y la inmortalidad.

Imaginemos que somos picados por una víbora, al ser atendidos se nos extrae el veneno a nosotros y a la víbora. A pesar de saber esto, el solo hecho de pensar un nuevo ataque de la misma, nos producirá miedo.

Así el aguijón del pecado ha sido quitado por Cristo, y aunque como creyentes sabemos que la muerte ya no puede condenarnos eternamente; igual la tememos.

2. El Duelo

Frente a una pérdida debe haber un duelo. La pérdida precede al duelo y es el proceso por el cual el sujeto se identifica con el objeto perdido;[1] esto en forma transitoria.

El duelo puede manifestarse acompañado de malestares físicos y cambios psicológicos.

El duelo en sí mismo no debe ser considerado un estado patológico. Etimológicamente, duelo significa dolor, pero también «combate entre dos». El sujeto está en medio de una lucha: por un lado intentando poder desligarse del objeto perdido, y por otro el de asimilar los aspectos positivos de éste.

El duelo involucra a todo el ser humano y a toda su personalidad.

Freud define al duelo como la reacción que se produce por la pérdida de un ser amado o de un valor equivalente, como por ejemplo la libertad, la patria, etc.

Según este autor, el duelo cumple una tarea psíquica muy precisa: apartar del sobreviviente los recuerdos y esperanzas del muerto.

La identificación que se produce entre el sujeto y el objeto perdido varía de cultura en cultura (básicamente depende de su antropología y cosmo-

---

1. Cuando hablamos de objeto nos estamos refiriendo en forma indistinta a una casa o a una persona.

logía). Por ejemplo en algunas culturas se acostumbra el vestirse de negro, tirarse cenizas o tierra, el lamento (Mi. 1:8; Mr. 5:38), golpearse el pecho, contratar lloronas profesionales, estar junto al doliente en silencio durante siete días seguidos, etc.[2]

El duelo es un proceso de restauración; los ritos, rituales y ceremonias son el medio por los cuales el sujeto (y la sociedad) expresa su identificación con el objeto perdido, y el dolor emocional frente a esta pérdida. Para entender mejor este proceso de identificación, podemos elaborar ahora una definición más detallada del duelo. Lo podríamos definir como un mecanismo intrapsíquico, por el que el objeto perdido pasa a formar parte del sí mismo del sujeto.

Al perder algo o alguien querido, el yo se siente (por la identificación) que ha perdido algo de sí mismo, adoptando ciertas prácticas o ritos que manifiestan que parte de uno mismo ha muerto. De ahí el vestirse de negro o actitudes tales como el aislamiento, pérdida del interés, inhibición, etc.

En psicología conocemos el «trabajo del duelo» como el intento que hace la persona para aceptar la pérdida y para llevar a cabo los cambios correspondientes en su mundo interior (el retiro de la libido del objeto perdido).

Con el tiempo el sujeto debe volver a las conductas propias que se tenían antes de la pérdida, logrando así el equilibrio. Veamos todo este proceso.

Pérdida   ➡   Duelo   ➡   Homeostasis
(1)   (2)   (3)

No debemos creer que el duelo debe durar cierta cantidad de tiempo, ya que no existe un patrón fijo para la elaboración del mismo. El duelo normal se caracteriza en que a medida que el tiempo transcurre se retira lentamente la libido del objeto perdido, preparando la lenta recuperación de las relaciones interpersonales.

Las emociones más frecuentes frente al duelo, tanto en el sujeto como en los familiares del enfermo terminal, son las siguientes:

---

2. Ver el artículo sobre los ritos fúnebres en el A.T. por R. de Vaux, *Instituciones del A.T.* Barcelona: Herder, 1975, págs. 94 al 101.

–Culpa
–Irritabilidad
–Malestares somáticos
–Aislamiento
–Tristeza
–Etc.

El carácter doloroso del duelo se debe justamente al anhelo persistente por la figura perdida, es la necesidad de recuperar a la persona amada. Jesús nos presenta un claro ejemplo de esto; frente a su amigo Lázaro, Él expresa su dolor como algo propio de su humanidad (cf. Mt. 26:36; Mr. 14:32-42).

La necesidad de recuperar a la persona perdida se expresa con las más variadas emociones, desde la vigilancia y espera hasta el llanto más patético. Aun en el duelo normal o sano aparece la bronca contra la figura perdida (a menudo inconsciente y dirigida contra otra persona); sentimiento que ésta relaciona con la impotencia de la situación.

Las fases del duelo, según J. Bowlby, son las siguientes:

1. Fase de embotamiento de la sensibilidad, que por lo general dura desde algunas horas hasta una semana.
2. Fase de anhelo y búsqueda de la figura perdida, que dura algunos meses y años.
3. Fase de desorganización y desesperanza.
4. Fase de mayor o menor grado de desorganización.

En la fase 1 se expresan sensaciones de confusión como por ejemplo «no podía creerlo», «creía que era un sueño». A veces con estallidos de enojo o temores. Al cabo de algunas horas o días se entra en la fase 2, apareciendo el intenso anhelo, accesos de llanto, inquietud, insomnio, etc. Se confunde a un hombre por la calle con el marido muerto, se sueña que el marido o la esposa están vivos todavía, se espera que el marido regrese del trabajo a determinada hora, etc. El sentimiento predominante según este autor es cólera, incredulidad y la búsqueda de la persona perdida. Este buscar y recuperar va disminuyendo con el correr de los meses.

Otras características son el pensar intensamente en la persona perdida, prestar atención a cualquier estímulo que sugiera la presencia de la persona, como un timbre, un ruido, dirigir la atención hacia los lugares en los que existe la posibilidad en que se encuentre, llamar a la persona perdida, etc. Conductas que se han observado claramente en las/los viudas/os. Se busca ayuda y consuelo, que en realidad encubre una búsqueda para recuperar a la persona perdida. OTambién se expresaría en el llanto, la rabia, las acusaciones, la esperanza como el deseo de reencontrarse. Entonces se pasa a la fase 3: se acepta que la pérdida es permanente y que debe dar una nueva orientación a su vida, una nueva forma de definición de sí mismo y de su situación.

Veamos algunos factores que afectan el curso del duelo.

El duelo varía de sujeto en sujeto, y éste depende en gran medida del tipo de muerte que haya sufrido el otro.

En forma básica podríamos decir que no es lo mismo el duelo y la reacción del sujeto cuando ha perdido un familiar de forma inesperada que un enfermo; aunque en ambos habrá dolor, la elaboración del duelo será diferente. Una de las categorías a tener en cuenta son:

A. Causas y circunstancias de la muerte
Los tipos de muerte pueden ser:

–Lenta
–Violenta
–Sufriente
–Terminal
–Natural o «lógica»
–Suicidio
–Etc.

En las muertes violentas el duelo es más lento, básicamente las fases son de shock/atontamiento, depresión, ira, tristeza.

En la muerte «lógica», es decir por vejez, el duelo atraviesa las fases comunes ya descritas.

En la muerte sufriente la elaboración del duelo se prolonga en tiempo e intensidad. También es importante considerar cómo le fue transmitida la noticia de la muerte.

B. Identidad y rol de la persona perdida

El duelo será diferente frente a un padre, hermano, abuelo, un niño, un amigo, animal, etc. Otro aspecto es también qué rol ocupaba dicha persona. No es lo mismo la reacción frente a un padre afectuoso que frente a uno conflictivo y contradictorio.

En los padres de niños con enfermedad terminal se ha observado que las fases de duelo comienzan con un embotamiento acompañado por estallidos de ira, los padres se niegan a aceptar el diagnóstico y en especial el pronóstico, esto acompañado de marcadas negaciones e incredulidad intentando por todos los medios revertir el desenlace. Las autoacusaciones por «no haber prestado antes atención» se hacen manifiestas, o bien que esto parece ser un castigo divino buscando a alguien responsable por lo que sucede. La película en vídeo *Extraña obsesión* expresa lo que puede llevar una fe falsa e ilusoria frente a la pérdida del propio hijo.

Al pasar el tiempo de diagnóstico comienza a hacerse más real y en medio de contradictorias emociones. Recomendamos al lector el trabajo excelente de J. Bowlby.

C. Edad y sexo de la persona que sufrió la pérdida

En qué edad se produjo la pérdida. Las pérdidas sufridas durante la niñez y la adolescencia son mayores que en la adultez. Este es otro factor a tener en cuenta para realizar la pastoral.

D. Tipo de personalidad del que sufrió la pérdida

Esta es una de las categorías más importantes, la elaboración del duelo. Este será diferente en una persona inestable que en una madura. Si la persona vive sola o no, si tiene hijos pequeños, si posee parientes o no, etc. Son factores que hacen a la personalidad del sujeto.

Las causas desencadenantes del duelo pueden ser variadas y múltiples, pero todas ellas tendrán para el sujeto una valoración que él le atribuye.

Antes de analizar el duelo patológico analicemos las características del enfermo terminal.

3. El enfermo terminal

En el duelo se lleva a cabo un trabajo que en psicología llamamos «trabajo de duelo». Este es necesario para que el sujeto pueda elaborar y superar el duelo. Este trabajo consiste básicamente en repasar, recordar todas las situaciones vividas con el objeto perdido. Al ver que el objeto amado ya no existe, el sujeto debe ir gradualmente retirando su energía de todas las conexiones que tuvo con el mismo. Este trabajo de duelo es lento y doloroso ya que presupone desprenderse del objeto perdido. El término duelo aparece siempre referido a la pérdida, que puede ser externa o interna. Este cambio presupone una desestructuración (pérdida) y estructuración (aceptación de la pérdida).

La Dra. Kubler Ross en su famoso y ya clásico libro sobre el tema, luego de analizar en forma exhaustiva a cientos de moribundos, vio en los mismos un proceso de duelo que se repetía con frecuencia: donde el sujeto atraviesa las siguientes fases, a veces como aquí se presenta, otras alternadas en su orden.

A. Las fases son las siguientes
1) Negación
El enfermo, al enterarse de su diagnóstico, reacciona negando el mismo, con expresiones como éstas: «Se han equivocado», «No puede ser», etc. Esta fase generalmente es de corta duración, ya que si el diagnóstico es terminal, es difícil mantener la negación por mucho tiempo.

2) Ira
Al admitir su diagnóstico, de inmediato sigue la expresión de ira, en frases como: «¿Por qué a mí?», «¿Qué hice yo?», «¿Cuál es mi pecado?» En esta etapa puede manifestar su agresividad contra alguien en especial; por ejemplo, contra su familia, e incluso contra Dios. La duración de esta etapa puede ser breve o extenderse hasta el final.

3) Negociación
Si ha podido elaborar su agresividad y expresarla, el sujeto buscará algún tipo de negociación o pacto.
Como la promesa de dejar de fumar, cambiar su carácter, realizar algún acto religioso especial, ser mejor cristiano, etc.

4) Depresión
Al ver el fracaso de su ira y negociación, comienza a recordar su pasado, lo hecho y lo no hecho, sus penas y alegrías, las pérdidas pasadas

y futuras. Si su pasado ha sido rico en experiencias, es posible que la fase depresiva sea más llevadera, igualmente se produce cierto aislamiento, con momentos de angustia frente a lo que ha de venir.

5) *Aceptación*
Si ha habido una correcta elaboración de las etapas anteriores, el sujeto recurrirá a «aceptar» su destino.

B. La comunicación del diagnóstico

Este es un tema importante que como consejeros hemos de tener resuelto.

¿Se le debe comunicar el verdadero diagnóstico (por ej. terminal) a quien lo padece? ¿Quién debe decidir si comunicárselo o no? ¿Quién debe decírselo en caso necesario?

Muchas veces los familiares del enfermo por diversos temores no le comunican la verdad diagnóstica, diciendo en su lugar mentiras o verdades a medias.

Nosotros creemos que es necesario tomarse el tiempo para descubrir si el enfermo desea saber, ya que él es el protagonista principal de su propia muerte.

La mentira casi siempre lleva a la pérdida de confianza del enfermo; éste tiene el derecho a saber (si así lo desea) qué enfermedad tiene, ya que al conocerla podría realizar ciertos actos que son muy importantes, como por ejemplo:

–Despedirse de sus amigos
–Elaborar su muerte (ser protagonista de su muerte)
–Resolver sus cosas, conflictos, pecados, etc.
–Prepararse para encontrarse con el Señor

Es posible que la familia pida al consejero o al pastor que informe al enfermo acerca de su diagnóstico; sugerimos (salvo por raras excepciones) que sea alguien capacitado quien lo comunique.[3]

---

3. Toda persona que sabe consciente o inconscientemente que va a morir, debe ser confrontada con este hecho con amor, sentido común y sencillez. Muchos familiares no cederían jamás la responsabilidad de comunicar ellos mismos el diagnóstico, pero existen otros que por diferentes circunstancias respetables, delegan esto al pastor.

Muchos piensan que el enfermo no podrá soportar la verdad y decaerán sus deseos de vivir, cayendo en una profunda depresión y ansiedad. Debemos admitir que esto a veces es verdad, pero en otras circunstancias son solamente los sentimientos de la familia proyectados al enfermo; el ejemplo lo vemos en los tantos enfermos terminales que, al saber su diagnóstico, manifestaron un duelo normal sin caer en estados de profunda depresión o angustia.

En cuanto al velatorio, es la misma familia quien debe realizarlo como mejor lo desee; algunos desean realizarlo junto con su iglesia incluyendo en la ceremonia algún canto; otros no, etc. El deseo de los familiares es prioritario en estos casos.

–a expresar el dolor
–a recibir consuelo de otros
–a elaborar el duelo en la familia

4. El duelo patológico

Ya hemos analizado brevemente las fases del duelo normal. Dijimos que en el duelo normal sobreviene una aceptación de la pérdida del objeto. En el duelo patológico no se acepta esta pérdida y se recurre a distintos mecanismos para eludirla. Describimos aquí los dos tipos básicos del duelo patológico.

Muchos creyentes creen que este tipo de duelo es el «bíblico», ignorando que la Escritura no define un modelo de duelo. Conocemos dos tipos de alteraciones patológicas frente al duelo:

1) La anulación del duelo
2) La intensificación del duelo

1) *La anulación del duelo*
En esta alteración el sujeto niega todo sentimiento de dolor; más de una vez hemos oído en velatorios de creyentes decir:

–«El creyente sabe su destino, no nos angustiemos como los que no tienen esperanza.»
–«No llores, está en la presencia del Señor.»
–«Velatorio, ¿para qué?, si polvo eres y al polvo volverás.»

–«El Señor se lo llevó.»
–«No llores, que es mal testimonio.»
–Etc.

La lista podría seguir; la idea aquí es que se vive la expresión de emociones como una debilidad, que el creyente no debe expresar.

Lo emocional, creen estos sujetos no es tan importante como lo intelectual, ya que siempre se ha enfatizado que el creyente debe guiarse con la cabeza y no con el corazón. Así a lo largo de la historia cristiana los sentimientos fueron colocados como un aspecto inferior al intelecto. De ahí la tan conocida frase: «El creyente debe leer la Palabra con el intelecto y no con el corazón».

Estos sujetos con su gran «intelectualidad» confundieron la emoción con el emocionalismo, la expresión de los sentimientos con el sentimentalismo; negándose a sí mismos y negándoles a los demás la expresión de las emociones. Estos sujetos viven «como si no», como si no hubiese muerto, como si no sintiesen dolor, miedos, angustia, etc.

Esta negación del duelo se da en sujetos con personalidades frías, calculadoras y racionalistas (el no sentir tiene que ver con bloqueos y/o modelos emocionales infantiles).

En otros sujetos, la negación del dolor se debe a la enseñanza represora que han recibido de la vida cristiana.

2) *La intensificación del duelo*
Aquí la sintomatología es opuesta a la de la negación del duelo.

La intensificación del duelo lleva a la depresión y, muchas veces, a ciertas alteraciones de tipo emocional.

El sujeto, frente a una pérdida, reacciona expresando sus emociones en forma descontrolada, esto a nivel cuantitativo (al pasar el tiempo el duelo se intensifica, el ejemplo típico es el de aquellas personas que no lograron superar el dolor con el paso de los años manteniendo las cosas tal cual el difunto las dejó) y cualitativamente (esto es, en la profundidad de las emociones, acrecentándose cada vez más las mismas). Fue Freud quien sostuvo que la melancolía es la manifestación del duelo patológico.

Los síntomas más comunes en esta patología son: insomnio, constipación, anorexia, culpa, autorreproches intensos, ideas suicidas, aislamiento, éstos, cada vez en forma más acentuadas y persistentes. Por otro lado

John Bowlby en su excelente libro *La pérdida afectiva* sostiene que el duelo patológico posee las siguientes características:

–Anhelo inconsciente de la persona perdida.
–Reproche inconsciente contra la persona perdida con autorreproches conscientes e incesantes.
–Cuidado compulsivo de otras personas.
–Persistente incredulidad de que la pérdida sea permanente.

5. LA PERCEPCIÓN DE LA MUERTE DESDE LA PERSPECTIVA EVOLUTIVA

Dividimos el ciclo biológico del ser humano en cinco fases: niñez, adolescencia, juventud, adultez, ancianidad; en cada una de estas etapas se producen cambios psicobiológicos.

Desde la infancia el ser humano tiene conciencia de la muerte. Siguiendo el esquema evolutivo damos algunas puntuaciones sobre la percepción de la muerte (aunque debemos reconocer que las ideas de los niños sobre la muerte se han discutido mucho).

A. Niñez
1) *12 meses a 3 años*
Sabemos que un niño de esta edad responde con protesta, llantos, gritos, sacudiendo la cuna en el esfuerzo de recuperar la presencia de la madre ausente. Sabemos por la psicología que al pasar el tiempo el anhelo de recuperarla no disminuye, pero sí la esperanza de que esto se cumpla. A este período lo conocemos como «aflicción». Esto tira por tierra la teoría de que el dolor de los niños «dura poco». Al tiempo sus síntomas disminuyen (agresión, llanto, etc.), pero el deseo intenso de que la madre regrese persiste.

Anhelo persistente y silencioso. Los estudios de Ana Freud y Dorothy Burlingham en este sentido son contundentes. En *Infants Without Families and Reports on the Hasmpsted Nurseries*, mencionan el caso de una niña de 17 meses que sólo dijo: «Mamá, mamá, mamá» durante 3 días, a pesar de que le gustaba sentarse en el regazo de la enfermera y que ésta la abrazara.

De la misma manera que un adulto frente a una pérdida, extraña, desea su presencia y no tiene consuelo en otra compañía o lugar, son características del duelo que nos acompañan desde nuestra más tierna infancia.

2) *3 años*
Considera la muerte como una separación temporal, como un viaje, sueño, ausencia.

3) *4-5 años*
Considera que la muerte le sucede sólo a «algunos».

4) *6 años*
Considera la muerte como un agente exterior, personificado. Teme la muerte de su madre. A partir de esta edad se considera como un hecho irreversible.

5) *7-8 años*
Incluye razonamientos fantásticos y pensamientos mágicos respecto de la muerte.

6) *9-12 años*
Considera la muerte como inevitable y universal. Da más importancia a los medios que causan la muerte. De acuerdo a la intensidad del vínculo entre el niño y el difunto, será la reacción del niño.
Básicamente pueden reaccionar:

a) Sintiendo culpa, miedo o temor al castigo.
b) Sintiendo abandono y soledad.
c) Teniendo un duelo normal.

B. Adolescencia

Se activan mecanismos complejos y variados que hacen al adolescente ver la muerte como algo que no tiene que ver con su vida.
Estos mecanismos defensivos son: la negación y la evasión. De ahí que el adolescente es atraído por todo aquello que se conecte con la vida, la diversión y un intenso presente. La evasión se manifiesta alejándose de aquellas personas o cosas a las que asocie con la vejez y con la muerte.

C. Juventud

La muerte es vista como algo natural, propio del ser humano, aunque la negación sigue siendo un sentimiento profundo. Es en esta etapa donde generalmente se comienza a tener con mayor frecuencia pérdidas de familiares y amigos.

D. Adultez

En la presente ficha hemos desarrollado en gran parte lo que sucede en esta etapa evolutiva.

E. Vejez

En esta etapa la consideración de la muerte es más frecuente que en las anteriores, el anciano va tomando conciencia de que la muerte está próxima, que el fin está cercano.

Es con la muerte social (aislamiento y soledad) que el anciano comienza a elaborar su muerte física.

Hay tres posibles actitudes que el anciano puede adoptar frente a la muerte:

–Enfrentarla con esperanza
–Enfrentarla con despreocupación
–Enfrentarla con ansiedad

De acuerdo a cómo la enfrente, vivirá su vejez.

6. LA PREPARACIÓN FRENTE A LA MUERTE

La muerte muy pocas veces es objeto de meditación. La falta de meditación de este tema entre los creyentes ha provocado reacciones diversas y actitudes patológicas encubiertas con frases tales como «Así debe actuar el creyente frente a la muerte».

Para aconsejar a enfermos terminales hemos de tener resuelta nuestra propia actitud hacia la muerte, aunque jamás estaremos del todo preparados para enfrentar tal acontecimiento.

Como consejeros debemos reflexionar sobre algunas preguntas relacionadas con la muerte:

1. ¿Tengo miedo a la muerte, desde cuándo?
2. ¿Cómo imagino que actuaré frente a tal acontecimiento?
3. ¿Si tuviera un día de vida, qué es lo que más me importaría?
4. ¿Cómo podría vivir hoy más efectivamente?

5. ¿Qué puedo hacer para prepararme para la muerte?
6. ¿En qué tipos de personas me gustaría confiar en el momento de morir?
7. ¿Qué es lo que me disgusta de los entierros?
8. ¿Qué es VIVIR?

Estas preguntas pueden darnos elementos valiosos para la pastoral del moribundo, y pueden ayudarnos a comprender lo que el otro siente y desea.

7. CONSIDERACIONES GENERALES PARA LA ENTREVISTA PASTORAL

Es muy posible que como consejeros realicemos la pastoral en hospitales o en el hogar del sujeto.

Esto implica que la entrevista no tendrá las mismas características que las que comúnmente realizamos en nuestra oficina pastoral. Es por eso que debemos actuar con naturalidad, buscando lograr una relación empática con el sujeto.

Hemos de tener en cuenta que el sujeto en la entrevista puede reaccionar con actitudes negatorias como por ejemplo, no hablar del tema, de sus miedos, dolor, etc., tratando de esta manera de defenderse contra la angustia.

La regresión es otro mecanismo que puede manifestar el sujeto, actuando como un niño pasivo y dependiente, esperando la lástima y dirección del consejero.

El tipo de personalidad del sujeto hará que reaccione frente a la muerte con vivencias y características particulares, como por ejemplo:

–El tipo de personalidad fóbica: vivirá la muerte como algo demasiado temido, cayendo muchas veces en un descontrol total.

–El tipo de personalidad obsesiva: realizará mil y un planteos de tipo intelectual respecto a la muerte, al más allá, etc.

–El tipo de personalidad paranoica: verá a la muerte como un daño que alguien le ha causado.

–El tipo de personalidad neurótica: percibirá a la muerte como un castigo, viviéndola con temor y culpa.

Algunas de las pautas a tener en cuenta en la pastoral son las siguientes:

A. Permitir la libre expresión de los sentimientos

Tengamos en cuenta que el enfermo terminal posee ciertos temores que como consejeros debemos ayudar a que sean expresados. Los más frecuentes son:

–Temor a morir con sufrimiento.
–Temor a operaciones dolorosas y repetidas.
–Temor por la familia que deja.
–Temor al tránsito hacia la muerte.
–Etc.

El consejero debe tener la capacidad de realizar preguntas que inviten al sujeto a expresar sus temores y dudas y también la fortaleza para tolerar todo tipo de reacciones que el sujeto tenga, como por ejemplo el llanto constante, otras veces la ira, etc.

La expresión de estas emociones pueden tornarse en una actitud catártica para el moribundo.

Es necesario estar atentos a los interrogantes que él tiene, y responder a éstos y no hablar de lo que a nosotros nos parece importante, o dar respuestas vanas «espiritualizadas».

Muchas veces la entrevista pastoral, en estos casos, se reduce sólo al silencio, a la presencia física, ya que hay que saber callar para sembrar (Job 19:23).

B. Tener en claro nuestra propia muerte

Muchas veces los sentimientos del sujeto despiertan en nosotros rechazo y evasión. Esto significa que el consejero debe enfrentarse con sus propios sentimientos acerca de su muerte. Si esto es difícil de manejar el caso debe ser derivado, pues no sólo el enfermo terminal y su familia realizan el duelo correspondiente, sino también el consejero.

El reconocer nuestros límites y cuándo derivar son elementos fundamentales de un buen consejero.

C. Estar atento a las necesidades socioeconómicas

Muchas veces el enfermo grave o el moribundo se transforma en una carga de tipo económico para su familia; el consejero debe estar al tanto de esta situación y velar por la misma. La iglesia puede ser, en ciertos casos, la ayuda necesaria.

D. Estar atentos a las «posturas» del sujeto

Cuando la enfermedad se hace difícil de llevar, puede aparecer la regresión, mecanismo por el cual el sujeto tiende a «paternalizar» a su consejero colocándose en la actitud de «niño mimado».

Otra postura es la negación, en donde el sujeto actúa como si no tuviese ninguna enfermedad, o sea, en forma patológica.

La proyección es otra de las posturas que hace que el sujeto ponga en Dios o en las personas su agresividad, culpándolos de su desgracia.

E. Acompañar a la familia del moribundo

La familia juega en estos casos un papel imprescindible; ellos deben resolver un doble problema: por un lado controlar su temor y ansiedad, y por el otro, prestar apoyo y aliento al moribundo.

La sinceridad de la familia con el enfermo y la capacidad de escuchar del consejero son elementos indispensables.

Consolar, acompañar y muchas veces clarificar son las funciones básicas que el consejero debe desempeñar para ayudar a la familia en este trance. La actitud de consolar no debe ser confundida con la de lástima; ésta siempre provoca daño. La compasión es la actitud correcta, ya que es la pasión compartida, implica llorar con los que lloran y reír con los que ríen.

Cuando el consejero consuela debe tener cuidado de no dar falsas esperanzas.

8. El uso de la Biblia en la Pastoral

El consejero no tiene respuestas a todos los interrogantes y miedos del sujeto. La temática a tratar debe basarse en «la perspectiva espiritual», sin caer en una fe mágica que explique y satisfaga todo.

Los temas a tocar pastoralmente podrían ser el duelo, los miedos, el más allá, la fe, etc. Éstos deben ser tratados no sólo en forma intelectual, sino también teniendo en cuenta las emociones que en ese momento estos temas despiertan. La Biblia habla mucho acerca de la muerte; citamos a continuación algunos pasajes que podrían ser de ayuda en la Pastoral.

a) La vida es vista como:
—Polvo: Lucas 3:19-20
—Hierba: Salmos 90:5-6; 103:15-16; 1 P. 1:24
—Frágil: Salmos 39:4-5
—Una tienda que se desmonta: 2 Co. 5:1
—Sombra: Salmos 39:6

b) La muerte de los creyentes es vista como:
—Un morir para el Señor: Romanos 14:8
—Una ganancia: Filipenses 1:21
—Estimada por Dios: Salmos 116:15

c) La esperanza de los creyentes es vista como:
—Viva: 1 Pedro 1:3
—Gozosa: Romanos 12:12
—Gloriosa: Colosenses 1:27; Romanos 5:2

d) La muerte es vista como:
—Muerte espiritual: Romanos 6:23; Efesios 2:15; 1 Timoteo 5:6; Apocalipsis 3:2; Lucas 15:24, 32; Santiago 1:5; Juan 8:51; 11:25; 2 Corintios 7:10; Romanos 5:1321. Esta muerte es un estado que ha sido producido por el pecado.
—Muerte física: Romanos 5:12 inevitable: Hebreos 9:27 fuerte: Deuteronomio 8:6
—Muerte eterna: Apocalipsis 2:11; 20:6, 14 y 21:8. Implica la separación eterna de Dios.

e) La muerte de Cristo es vista como:
—Vida e inmortalidad: 2 Timoteo 1:10; Juan 8:51
—Destrucción del imperio de la muerte: Hebreos 2:14
—La derrota de la muerte: Apocalipsis 20:14
—La destrucción de la separación eterna que realizaría la muerte: Romanos 8:38
—La esperanza del reencuentro: 1 Tesalonicenses 4:13
—La victoria sobre la muerte: Romanos 6:9 (la muerte perdió su dominio soberano); Romanos 14:9.

f) La vida eterna es vista como:
–Constitutiva de la esencia del ser humano: Eclesiastés 3:11
En todos los pueblos encontramos la idea de una vida futura, desde los aborígenes de Australia, con su teoría de la constante reencarnación, pasando por la de los esquimales de que las almas iban a un submundo, hasta el budismo y el islamismo.

Dios puso en la mente humana la idea de eternidad, y esta idea ha llevado al hombre de todos los tiempos a creer y a imaginar de mil maneras diferentes «una vida eterna», «un más allá», distorsionada la mayoría de las veces por el pecado y por la ignorancia.

Hoy, la idea de la eternidad es considerada como proyección de un deseo (Feuerbach) o una vana esperanza para los oprimidos (Marx) o una regresión a la inmadurez (Freud).

No importa cuántas teorías sigan a éstas; la idea de eternidad sigue latiendo en cada corazón humano, porque es Dios mismo quien la ha grabado en lo profundo de cada corazón (Is. 25:8).

La Pastoral también debe incluir a los familiares del difunto. La muerte siempre debe llevarnos a reflexionar acerca de la vida y de lo que ésta implica.

La Biblia nos da pautas de cómo Dios desea que cada ser humano viva una vida con sentido:

1) *La vida cobra sentido cuando la invierto en otro* (Ro. 14:7).
Es cuando damos, entregamos, compartimos, que nuestra existencia cobra significación.

Esta es una forma de cuidar, amar y respetar la vida. Si la vida gira alrededor de uno mismo, se vuelve vacía y egoísta.

Cuando salgo de ese egoísmo y miro al otro, me doy cuenta de que mi vida comienza a tener sentido (1 Co. 13:1-3).

2) *La vida cobra sentido cuando la vivo con la mayor intensidad posible* (Ro. 14:8).

Muchas veces la vida se gasta en cosas sin sentido, deteniéndonos en el pasado que pasó, o lamentando los errores cometidos y las posibilidades perdidas, o mirando el futuro cargándonos de ansiedades y miedos por el mañana; en lugar de vivir un presente lleno de posibilidades y expectativas disfrutando el aquí y ahora, y aprovechando cada momento, cada minuto como si fuese el último.

La pregunta entonces no es ¿Cuándo moriré?, sino ¿Cómo he de vivir hasta que muera?, ¿Cómo estoy invirtiendo mi vida?

3) *La vida cobra sentido cuando la enriquezco* (1 Ti. 4:6-8).

Muchos llegan a la vejez y a la muerte con angustia y depresión al ver que su vida ha pasado y está vacía, y que la han llenado con experiencias vanas, huecas.

Otros, en cambio, llegan a la vejez y a la muerte, con un cúmulo de experiencias significativas y trascendentes, y que al mirar atrás pueden ver una vida vivida con mayúsculas.

La muerte ha de ser encarada de acuerdo a cómo fue encarada la vida.

4) *La vida cobra sentido cuando dependo de Dios* (Jn. 15:5).

Nuestra finitud y fragilidad nos lleva a preguntarnos: ¿Qué implicaciones tiene esto para mi vida cristiana?

El depender de Dios en la vida hace que la muerte sea diferente. El no depender de Dios, hace que muchos mueran sin haber realmente vivido, mientras que otros continúan viviendo a pesar del hecho de que han muerto.

El depender de Dios hace que la muerte no sea el fin, sino la entrada a la eternidad.

Bien dijo Víctor Hugo frente a su muerte: «Mi vida no ha terminado, comenzaré a trabajar de nuevo en la mañana».

La vida con y en Cristo es doblemente vida, y nuestra responsabilidad es transmitir esta grandeza que tenemos por obra de Dios a aquellos que tienen vida, pero que están muertos.

El texto de 1 Corintios 15:55, cobra sentido especial para aquel que depende de Dios:

¿Dónde está, oh muerte, tu aguijón?
¿Dónde, oh sepulcro, tu victoria?

A MODO DE CONCLUSIÓN

Hemos llegado al final, o mejor dicho, acabamos en el comienzo de una tarea, por demás desafiante, para quienes hemos sido llamados a este ministerio por Dios y por la gente que sufre.

Seguramente la lectura de estos capítulos han despertado muchas dudas e interrogantes sobre la enfermedad mental; si esto es así, parte del objetivo de este escrito ha dado su resultado. Nadie puede realizar una pastoral si no se replantea una y otra vez esto de la enfermedad mental y de la praxis pastoral.

Hemos sido testigos de cómo a lo largo de la Edad Media se petrificaron conceptos, se dieron respuestas y explicaciones «espiritualistas» para explicar la locura, cayendo sin más en un descrédito de lo que era y es capaz de hacer la pastoral en favor de la salud total del ser humano.

La misma palabra «cura», en la acepción latina, significa afán, disponibilidad, «ser-para»; y qué mejor que la pastoral para cumplir esta función en toda su totalidad.

Por otro lado tenemos que en el mismo momento que la institución separa al enfermo mental para aislarlo, lo agrava más. Para muchos, los enfermos mentales causan molestias, y alertan a quienes desean incurrir en este campo de la pastoral, que incurren en campo de lo «peligroso», de la contradicción, del rechazo, de la frustración, olvidándose también la incursión en el campo de la satisfacción, de la recuperación de un ser humano.

A lo largo de la historia social se ha aislado al enfermo mental, y se le ha agredido con la medicación excesiva, el chaleco de fuerza y el electroshock; en el orden eclesial fueron agredidos con el aislamiento, la posesión demoníaca y la falta de fe como únicos causantes de su enfermedad.

La pastoral cobra mucha más importancia cuando en el campo del saber médico, se desmitifica al médico (y psiquiatra) como el poseedor de conocimientos mágicos y del saber sobrenatural capaz de producir la salud en el otro. Por otro lado quienes batallamos en las filas cristianas luchamos por destruir el concepto pastoral como el único camino de salud, de desmitificar la omnipotencia teológica que todo lo puede, todo lo cura y todo lo soporta. Esto está permitiendo a muchas de nuestras iglesias entrar en la dinámica del diálogo, del respeto y de la cooperación. La pastoral está empezando lentamente a ocupar su lugar de trabajo en equipo y colaboradora como agente de la salud mental junto a otras disciplinas científicas. Todos juntos nos empezamos a considerar como aprendices, como no poseedores de la verdad con mayúsculas, como no poseedores de la varita mágica que todo lo puede y todo lo explica. Entre las muchas aportaciones que las ciencias psicológicas han hecho a la pastoral, cabe destacar la de la importancia de la familia en la salud emocional de la persona y la de algunas explicaciones sobre los conflictos emocionales.

Como bien señala Michel Foucolt, durante mucho tiempo se vivió la relación terapéutica en términos de lo que él denomina; las relaciones de «Padre-Hijo» en la cual gira sobre la autoridad parental, uno escucha y el otro obedece al conocedor de la Verdad, o la «falta-castigo» marco referencial sobre el cual uno disciplina y el otro soporta el castigo, o la «locura-desorden» girando alrededor de la justicia moral y social.

Otra de las aportaciones importantes en relación a la pastoral que nos gustaría remarcar es no ver ya al «loco» como tal, sino como una persona sufriente que necesita ser escuchada, entendida y acompañada. Como alguien que ha perdido su significación para encontrar otro significado que no entendemos, la locura entonces pasa a ser una denuncia, algo que anuncia que está funcionando mal.

Las estructuras que hemos analizado dan cuenta de que el enfermo es un portavoz de las tensiones familiares.

Creemos estar viviendo en una época donde la enfermedad mental-espiritual abunda y escapa a nuestras posibilidades de trabajar «solos». En la actualidad, tanto creyentes como quienes no lo son están siendo presas del dolor humano, llámese depresión, soledad, neurosis o como quiera llamarse, muchos están buscando respuestas claras y concretas a su dolor.

Nos ha tocado vivir en una época donde las cuestiones teológicas interminables y sin sentido son dejadas de lado para mirar más de cerca al ser humano, a ese ser doliente que está esperando nuestro amor, nuestra comprensión y nuestra ayuda.

Necesitamos predicar desde nuestros consultorios pastorales, afirmando que tener alguna enfermedad ya no es malo ni vergonzoso y que debemos dejar de lado omnipotencias, resistencias, fantasías, prejuicios y buscar ayuda integral.

No está mal «no saber», pero cuando descubrimos que «no sabemos» y seguimos adelante ministrando a otros, entonces no puede haber bendición.

Por ello espero que este material sirva para motivar a mis colegas pastores, estudiantes, consejeros a prepararse cada vez más para la tarea pastoral, motivando a otros a dejar de lado la mediocridad, el «cursito», «la oracioncita» y *meternos de lleno en la tarea pastoral buscando la altura y la profesionalidad, comprometernos con la Palabra de Vida y profundizar la conflictiva mental-espiritual del hombre.*

Nuestro Señor predicó, enseñó y sanó, y este último ministerio es el que ha dejado hoy a los consejeros.

Deseo mencionar una de las experiencias gratificantes de la que me tocó ser parte al realizar la tarea pastoral.

Hace ya varios meses vino a verme una mujer de mediana edad pidiendo atención profesional, aquejada de una profunda depresión. Tenía fantasías suicidas y una angustia que la inhibía en todas sus funciones.

Comenzamos el tratamiento terapéutico y a lo largo de todo el proceso, lentamente comencé a atenderla pastoralmente. Fueron horas duras y difíciles, pero estaba convencido de que sólo con terapéutica psicológica su mejoría iba a ser temporal. Por la pastoral conoció a Jesucristo como su Salvador, comenzó a ser discipulada por una excelente pareja de mi iglesia. Era maravilloso ver su recuperación en forma lenta pero progresiva. Luego asistimos a su bautismo y, por fin, después de un arduo trabajo, llegó el tiempo de darle «el alta».

Hoy sirve al Señor a través de su experiencia, ayudando pastoralmente a otros, de una forma que pocas veces he visto. El amor, la pastoral, y la terapéutica le llevaron a la salud.

Justo cuando me encontraba terminando este escrito, me regaló una poesía que fue de gran satisfacción para mi vida, ya que en ella resume claramente su propia vivencia de la pastoral. Con su permiso la reproduciré a fin de alentar a todos mis colegas a seguir adelante y puedan también descubrir la importancia de ser simplemente un intermediario útil:

Fuiste el intermediario
entre Dios y yo.
La palabra y la mano amiga
en mi tiempo de desesperación.

Tengo meses de vida
lo sabemos Dios, tú y yo.
Fuiste la barca de donde me sostuve
para no naufragar
para llegar a tierra
y ahí, poderlo encontrar.
Gracias intermediario,
gracias de corazón
por tu paciencia, tu tiempo
por tu gran corazón.
Por ayudarme a que esa
soledad del alma mía
que llevaba en mí,
hoy es como un recuerdo lejano
y que ya casi puedo decirle adiós.
Gracias, hermano,
gracias de corazón
por haberme presentado
al mejor amigo... a Dios.

GLOSARIO

GLOSARIO

Abstinencia: Acción de privarse de ingerir determinadas sustancias, por ejemplo alimentos, bebidas, etc. También se puede referir a la abstención de la vida sexual, esto puede ser signo de neurosis, o una decisión provocada.

Abulia: Ausencia enfermiza de voluntad para realizar una tarea. Es la incapacidad para decidir algo y llevarlo a cabo. Se observa en la histeria y en la depresión.

Actos fallidos: Término psicoanalítico referido a actos tales como: equivocaciones en el habla o en la escritura, olvidos momentáneos, etc., que aluden a lo reprimido.

Actuación: O *acting-out,* es la acción que sustituye la respuesta verbal a un impulso instintivo. El sujeto pasa directamente del pensamiento a la acción, «actúa su pensamiento y deseo».

Adicción: Hábito al uso de drogas, bebidas, alimentos, etc., conjuntamente con un impulso irresistible a ingerir una y otra vez las mismas.

Adolescencia: Período de crecimiento, que va desde la pubertad hasta la entrada a la juventud. Entre las múltiples características desarrolladas en esta etapa aparecen los caracteres sexuales secundarios, el establecimiento de maduración sexual, etc.

Afecto: Se refiere a la tonalidad emocional vinculada a un objeto, idea o pensamiento.

Aislamiento: Acción de alejarse o aislarse de todo trato interpersonal. Se ve claramente en la depresión, lo esquizoide y en la esquizofrenia.

Alianza Terapéutica: Relación entre el consejero y el aconsejado, en la cual ambos deciden trabajar juntos en la resolución de los conflictos del aconsejado. Por un lado el yo del consejero se divide; una parte se identifica con lo que el sujeto experimenta y la otra se mantiene alejada, con el fin de analizar y observar.

Fundamental en toda acción pastoral.

Alucinación: Percepción sin estímulo externo real y concreto, es decir que el sujeto percibe algo que no existe, que es falso comparado con la realidad. Puede ser generado por el alcohol, drogas, etc., o por los conflictos psicológicos del sujeto.

Las alucinaciones pueden ser auditivas, cenestésicas, gustativas, táctiles, visuales, etc.

Ambivalencia: Existencia simultánea de emociones contradictorias hacia la misma persona. Por ejemplo el niño que siente amor y odio hacia el padre, la madre, etc.

Amnesia: Incapacidad para recordar ciertas experiencias. Puede ser Amnesia anterógrada en la cual el sujeto no recuerda ciertos sucesos ocurridos recientemente, amnesia retrógrada en la cual no recuerda hechos del pasado, o amnesia completa en la cual no recuerda absolutamente nada.

Anamnesis: Historia médica o psicológica en la cual el terapeuta recoge datos del aconsejado en forma sistemática y a lo largo de todo el desarrollo evolutivo del aconsejado.

Anorexia: Pérdida de apetito, llevando a la desnutrición grave y a veces hasta la muerte. La persona que padece anorexia no desea alimentarse; el motivo principal de esta decisión es tener una imagen corporal distorsionada, viéndose «gorda» continuamente.

Ansiolítico: Psicofármaco cuya acción terapéutica consiste en disminuir la ansiedad patológica.

Aparato Psíquico: Freud supone a la vida psíquica como un aparato que se compone de tres instancias o «provincias». El niño nace con una instancia psíquica llamada «ello». Su contenido es todo lo heredado y establecido constitucionalmente, allí se encuentra el polo pulsional de la personalidad. Luego, con el tiempo, comienza a formarse el «yo» el cual sirve de contacto con el mundo exterior y es el mediador de los intereses de la persona. Luego adviene como heredero del complejo de Edipo el «super-yo» que sería la conciencia moral, la instancia que le dice al «yo» lo que «se debe o y lo que no se debe», «lo bueno y lo malo». Así el «yo» se encuentra atrapado entre la búsqueda de satisfacción de lo pulsional y por el otro lado la moral del super-yo.

Apatía: Falta de sentimiento o afecto frente a una situación que puede probar esos afectos. El sujeto se conduce racionalizando todas las situaciones para no sentirlas.

Apoyo emocional: Dar ánimo, esperanza, e infundir aliento a quien atraviesa por una crisis.

Bisexualidad: Sentimiento por el cual un sujeto se siente atraído por personas de ambos sexos (bisexualidad psicológica). Existencia de las cualidades tanto masculinas como femeninas en una misma persona (bisexualidad física).

Bulimia: Trastorno patológico alimentario caracterizado por un hambre voraz, seguido generalmente por un vómito voluntario.

Carácter: Atributo, rasgo o faceta de la personalidad.

Catarsis: Liberación de ideas, pensamientos, acompañada por una respuesta emocional. Puede ser grupal o individual.

Celos: Freud los consideraba como una defensa contra los impulsos homosexuales muy fuertes.

Cleptomanía: Compulsión patológica a robar.

Climaterio: Período de la menopausia en la mujer o de la andropausia en el hombre.

Complejo de Dios: Creencia que se observa en algunos terapeutas (y pastores) de que pueden hacer más de lo que humanamente es posible. Actitud manifestada en forma inconsciente.

Complejo de Edipo: Entre los 3 y los 6 años aproximadamente se observa el interés sexual del niño vinculado especialmente al padre del sexo opuesto, acompañado de sentimientos amorosos y hostiles hacia el padre del mismo sexo. Esto fue descubierto por Freud en el año 1897 y constituye el fundamento de la teoría psicoanalítica, ya que éste desempeña un papel primordial en la estructuración de la personalidad y en la orientación del deseo humano.

Compulsión: Impulso incontrolable a realizar repetitivamente una acción.

Comunión: se refiere a la unión del aconsejado con su consejero, Unión que les permite trabajar juntos bajo un mismo objetivo. A su vez significa la comunicación continua de una persona con su creador.

Conflicto: Choque de fuerzas contrapuestas.

Congénito: Alude a situaciones existentes en el momento del nacimiento.

Consciente: Todo lo conocido hasta el momento. Es una de las instancias que Freud describió al hacer su segunda teoría de la psique.

Contratransferencia: Respuesta emocional consciente o inconsciente por parte del consejero al aconsejado.

Coprolalia: Uso de palabras vulgares y sucias. Se da en algunas esquizofrenias y en algunas neurosis obsesivas.

Crisis de identidad: Sentimiento caótico, desorientación en cuanto a quién es uno, cómo es, etc. Esta crisis aparece en la adolescencia y si no es resuelta puede extenderse durante toda la vida.

Culpabilidad: Sentimiento de autorreproche y dolor moral. Psicoanalíticamente se entiende como una tensión entre el yo y el super-yo. El yo reacciona con sentimientos de angustia por no haber alcanzado el mandato de su ideal (el super-yo). La culpa, puede ser real, como por ejemplo al cometer algún pecado o puede ser culpa falsa, producida por lo que la cultura o los padres enseñaron al sujeto sobre lo que es bueno o malo.

Delirio: Estado obnubilado de la conciencia, con nociones incoherentes, ilusiones y alucinaciones.

Delirio místico: Tipo de actividad delirante caracterizado por un éxtasis de tonalidad religioso-místico. Acompañado de pseudopercepciones, alucinaciones e ilusiones.

Delirium tremens: Estado psicótico producido por la ingesta prolongada de alcohol.

Demencia: Lesiones orgánicas (p. ej., arterioesclerosis, trauma, degeneración senil, lesiones endocrinas, etc.) trayendo como consecuencia alteraciones psicológicas irreversibles.

Depresión: Alteración del campo emocional del sujeto, afectando toda la vida del sujeto. Sus síntomas principales son la tristeza, la inhibición y el abatimiento.

Doble vínculo: Dos mensajes contradictorios dados a una persona. Uno es generalmente verbal mientras el otro es no verbal.

Duelo: Decaimiento emocional del sujeto frente a una pérdida. Se considera un proceso normal ya que éste ayuda a elaborar la pérdida.

Ecolalia: Repetición automática de palabras o frases dichas al enfermo. Es un síntoma patológico generalmente observado en la esquizofrenia.

Electroencefalograma: O EEG, registro de los impulsos eléctricos que emanan del cerebro.

Escena primaria: Término psicoanalítico, que se refiere a la observación real o fantaseada del niño de la relación sexual entre sus padres.

Esquizofrenia: Trastorno mental psicótico. Descomposición total de la personalidad. Los tres síntomas principales son la escisión del sujeto con la realidad, con su cuerpo y con su self.

Exaltación: Estado de ánimo caracterizado por la alegría, euforia y la confianza, acompañado por la actividad motriz. Síntoma clásico de la manía.

Exorcismo: Práctica pagana por el cual mediante conjuros y fórmulas mágicas se cree extraer los demonios de una persona.

Extraversión: Estado por el cual la energía de vida de una persona se dirige hacia afuera. Término acuñado por C. Jung

Fabulación: Acción de rellenar (inconscientemente) las lagunas de la memoria imaginando experiencias que no tienen ninguna base real.

Fobia: Temor patológico angustioso que el sujeto siente frente a determinada situación, persona u objeto. Temor que no tiene justificación objetiva.

Frustración: Negación de una satisfacción por la realidad, por ejemplo la excitación sexual sin descarga, etc.

Gestos mágicos: Pensamiento primitivo y animista que da a los gestos un poder mágico, se ve en algunos obsesivos y psicóticos con gestos rígidos y estereotipados.

Gran mal: Término francés para la forma más grave de epilepsia. Forma mayor de epilepsia en la cual aparecen grandes convulsiones, desmayos, gritos, etc., acompañados con pérdida de conciencia.

Hiperbulia: Estado patológico caracterizado por el aumento de actividad, acompañado con constantes movimientos caporales.

Hipocondría: Preocupación exagerada y patológica por la propia salud física, preocupación que no posee ninguna base real.

Homosexualidad: Atracción sexual hacia personas del mismo sexo. Constituye una alteración psicológica del desarrollo psicosexual del ser humano.

Hospital de día: Hospital en el cual el paciente pasa el día y vuelve por la noche a su casa. Puede ser también Hospital de noche, en la cual los pacientes se mueven en el mundo exterior durante el día y vuelven a dormir al hospital.

Idea delirante: Fijación de una creencia errónea. Puede ser por ejemplo de control: cuando cree que está manejado por otras personas; de grandeza: cuando posee un concepto exagerado patológicamente de sí mismo; de persecución; de referencia; de autoacusación, etc.

Ilusión: Percepción falsa de la realidad. Idea falsa, imaginada.

Imagen corporal: Imagen consciente o inconsciente de uno mismo, del propio cuerpo.

Inconsciente: Compartimiento de la división estructural del aparato psíquico, donde se ubican las ideas reprimidas por la conciencia, impulsos primitivos, recuerdos, de los cuales el sujeto no recuerda ni es consciente.

Insight: Toma de conciencia y comprensión de los propios síntomas de la conducta y su correspondiente motivación.

Inteligencia: Capacidad de comprender, integrar constructivamente lo que uno ha aprendido. Saber enfrentar nuevas situaciones.

Interpretación: Técnica psicoterapéutica utilizada en psicología, explicando el significado de su conducta y de sus síntomas.

Introversión: Orientación de la libido hacia adentro, de volverse hacia uno mismo y hacia sus propias vivencias.

Introyección: Cierta representación psíquica de alguien amado y odiado es incorporado al yo del sujeto.

Labilidad: Inestabilidad, caracterizada por emociones rápidamente cambiantes. Las mismas son desordenadamente móviles y no tienen un control adecuado. Se observa especialmente en la depresión.

Lavado de cerebro: Técnica ideada para condicionar el pensamiento o la voluntad humana en contra del deseo del sujeto. Alude a esfuerzos sistemáticos para adoctrinar a las personas que no creen en una idea.

Libido: Para el psicoanálisis significa la energía sexual del aparato psíquico. En psicología se entiende a la libido como la energía vital, de vida, aludiendo a un concepto mucho más amplio que el sexual.

Manía: Estado de excesiva excitabilidad, agitación y de hiperactividad.

Masoquismo: Búsqueda de placer a través del sufrimiento. En un primer momento significó una perversión sexual en la cual existía el sometimiento y abuso referente a lo sexual. Existe también un masoquismo moral en el cual el yo anhela inconscientemente cometer faltas, sufrir accidentes, etc., con los cuales el sujeto adquiere cierto placer, puesto que con estos sufrimientos satisface la necesidad de castigo y culpa inconscientes.

Mecanismo de defensa: Proceso intrapsíquico inconsciente, que se utiliza para disminuir la angustia suscitada por los impulsos del individuo. El yo recurre entonces a una serie de mecanismos con los cuales evita confrontarse con el conflicto.

Megalomanía: Ideas delirantes expansivas de poder y riqueza y grandeza.

Migraña: Cefalea intensa, acompañada por náuseas y trastornos de visión.

Narcisismo: Término psicoanalítico tomado del mito griego de Narciso, el joven que al ver contemplada su imagen en un estanque de agua quedó enamorado de sí mismo y al querer besar dicha imagen cayó al estanque y murió ahogado. Enseñanza que da por sentado que aquel que se elige por objeto de amor muere ahogado. Alude entonces al amor a sí mismo exagerado y egoísta.

Neurosis: Conflicto psíquico cuyo síntoma es la expresión simbólica entre el deseo y la demanda. Trastorno psíquico caracterizado por la ansiedad y la angustia.

Neurosis de angustia: Neurosis caracterizada por el pánico y cuyo síntoma predominante es la angustia expectante.

Neurosis de transferencia: Fenómeno por el cual el sujeto desarrolla una intensa adhesión emocional sobre el consejero como simbolización de una figura de la familia nuclear. La repetición de esta simbolización o percepción errónea se caracteriza como neurosis de transferencia.

Nosología: Ciencia que se ocupa de clasificar las enfermedades.

Obsesión: Ideas, pensamientos, o impulsos persistentes que no es posible eliminar por medio de la voluntad.

Objeto: Persona o cosa necesaria para la satisfacción de la libido. Las relaciones objetales se consideran como uno de los conceptos más importantes en psicología.

Paranoide: Síndrome caracterizado por la presencia de ideas delirantes sistematizadas con otros signos de desorganización.

Parestesia: Sensaciones extrañas en la piel tales como quemazón, picor u hormigueo.

Pensamiento autista: Pensamientos caracterizados por tener características de narcisistas y egocéntricos.

Pensamiento mágico: Noción de pensar algo es lo mismo que hacerlo. Frecuente en los niños, los trastornos mentales y en el hombre primitivo.

Perseveración: Repetición patológica de la misma respuesta a preguntas diferentes.

Personalidad: Configuración habitual de la conducta de una persona, que refleja sus actividades físicas y mentales, sus actitudes e intereses y corresponde a la suma total de su adaptación a la vida. Es el desenvolvimiento de todas las posibilidades que la persona posee.

Personalidad antisocial: Trastorno caracterizado por la imposibilidad de relacionarse con otros miembros de la sociedad y los persistentes conflictos con los grupos y los individuos.

Personalidad ciclotímica: Trastorno de la personalidad caracterizado por experimentar alternativamente períodos de manía y depresión.

Personalidad compulsiva: Tipo de personalidad caracterizado por la rigidez, escrupulosidad, inhibición e incapacidad de relajarse.

Personalidad esquizoide: Trastorno de la personalidad caracterizado por la hipersensibilidad, timidez y a veces excentricidad. Suelen ser distantes y no se emocionan ante acontecimientos y experiencias significativas.

Perversión: Desviación con respecto a la norma esperada. Desviación sexual patológica.

Principio de dolor-placer: Concepto psicoanalítico que afirma que el hombre en su funcionamiento psíquico tiende a buscar el placer y a evitar el dolor.

Psicoanálisis: Método de investigación y terapéutica fundado por Freud. Éste utiliza ciertas técnicas específicas como la asociación libre, la interpretación de los sueños, la transferencia, las resistencias, etc.

Psicólogo: Individuo habitualmente con estudios universitarios que se especializa en el estudio de los procesos mentales y el tratamiento de los trastornos psíquicos.

Psicopatología: Rama de la ciencia que trata la patología psíquica.

Psicosis: Trastorno mental en el cual el sujeto pierde la capacidad para reconocer la realidad; sus relaciones con los demás se ven afectadas y posee la incapacidad de enfrentar las exigencias de la vida. Se dividen en dos grandes grupos, las psicosis asociadas a síndromes orgánicos y las psicosis funcionales.

Psiquiatra: Médico especializado en el estudio y tratamiento de las enfermedades mentales.

Rapport: Acuerdo armónico y consciente que refleja una buena relación entre dos personas.

Reacción de estrés: Reacción emocional grave consecuente a un estrés ambiental extremo, como la muerte, mudanza, etc.

Salud mental: Estado de salud emocional en el cual una persona es capaz de funcionar cómodamente dentro de la sociedad.

Simbiosis: Relación de dependencia entre dos personas enfermas psíquicas que refuerza la patología de ambos.

Síntoma: Cualquier fenómeno de desviación de la normalidad experimentado por el sujeto como signo de enfermedad.

Temperamento: Predisposición innata, constitucional, a reaccionar a estímulos de un modo diferente.

Transferencia: Fenómeno inconsciente en el cual los sentimientos, actitudes y deseos originarios vinculados a figuras importantes de la vida temprana del sujeto son proyectados sobre otras personas.

Zona erógena: Cualquier área del cuerpo principalmente genitales, el ano y la boca, capaz de ser estimulada sexualmente.

BIBLIOGRAFÍA

BIBLIOGRAFÍA UTILIZADA Y RECOMENDADA

PARTE 1

Capítulo 1
Arnold, William. *Introduction to pastoral care.* Philadelphia: Westminster Press, 1982.

Bleger, José. *Temas de psicología (entrevistas y grupos).* Buenos Aires: Nueva Visión, 1976.

Carter, John D. y Narramone *The integration of psychology and Theology.* Michigan: Zondervan, 1979.

Clinebell, Howard J. *Basic Types of pastoral counseling.* Nashville, Tenn.: Abingdon, 1966.

Collins, Gary. *Orientación psicológica eficaz.* Miami: Caribe.

Fromm Reichmann, F. *Principios de psicoterapia intensiva.* Buenos Aires: Hormé, 1958.

Hoff, Paul. *El pastor como consejero.* Miami: Vida, 1981.

León, Jorge. *Psicología pastoral para todos los cristianos.* Florida: Caribe, 1976.

Miller, William y Jakson, Kathleen. *Practical psychology for pastors,* New Jersey Prentice-Hall, 1985.

Oates, Wayne. *Pastoral counseling.* Philadelphia: Westminster Press, 1974.

Racker, Heinrich. *Estudios sobre la técnica psicoanalítica.* Buenos Aires: Paidos, 1960.

Tarachow, Sidney. *Introducción a la psicoterapia.* Buenos Aires: C.E.A., 1969.

Tinao, Daniel (compilador) *Simposio de psicología pastoral,* Buenos Aires: La Aurora, 1976.

Varios, *La relación pastoral,* Madrid: Studium, 1971.

Capítulo 2
Bibliografía utilizada y recomendada

Bleger, J. *Psicología y niveles de integración.* Acta Psicol. Amer. Latina: Buenos Aires, 13:325-332, 1967.

Psicología de la conducta. Buenos Aires: Paidos, 1985.

Clark, Walter H. *The Psychology of Religion.* New York: The Macmillan Co., 1958.

Clinebel, H. J. *Mental health through Christian community*. New York: Abingdon. 1965.

Collins, Gary. *Orientación psicológica eficaz*. Miami: Caribe.

Cosgrove, Mark, y Mallory, James *Salud mental: un enfoque cristiano*. San José: Caribe, 1982.

Drakeford, J. *Psychology in search of a Soul*. Tennesse: Broadmman Press, 1964.

Ey, H. *Tratado de psiquiatría*. Barcelona: Toray-Masson, 1978.

Filloux, J. C. *La personalidad*. Buenos Aires: Eudeba, 1960.

Freud, A. *El yo y los mecanismos de defensa*. Buenos Aires: Paidos, 1971.

Freud, S. *Obras completas*. Buenos Aires: Amorrortu.

Fromm, E. *Ética y psicoanálisis*. México: F.C.E. 1953.

Gandini, Alberto D. *La iglesia como comunidad sanadora*. USA: C.B.P., 1989.

Knobel, M. *Psicoterapia breve*. Buenos Aires: Paidos, 1987.

Kogan, Aida, A. *Introducción a la psicología*. Buenos Aires: Galerna, 1971.

Lindzey, G., Hall, C. *Teorías de la personalidad*. Buenos Aires: Paidos, 1967.

Linton, R. *Cultura y personalidad*. México: F.C.E., 1945.

Maldonado, J. *La psicología pastoral que surge en América Latina* en Boletín teológico, n 23, septiembre de 1986.

Mayor Gross, W., Slater, E., y Roth, M. *Psiquiatría clínica*. Buenos Aires: Paidos, 1958.

Oates, Wayne. *La religión a la luz de la psicología*. Mundo Hispano, 1970.

The religious Dimensions of Personality. New York: Associaton Press, 1957.

Preston, G. H. *Su niño y la salud mental*. Buenos Aires: Humanitas, 1959.

Ruesch, J. *Comunicación terapéutica*. Buenos Aires: Paidos, 1965.

PARTE 2

Capítulo 3
D'Alessandro, Nínive. *Psicopatología Psicoanalítica*. Buenos Aires: Ecua, 1988.

Ey, Henry. *Tratado de psiquiatría.* Barcelona: Toray-Masson, 1974.

Varios. *El mundo de la psiquiatría.* Barcelona: Labor, 1974.

Varios. *Emergencia en psiquiatría.* Buenos Aires: Eumens, 1986.

Vigaró, Carlos; y Greco, Eduardo. *Psiquiatría general.* Buenos Aires: Bonum, 1977.

Capítulo 4

Ackerman, N. *Diagnóstico y tratamiento de las relaciones familiares.* Buenos Aires: Hormé, 1971.

Arndt, William. Gingrich, Wilbur. *A Greek-English Lexicon of the New Testament.* Chicago: The University of Chicago press, 1979.

Bender, L. *Psychopathic behavior disorders in children.* New York: Handbook of correctional psychology, Philosophical library, 1947.

Bursten, B. *The manipulator.* New Heaven: Yale university press, 1973.

Campo, A. *El pensamiento y la culpa en la personalidad psicopática.* Rev. de Psicoanálisis, 1963.

Certcov, Daniel. *Neurosis y personalidades psicopáticas.* Buenos Aires: Paidos, 1983.

Grinberg, L. *Identidad y cambio.* Buenos Aires: Kargieman, 1971.

Henderson, D. *Psychopathic states.* New York: W. Norton, 1939.

Kahn, F. *Psychopathic personality.* New Heaven: Yale university press, 1931.

Lindner, R. *Psychopathic as a psychological problem.* New York: Philosophical library, 1948.

López Poy, Antonia Gaspersic. *Introducción al tema de las psicopatías.* Buenos Aires: Adip, 1989.

Maughs, S. *Concept of Psichopathy and Psychophatic: its evolution and historical development.* New York: Journal of criminology psychopath, 1941.

Mira y López E. *Manual de psicología jurídica.* Buenos Aires: Ateneo, 1945.

Rascovsky, A. *Psicoanálisis de la manía y la psicopatía.* Buenos Aires: Paidos, 1979.

Schneider, K. *Personalidades psicopáticas.* Madrid: Morata, 1974.

Vine, W. *Diccionario expositivo de palabras del Nuevo Testamento.* Barcelona: CLIE, 1984.

Zac, J. *El impostor.* Buenos Aires: A.P.A., 1988.

Capítulo 5

Abadi, Mauricio. *El autorreproche melancólico.* Rev. de psicoanálisis, Vol. 3, 1966.

Estructura de la melancolía en la manía. Rev. de psicoanálisis, Vol. 3, 1956.

Fromm-Reichmann, F. *Psicoterapia intensiva en la esquizofrenia y en los maníacos depresivos.* Buenos Aires: Horme, 1981.

Reinoso, García. *Depresión, melancolía y manía.* Buenos Aires: Nueva Visión, 1975.

Véase igualmente la bibliografía detallada en el capítulo 10 sobre Depresión.

Capítulo 6

Brenminkmeyer, A. *Tratamiento pastoral de los neuróticos.* Desclee de Brouwer, 1950.

Fischer, H. *Las neurosis.* Buenos Aires: CEA, 1983.

Guex, G. *Las neurosis de abandono.* Buenos Aires: Eudeba, 1970.

Horney, K. *La personalidad neurótica de nuestro tiempo.* Buenos Aires: Horme, 1965.

El autoanálisis. Buenos Aires: Horme, 1965.

Hoz, A. *La histeria y otras neurosis.* Barcelona: Quorum, 1986.

Tallaferro, H. *Curso básico de psicoanálisis.* Buenos Aires: Paidos, 1985.

Capítulo 7

Betta, J. *Manual de psiquiatría.* Buenos Aires: CEA, 1981.

Brenminkmeyer, A. *Tratamiento pastoral de los neuróticos.* Declee de Brouwer, 1950.

Hoz, A. *La histeria y otras neurosis.* Barcelona: Quorum, 1986.

Liberman, D. *La comunicación en terapéutica psicoanalítica.* Buenos Aires: Eudeba, 1962.

Capítulo 8

Betta, J. *Manual de psiquiatría.* Buenos Aires: C.E.A., 1984.

Certcov, Daniel. *Neurosis y personalidades psicopáticas.* Buenos Aires: Paidos, 1983.

Freud, Sigmund. *Los actos obsesivos y las prácticas religiosas*. Buenos Aires: Amorrortu, tomo IX, 1988.

Garma, Ángel. *Sadismo y masoquismo en la conducta humana*. Buenos Aires: Nova, 1952.

Capítulo 9

Akerman, Nathan. *Diagnóstico y tratamiento de las relaciones familiares*. Buenos Aires: Paidos, 1978.

Batenson, Gregory. *Doble vínculo y esquizofrenia*. Buenos Aires: Paidos, 1974.

Bion, W. R. *Aprendiendo de la experiencia*. Buenos Aires: Paidos, 1975.

Bleger, José. *Simbiosis y ambigüedad*. Buenos Aires: Paidos, 1978.

Ey, Henry. *Tratado de psiquiatría*. Barcelona: Toray Masson, 1975.

Fischer, Héctor, y Vigano, Carlos. *Esquizofrenia*. Buenos Aires: Bonum, 1975.

Haley, Jay. *La familia del esquizofrénico*. Barcelona: Toray Masson, 1974.

Liberman, David. *Lingüística, interacción comunicativa y proceso psicoanalítico*. Buenos Aires: Nueva Visión, 1976.

Yaria, Juan. *Abordaje psicoterapéutico de las psicosis*. Buenos Aires: Paidos, 1982.

Capítulo 10

Bleichmar, H. *La depresión*. Barcelona: Herder, 1970.

Carrasco, P. *La depresión y otros estados afectivos*. Barcelona: Quorum, 1986.

Dominian, L. *Depresión*. Buenos Aires: Sudamericana-Planeta, 1978.

Grinberg, L. *Culpa y depresión*. Buenos Aires: Paidos, 1963.

James, A., Benedek, T. *Depresión y existencia humana*. Barcelona: Salvat, 1981.

Reinoso, D. G. *Depresión, melancolía y manía*. Buenos Aires: Nueva visión 1975.

Solignac, P. *Las depresiones*. Buenos Aires: Atlántida, 1985.

Tarachow, S. *Introducción a la psicoterapia*. Buenos Aires: CEA, 1963.

Capítulo 11

Abadi, Mauricio. *El suicidio, enfoque psicoanalítico*. Buenos Aires: Acta Neuropsiquiátrica, 1959.

Fenichel, O. *Teoría psicoanalítica de las neurosis.* Buenos Aires: Nova, 1957.

Freud. S. *Obras completas.* Buenos Aires: Amorrortu.

Garma, Ángel. *Sadismo y masoquismo en la conducta humana.* Buenos Aires: Nova, 1952.

Granel, J., y Yampey, N. *Carácter depresivo, accidentes y suicidios.* Rev. de Psicoanálisis, XXXV, 2, 1978.

Licurzi, A. *El suicidio.* Buenos Aires: El Ateneo, 1942.

O.M.S. *Prevención del suicidio.* Cuadernos de salud pública, 1969.

Poldinger, O. *La tendencia al suicidio.* Madrid: Morata, 1969.

Pretzel, P. *Understanding and counseling the suicidal person.* Naschville. Abingdon, 1972.

Reinoso Garcia, Diego. *Depresión, melancolía y manía.* Buenos Aires: Nueva Visión, 1975.

Rojas, E. *Estudios sobre el suicidio.* Barcelona: Salvat, 1978.

Stengel, E. *Psicología del suicidio y los intentos suicidas.* Buenos Aires: Hormé, 1965.

Varios. *La fascinación de la muerte.* Buenos Aires: Paidos, 1979.

Varios. *Enciclopedia de psiquiatría.* Buenos Aires: El Ateneo, 1977.

Capítulo 12

Bensabat, S. *Stress.* Bilbao: Mensajero, 1984.

Kertesz, R., Kerman, B. *El manejo del estrés.* Buenos Aires: Ippem, 1985.

Milla, I. *Cómo superar el estrés.* Bilbao: Deusto, 1986.

Varios. *Técnicas cognitivas para el tratamiento del estrés.* Barcelona: Martínez Roca, 1985.